Le docteur Schweitzer et son hôpital à Lambaréné

site : www.librairieharmattan.com
diffusion.harmattan@wanadoo.fr
e.mail : harmattan1@wanadoo.fr

ISBN : 2-7475-9499-8
EAN : 9782747594998

André Audoynaud

Le docteur Schweitzer et son hôpital à Lambaréné

L'envers d'un mythe

L'Harmattan

L'Harmattan
5-7, rue de l'École-Polytechnique ; 75005 Paris
FRANCE

L'Harmattan Hongrie
Könyvesbolt
Kossuth L. u. 14-16
1053 Budapest

Espace L'Harmattan Kinshasa
Fac..des Sc. Sociales, Pol. et Adm. ; BP243, KIN XI
Université de Kinshasa – RDC

L'Harmattan Italia
Via Degli Artisti, 15
10124 Torino
ITALIE

L'Harmattan Burkina Faso
1200 logements villa 96
12B2260
Ouagadougou 12

Acteurs de la Science
Collection dirigée par Richard Moreau

La collection Acteurs de la Science est consacrée à des études sur les acteurs de l'épopée scientifique moderne ; à des inédits et à des réimpressions de mémoires scientifiques anciens ; à des textes consacrés en leur temps à de grands savants par leurs pairs ; à des évaluations sur les découvertes les plus marquantes et la pratique de la Science.

Dernières parutions

Jean PERDIJON, *Einstein, la relativité et les quanta ou D'une pierre deux coups*, 2005.
Jacques VERDRAGER, *L'OMS et le paludisme. Mémoires d'un médecin spécialiste de la malaria*, 2005.
Christian MARAIS, *L'âge du plastique*, 2005.
Lucienne FÉLIX, *Réflexions d'une agrégée de mathématiques au XXe siècle*, 2005.
Lise BRACHET, *Le professeur Jean Brachet, mon père*, 2004.
Patrice PINET, *Pasteur et la philosophie*, 2004.
Jean DEFRASNE, *Histoire des Associations françaises*, 2004.
Michel COINTAT, *Le Moyen Age moderne : scènes de la vie quotidienne au XXe siècle*, 2003
Yvon HOUDAS, *La Médecine arabe aux siècles d'or*, 2003
Daniel PENZAC, *Docteur Adrien Proust*, 2003
Richard MOREAU, *Les deux Pasteur, le père et le fils, Jean-Joseph Louis Pasteur (Dole, Marnoz, Arbois)*, 2003
Richard MOREAU, *Louis Pasteur. Besançon et Paris :l'envol*, 2003
M. HEYBERGER, *Santé et développement économique en France au XIXe siècle. Essai d'histoire anthropométrique (série médicale)*, 2003
Jean BOULAINE, Richard MOREAU, *Olivier de Serres et l'évolution de l'agriculture moderne* (série Olivier de Serres), 2003
Claude VERMEIL, *Médecins nantais en Outre-mer (1962-1985)*, 2002
Richard MOREAU, Michel DURAND-DELGA, *Jules Marcou (1824-1898) précurseur français de la géologie nord-américaine*, 2002

A la mémoire de Jean Jaureguiber,
Médecin des Troupes Coloniales
à Lambaréné et dans le Bassin
de L'Ogooué de 1909 à 1911.

Introduction

LE SCHWEITZER LEGENDAIRE N'EXISTE PAS *

On doit des égards aux vivants,
on ne doit aux morts que la vérité.
Voltaire

Ecrire l'histoire d'une cohabitation à Lambaréné, entre le docteur Schweitzer et les médecins coloniaux, me semblait être une entreprise périlleuse.

Pourtant cette idée me préoccupait depuis longtemps et avec de plus en plus d'insistance. Même si elle me paraissait un peu folle, je pensais pouvoir m'en tirer assez aisément, car j'avais été, je crois, un observateur attentif. Beaucoup d'années ont passé depuis ce jour de mai 1963 où je me suis embarqué à Bordeaux pour le Gabon, et le temps avait, semble-t-il, gommé bien des détails de ma mémoire. Ils n'avaient pas tous disparu, heureusement, et pour ceux qui n'étaient qu'estompés, ils furent ravivés le dimanche 28 janvier 2001, à l'occasion de la Journée Mondiale des Lépreux.

Il ne me fallait donc plus hésiter, car cette impulsion nouvelle s'imposait à mes réflexions. Il est vrai également que de très nombreux camarades, médecins coloniaux, estimant que le jeu en valait la chandelle, me suggéraient de m'atteler à ce livre, afin de faire le point sur le docteur Schweitzer, médecin à Lambaréné, dont l'œuvre fût plus une curiosité qu'une réussite.

---

* Frédéric Franck, dentiste à Lambaréné

A l'origine de ce livre une date et une affiche.

La date : le dimanche 28 janvier 2001. C'était la journée mondiale des lépreux. Patronnée par l'Ordre Hospitalier de Malte, la Fondation Raoul Follereau faisait appel en ce dernier dimanche de janvier à la générosité en faveur de ces malheureux.

A cette occasion, j'avais entendu à la radio, une journaliste nous parler des trois millions de lépreux existant dans le monde, de Lambaréné, du Docteur Schweitzer et de ses lépreux. Normal en somme, Schweitzer n'avait-il pas été pour le monde entier le médecin des lépreux ?

L'affiche : elle était placardée, entre autres, sur les vitres des bus toulousains comme sans doute partout en France. Représentant le faciès boursouflé et léonin d'un lépreux et son rictus, à mon avis elle n'était pas assez réaliste pour être vraie. Elle attirait l'attention, mais on ne la regardait pas vraiment : la lèpre dérange et fait peur.

Ce jour du 28 janvier 2001, j'ouvris donc bien grand mes yeux et mes oreilles. Ecoutant cette journaliste parler de Lambaréné et du Docteur Schweitzer, je me disais que décidément les mythes avaient la vie dure. Elle expliquait l'hôpital actuel de Lambaréné, ses activités, faisait le compte des interventions chirurgicales et des consultations ; mais parlant de Schweitzer, des lépreux, du Lambaréné d'autrefois, ses propos me parurent inexacts et fort éloignés de la réalité que j'avais côtoyée. Je crois même sincèrement que nous étions dans le domaine de la désinformation pure et simple.

Elle ne savait rien du Docteur Schweitzer, et même si elle était allée à Lambaréné visiter l'ancien hôpital ou ce qu'il en reste, elle ne pouvait pas comprendre le passé à la lumière du présent. Ceux qui pensent le décrypter se trompent. Il est impossible de comprendre Schweitzer si on n'a pas séjourné et vécu un peu à ses côtés. Il est tout aussi impossible de comprendre Lambaréné, l'Afrique et les problèmes sanitaires de ce continent, si on n'a pas été soi même médecin colonial. Je crois d'ailleurs que les médecins coloniaux sont bien les seuls témoins capitaux qui permettent de comprendre cette époque. Ils ont été souvent les premiers à connaître les fleuves, les rivières, les chemins, la savane brûlante et la forêt humide, la maladie, la mort ; souvent les premiers à pénétrer là où l'on n'avait jamais vu d'européens. Même s'ils ont souffert de la fatigue, après de longues marches, de la soif et du soleil, ils ont aimé l'Afrique réelle, l'Afrique sauvage mais humaine.

Il ne s'agit pas de réécrire l'histoire de Lambaréné. Il faut la corriger, car je ne peux accepter la myopie collective proprement stupéfiante des années 50.

Alors que le médecin et son hôpital auraient dû susciter débat, il n'y eut que louanges pour l'homme et son œuvre. Pourtant, il n'était pas une seule controverse à ce sujet qui ne fut non fondée. L'histoire de Schweitzer, c'est comme une fable que le monde s'est laissée conter.

Certes le personnage était hors du commun, et même si l'on peut dire qu'il eut une vie assez singulière, méritait-il pour autant d'être glorifié comme il l'a été ?

Pasteur et médecin, Schweitzer s'était identifié à Charles de Foucauld. L'un s'en alla dans le Hoggar chez les Touaregs, l'autre partit servir le Christ sur des terres nouvelles, faisant don de sa personne aux Noirs de Lambaréné au Gabon. Il se sentait également proche de François d'Assise dont Nietzsche disait *qu'il était le seul disciple que Jésus n'ait jamais eu. Jeune étudiant, vers 1894, je lus de plus près l'œuvre de François d'Assise. Je vis que depuis mon enfance je me trouvais sur un chemin analogue et dans une même disposition d'esprit. Mais en fait je n'ai jamais osé, en parlant ou en écrivant, m'associer ni me référer à lui.*[1]

N'était-ce pas merveilleux ? Assurément, mais l'homme qui était certes d'une trempe exceptionnelle n'exporta pas le Christ sur les bords de l'Ogooué. Schweitzer n'était pas un saint, bien qu'il fut convaincu de son destin quasi christique. *Schweitzer est un illuminé, à l'image du Christ, dont la mission est d'aider son prochain et de sauver l'humanité de l'auto-destruction.*[2]

Il s'était fait connaître au début des années 50 comme un vieux médecin colonial, tout à fait atypique, qui avait fondé en 1924 au milieu de la forêt équatoriale, sur les rives de l'Ogooué, un hôpital de brousse où l'on soignait des pauvres noirs et des lépreux.

---

1. Albert Schweitzer, cité *in Etudes Schweitzeriennes n° 1*, pp. 76-77. Lettre à Nikos Kazantsaki.

2. Edouard Nies Berger, *Albert Schweitzer m'a dit*, p. 55. Nies Berger parle *«d'esprit égaré»*. Schweitzer, comme Saint François, prétendait être l'*Alter Christus*, un autre Christ. Cette thèse de l'identification de Schweitzer au Christ est également défendue par Jung et d'autres contempteurs.

C'était son propre royaume de Dieu comme il l'expliquait aux populations de Lambaréné en 1930 dans son sermon du deuxième dimanche de l'Avent : *Cet hôpital est donc un village du royaume de Jésus. Donc vous tous qui venez dans cet hôpital vous n'avez pas besoin de vous demander : mais est ce que c'est vrai qu'il y a un royaume de Jésus ? Vous le voyez devant vous le royaume de Jésus.* (3)

N'était-ce pas empoisonner leurs âmes que leur inculquer des idées aussi extravagantes et fausses ?

De cet altruisme teinté d'exotisme, émouvant, généreux et propre à séduire, naquit une des grandes légendes du siècle passé car Schweitzer correspondait admirablement à l'idée que l'opinion publique se faisait à l'époque de l'Afrique et de l'exercice de la médecine dans ces régions peu hospitalières.

Il était né allemand en 1875 à Kaysersberg en Alsace, après que le Traité de Francfort en 1871 eut fait de l'Alsace-Lorraine une province allemande.

Il mourut français à Lambaréné en 1965, le Traité de Versailles en 1919 ayant restitué l'Alsace-Lorraine à la France.

Inconsolable de sa patrie perdue, sa nouvelle carte d'identité, acquise automatiquement disait-il, n'en fit pas un Français au sentiment patriotique débordant. Bien au contraire. Il se voulait Alsacien d'abord, plutôt Allemand que Français, citoyen du monde ensuite et nourrit toute sa vie un très fort ressentiment à l'égard de la France et des Français. *Avec eux, il n'avait eu que des ennuis car ils n'étaient pas dignes de confiance,* disait-il.

Quant à moi, après tout ce que je venais de voir et d'entendre, je repensais à cet homme, médecin ordinaire, qu'un grand tapage médiatique avait sorti dans les années 50 de l'anonymat de son obscur labeur et de son misérable hôpital. Lambaréné et Schweitzer c'est une belle histoire livrée à l'opinion publique, mais qui véhicule, hélas, de trop nombreux clichés et âneries dont il est bien difficile de se défaire, et qui pourtant continuent de nourrir la légende.

Alors, pourquoi, pendant si longtemps, sommes nous restés sourds à la vérité ? J'essaierai de répondre à cette interrogation comme à bien d'autres.

---

3. Albert Schweitzer, cité *in Etudes Schweitzeriennes* n°1, p. 37.

Schweitzer a été le plus souvent traité comme un personnage monolithique. C'est autrement qu'il faut l'aborder ; ne pas en faire un grand sac fourre-tout et surtout ne pas tout mélanger, le médecin, le musicien, le théologien et le philosophe, car l'homme est plus singulier qu'on ne le croit, et ses idées aussi.

C'est pourtant ce qui a été fait volontairement, je pense, pour donner plus d'étoffe au médecin de Lambaréné. On a amalgamé et brassé le tout. Le médecin ordinaire s'est nourri de philosophie, de musique, et il en est sorti un Grand Docteur et un Prix Nobel de la Paix, sans que l'on parvienne vraiment à savoir pourquoi.

La réalité est tout autre ; elle a été travestie. C'est pourquoi je crois que l'histoire gagnera beaucoup à être complétée par les souvenirs de ceux qui, comme moi, peuvent témoigner de Lambaréné et de l'œuvre médicale du Docteur Schweitzer.

Encore tout imprégné de cette époque et de ces lieux, si je ne prétends pas être le porte-parole des pour ou des contre, je revendique l'incontournable statut de témoin. J'essaierai donc d'être lucide et juste, tout en sachant que parler de Schweitzer aujourd'hui c'est s'impliquer encore davantage dans la polémique qu'il suscita dans les années 50.

Je n'ai lu nulle part un Schweitzer expliqué de façon simple. Je m'efforcerai de le faire, afin de répondre aux attentes des lecteurs non informés auxquels cet ouvrage est destiné. Et surtout je m'efforcerai de montrer à travers mes souvenirs et mes réflexions que la légende de Lambaréné était sans commune mesure avec l'homme et son œuvre. En d'autres termes, que rien ne pouvait justifier ni expliquer la souveraineté qu'il acquit à Lambaréné. Je le ferai sans l'arrière pensée de vouloir faire scandale, sans rien attendre de ce que j'écris, sauf la satisfaction de témoigner. Je n'ai aucun compte à régler avec Schweitzer, je n'ai pas l'intention de déboulonner l'idole. Ce que je conteste, c'est le praticien, son comportement avec les noirs, son hôpital, et la publicité outrancière qui en fût faite.

D'ailleurs, les mythes ont la vie si dure, que je me suis même interrogé pour savoir si ma modeste contribution à la vérité pourrait changer quelque chose. Je l'espère ! Si j'échoue, j'en serai vraiment désolé.

Une grande partie de ma vie s'est en effet déroulée en Afrique. De 1963 à 1966, j'étais à Lambaréné au Gabon où j'ai côtoyé le Docteur Albert Schweitzer, mais loin de moi l'idée de faire de cet ouvrage une biographie du médecin de Lambaréné.

Si dans ce livre il y a beaucoup de moi-même, le Docteur Schweitzer et les médecins coloniaux en sont, pour autant, les principaux personnages.

C'est d'abord une somme de réflexions sur le médecin et son hôpital de Lambaréné. C'est ensuite celui de mes souvenirs, témoignages vivants pour tous ceux qui n'ont jamais vu ni Schweitzer ni Lambaréné. Souvenirs d'un homme, d'une poignée de main échangée, d'un regard, de quelques instants passés ensemble sur les sentiers de son hôpital, de monologues dont il était coutumier, de discussions où il était question de tout et de rien, mais également de propos parfois tout à fait « abracadabrantesques ». Souvenirs également bien vivaces d'une vie que j'ai aimée, et de mes fonctions de praticien hospitalier, chef de l'hôpital administratif de Lambaréné et de la région du Moyen Ogooué de 1963 à 1966.

C'est aussi celui des témoignages lus ou entendus, de beaucoup de mes camarades, anciens médecins coloniaux, qui ont donné à l'Afrique plus qu'ils ne lui ont pris. Parce qu'ils avaient à un moment de leur vie approché Schweitzer, ils ont éclairé ma démarche de leurs conseils bienveillants, et m'ont aidé à mieux le comprendre. Ils m'ont appris ce qu'était l'Afrique et Lambaréné avant l'arrivée de Schweitzer, bien avant que je n'y vienne moi-même.

Pourquoi alors un nouveau livre dans lequel il sera beaucoup question du Docteur Schweitzer ? Ma réponse est simple. D'abord, on ne s'est pas beaucoup interrogé, et de façon précise, sur l'influence qu'il eut au Gabon et en Afrique au cours d'un demi-siècle de présence à Lambaréné. Ensuite, l'histoire de Schweitzer agace ou enthousiasme, mais ne laisse jamais indifférent. C'est pourquoi il est toujours bon de s'interroger sur le phénomène Schweitzer pour mieux le disséquer, sans forcément bien le comprendre.

Alors que les associations essayent de faire vivre le souvenir, alors que les Schweitzeriens continuent de noircir des pages pour essayer de décrypter les messages qu'il nous a laissés, j'ai préféré un retour en arrière, comme un voyage dans le Lambaréné d'autrefois, celui de Schweitzer et le mien.

J'en conclus que le médecin et son hôpital ne méritaient sûrement pas tout le déballage médiatique dont ils furent l'objet dans les années 50. Le personnage et l'œuvre furent magnifiés, mythifiés, et ainsi naquit une légende. Il n'y avait pas de limites dans la surenchère et toutes les exagérations ne correspondaient en rien à son action médicale. Pourtant, c'est à ce titre là, et à ce titre uniquement, que lui fut attribué en 1953 le Prix Nobel de la Paix.

Dois-je donc continuer à flatter Schweitzer comme cela se faisait dans les années 50, et serait ce parce qu'il jouissait d'une aura internationale considérable qu'il faut encore aujourd'hui renoncer à apporter quelques retouches à son image ? Est-ce choquer, provoquer, que de dire la vérité ? Non. Je crois qu'elle est toujours d'actualité car elle a la force d'être le contraire de la poudre aux yeux et de l'illusion.

D'ailleurs, Schweitzer disait : *La vérité n'a pas d'heure. Elle est de tous les temps, même et surtout lorsqu'elle paraît inopportune.*[4]

L'histoire l'a déjà jugé. L'a t-elle récemment reconnu comme faisant partie des Grands de ce monde et du siècle écoulé ? Je ne le crois pas ! Pourtant il fut qualifié comme tel en 1948 par la Revue américaine Life. On faisait dans la démesure pour porter au pinacle celui qu'on avait choisi comme Prix Nobel de la Paix.

Fut-il talentueux et génial ? Médicalement non ! Quelles nouveautés, quels changements d'orientation apporta t-il à l'exercice de la médecine en Afrique ? Aucun de crédible. D'ailleurs ses pairs ne se laissèrent pas abuser par ce marginal, ni reconnu ni admiré d'eux, et à qui on accorda beaucoup trop d'importance.

Alors y a t-il une clé pour redonner à Schweitzer sa juste place à Lambaréné ? Oui, ne pas se plier à l'orthodoxie de pensée des années 50 et dire simplement la vérité. C'est pourquoi il m'est venu une idée assez audacieuse : expliquer le plus simplement possible que le docteur Schweitzer, médecin à Lambaréné, ne fut pas un grand Docteur mais un médecin bien ordinaire. Il n'exerça que très peu la médecine, pendant 18 mois seulement. Il n'avait pas, loin s'en faut, le monopole du traitement des lépreux, il ne fut ni le premier ni le seul à Lambaréné, les médecins coloniaux l'ayant précédé de deux décennies. Il n'avait aucune vision d'ensemble de la politique médicale à mettre en place dans le bassin de

4. A.S., *A l'Orée de la forêt vierge*, p. 215.

l'Ogooué et son hôpital, *simple village où l'on soigne*, ressemblait plus à un bidonville qu'à une formation sanitaire.

C'est aussi simple que cela. Tous ceux qui n'ont pas bien compris le Lambaréné d'autrefois, je les invite à parcourir ce livre. Puisse-je les aider à répondre à leurs questions ?

1

Je fais la connaissance du Docteur Schweitzer

Si vous voulez me connaître,
il faut venir à Lambaréné
Albert Schweitzer

Le voyage

Pour moi tout a donc commencé le 19 mai 1963. Il y a plus de quarante ans de cela. Ce jour là le S/S BRAZZA, un des derniers paquebots de la Côte d'Afrique, avait quitté les quais de Bordeaux à destination de Pointe Noire.

La médecine coloniale m'avait déjà fait beaucoup voyager et j'étais habitué à ces départs. Je devais rejoindre Lambaréné, au Gabon, la Circonscription Médicale du Moyen Ogooué où j'avais été nommé Médecin Chef, au titre de la coopération civile avec ce pays nouvellement indépendant.

La France, par le biais de la coopération médicale, m'envoyait non pas là où je voulais aller mais là où elle avait estimé que je devais aller. Je n'avais que peu de renseignements sur la région de Lambaréné mais on disait que c'était le pays des Fang, surnommés les Pahouins, qui pratiquaient encore le cannibalisme. Présent dans ces lieux pendant trois ans, je n'eus pas à connaître de cas de ce genre. Ayant déjà vécu dans le Nord de la Côte d'Ivoire et travaillé dans les villages les plus reculés, il ne m'était pas venu à l'idée que ces gens pourraient me mettre à cuire dans la marmite.

La coopération se mettait en place, les médecins africains rejoignaient les capitales, et nous les petits médecins, lieutenant ou capitaine, tout juste sortis de la prestigieuse Ecole du Service de Santé des Armées de Bordeaux, rejoignions la brousse !

Nous n'avions pas droit à la parole. Nos anciens, dont les conditions de vie avaient été difficiles, avaient une fâcheuse tendance à nous répéter, qu'eux n'avaient pas de réfrigérateur, pas de climatisation, aucun autre confort. Ils avaient fait l'Afrique à pied, avec des porteurs ou à dos de chameau. Cela était vrai, tout comme le lourd tribut qu'ils avaient payé comme pionniers de la médecine coloniale. Mais le changement avait commencé. Réclamer des conditions de vie tout juste décentes ne me semblait pas constituer une insulte à leur dévouement et à leur vie très dure.

Les rôles changeaient. A nous de devenir les « serviteurs », même si pour moi la transition ne fut pas trop difficile, car j'étais dans la brousse un notable. Beaucoup de camarades, les vrais coloniaux, les anciens, ne supportant pas les affrontements avec les nouvelles hiérarchies, préférèrent rentrer définitivement en métropole. Ils considéraient que c'était fini !

Moi qui n'avais pas de passé colonial, ne pouvant être taxé de colonialiste, je serais le parfait coopérant, le technicien dont on avait besoin, le conseiller que l'on attendait, le blanc que l'on respectait encore ; cela me valut de n'avoir au cours de mon séjour que de minimes problèmes à régler.

J'avais vécu, lors de mon précédent séjour en Côte d'Ivoire, le passage à l'indépendance. Si les blancs vivant à Abidjan avaient eu quelques angoisses, je ne connus dans mon poste isolé, seul médecin pour 150.000 habitants, rien de cela. Le dernier Administrateur blanc avait organisé une fête et, à cette occasion, la nuit fut plus longue que d'habitude. Je me souviens encore de l'écho des tambours et des balafons arrivant jusqu'à mon hôpital. Pour moi les lendemains ne furent pas différents des jours précédents, mais la France venait de passer la main. Le nouvel Administrateur, un africain, enregistra la naissance de mon deuxième fils. C'était sa première écriture. Souvent il me le rappela.

Le bateau, après nous avoir chahutés dans le golfe de Gascogne, fit escale à Porto. Visitant les caves Feirrera, j'appris que la plus grande collection privée, et les plus grands crus, reposait à l'abri des regards indiscrets dans les caves du palais de Buckingham. Le thé, à en croire notre guide, n'était donc pas le seul des breuvages de la Reine d'Angleterre.

Puis ce fut Madère, l'Ile aux fleurs, où les petits plongeurs allaient repêcher les pièces de monnaie jetées par-dessus bord. Je trouvais cela plutôt amusant. Quant à Schweitzer, qui avait fait de très nombreuses fois le trajet, il trouvait cela odieux.

Quelques jours plus tard nous arrivâmes à Dakar où le bateau accosta au petit matin, après avoir signalé son arrivée par quelques coups de corne de brume. Comme le jour pointait à peine, du haut de la passerelle je pus apercevoir les lumières d'un bateau militaire et les grues fantomatiques, gardiennes des quais du port qui ne tarderaient pas à s'activer. Les charrettes à chevaux qu'avait connues Schweitzer, lors de son premier voyage en 1913, avaient disparu. A cette occasion, confronté à la réalité africaine, à la brutalité des noirs envers les bêtes, il s'était fâché. Il manifestait déjà, peut être, plus de compassion pour les animaux que pour les hommes.

A Konakry, quel spectacle ! Une foule colorée et dense, comme toujours à l'arrivée des bateaux, une grande agitation, un charivari pas possible, et sur les quais des baignoires et des bidets ! C'était la coopération avec l'URSS qui venait de prendre notre place. Après Konakry, le bateau longeait la plupart du temps le rivage africain, faisant du cabotage dans tous les ports.

L'avant dernière escale était Douala, et le «BRAZZA» remontait le long de la mangrove, lentement, jusqu'au port. Le climat était étouffant d'un bout à l'autre de l'année, et l'humidité telle qu'elle collait la chemise à la peau. Je savais qu'en 1928, dans ce territoire, le médecin colonel Jamot et ses compagnons avaient sauvé d'une mort certaine des centaines de milliers d'africains. Y sévissait la maladie du sommeil. Eugène Jamot, en inventant la médecine mobile, su porter secours à grande échelle aux populations noires. Schweitzer affectionnait cette escale de Douala car elle durait au moins 24 heures. Allait-il à la rencontre des médecins coloniaux, ses confrères de l'hôpital ? Non point ! C'était la voiture du Consulat d'Allemagne qui venait le chercher, car tout au long de sa vie il sembla préférer l'Allemagne à la France.

La dernière étape et le terme du voyage : Libreville et le débarquement sur des barges ballottées par les vagues car il n'y avait pas encore de port.

Après quelques jours passés sur place pour glaner auprès du Ministère de la Santé quelques consignes, il me fallait prendre la direction de Lambaréné. C'est auprès de mes camarades, médecins coloniaux, que je cherchais les renseignements. Ils étaient minces, pleins de sous-entendus et de mise en garde, comme si une tâche difficile et délicate m'y attendait. C'était en effet le cas.

Pour eux, comme pour moi, se posait un problème assez nouveau et assez unique. Ils m'envoyaient dans un poste où depuis plus de 9 ans il n'y avait plus de médecin militaire. Le dernier camarade, le Docteur Bourrel, avait fait ses valises en 1955.

Je ne savais donc rien. Mais, surtout, j'allais devoir me mesurer à un « concurrent » sérieux, l'hôpital du Docteur Schweitzer. En face de lui, j'allais être contraint à l'excellence. Lambaréné était peut-être le seul endroit au Gabon où je ne souhaitais pas aller car le guide bleu de l'Afrique Equatoriale, pas très à jour à vrai dire, mentionnait : « Lambaréné cimetière des blancs ». Cela avait été vrai et ma femme pleurait. Je ne me posais plus de questions, j'allais à Lambaréné et on verrait bien ! Mes enfants âgés de 6 et 3 ans étaient peu soucieux de nos problèmes.

L'avion qui nous transporta jusqu'à Lambaréné était un vieux DC3 de la Transgabon. Son propriétaire, Jean Claude Brouillet, un aventurier, après avoir vendu sa compagnie à l'Etat gabonais, ira faire du commerce de perles fines et noires à Tahiti. Je le retrouvai quelques années plus tard à Papeete, marié à une très jeune chinoise à qui il avait fait deux enfants. Le vol se faisait à assez basse altitude, et si l'on avait la chance d'avoir un temps assez clair, malgré quelques gros nuages blancs, on pouvait voir la savane et ses grandes herbes. Parfois des éléphants, la forêt équatoriale, et à l'approche de Lambaréné les immenses lacs et méandres de l'Ogooué, quelques villages, et par-ci par-là des cases isolées.

Si le confort était satisfaisant : les anciens sièges métalliques ayant été remplacés par des coussins en mousse, il régnait dans l'avion une chaleur épouvantable malgré une ventilation efficace. L'allée centrale était encombrée de paniers, de sacs, de bassines, car l'avion c'était le taxi de la brousse. Les odeurs de tarots et de manioc fermentés et chauds se mêlaient à la chaleur étouffante et aux odeurs des peaux qui transpiraient sous des chemises en nylon bon marché.

Aux escales, on pouvait se désaltérer. Il ne fallait pas oublier qu'à peine dix ans auparavant on faisait le plein de kérosène à la main, et que la salle d'attente, avant les départs, n'était que l'ombre projetée des ailes de l'avion.

Ici ce n'était pas l'Afrique du Sahel, celle où l'harmattan brûlait les yeux, où la sécheresse était telle que les meubles se fendaient, les ivoires éclataient et la peau des mains et du dos se couvrait de gerçures. Cette Afrique de mon premier séjour, inconnue, au début me faisait peur. C'est vrai qu'elle était agressive par son environnement, violente par ses coutumes, inquiétante par ses risques. Mais il n'y avait rien à craindre des hommes. Le personnel veillait sur notre confort et notre tranquillité.

L'Afrique que je découvrais maintenant, c'était l'Afrique de l'Equateur, à l'atmosphère lourde et pesante, où tout pourrissait et moisissait. A l'ouverture des portes de l'avion, je reçus la touffeur tropicale en pleine figure. C'était une autre Afrique. Elle me semblait encore plus primitive que celle que j'avais quitté un an auparavant. En mettant pied à terre, j'avais eu l'émotion que suscitait ce lieu de l'aventure de Schweitzer et l'espoir secret d'apprendre la vérité.

Une Land Rover presque hors d'usage et un chauffeur m'attendaient. Il fallait s'affairer pour récupérer les bagages, être patient et attendre le bac qui devait me faire traverser l'Ogooué pour arriver enfin sur la colline où se trouvait mon hôpital.

Le débarcadère était encombré, et sous les grands fromagers se tenait une foule dense et un petit marché.

La seule route longeant le fleuve, plus ou moins goudronnée, était pleine de trous. Celle qui grimpait vers les hauteurs était ravinée, défoncée, non entretenue depuis que le dernier Administrateur blanc avait été remplacé par un Préfet africain. Le haut fonctionnaire français avait laissé parmi la population un souvenir tenace car il avait l'obsession de l'écoulement des eaux. Il avait été surnommé « Monsieur Caniveau », ce qui n'avait rien de risible quand on connaît les dégâts causés par les tornades et les pluies tropicales diluviennes dévalant la colline. Là prenait fin le voyage et commençait une aventure qui allait durer trois ans.

Ma rencontre avec Schweitzer

Je remplaçais le Docteur Weissberg, médecin contractuel, ami de Schweitzer, qui avait succédé au docteur Bourrel. Présent depuis 9 ans, il passait plus de temps de l'autre côté du fleuve que dans son hôpital. Pendant une semaine j'avais logé avec femme et enfants dans une chambre à l'étage du bâtiment principal de l'hôpital. Un brasseur d'air pour rafraîchir l'atmosphère immobile et pesante, un lavabo et quatre lits métalliques avec une literie douteuse : c'était là tout le confort avant le départ de Weissberg qui occupa la maison d'habitation jusqu'au dernier moment.

Le Docteur Weissberg, petit homme vieux et nerveux, rigide même dans ses propos, était plutôt muet et ne m'expliqua pas grand chose de l'hôpital administratif de Lambaréné. Il ne m'invita ni à dîner ni même à boire un pot, ignorant ce qu'était la camaraderie africaine et la vieille hospitalité coloniale. Il partait, prenait sa retraite, quittait son idole le Docteur Schweitzer. Je n'entendis plus jamais parler de lui, et mes trois années de séjour me confortèrent dans l'idée qu'il avait été bien peu efficient.

Lambaréné a été pour moi une étape marquante de ma vie, car riche en événements du fait de la présence de l'hôpital Schweitzer et de son illustre fondateur. Arrivant à Lambaréné, je n'avais aucune raison de m'apitoyer sur les conditions de vie d'un Schweitzer découvrant l'Afrique en 1913. Mes camarades médecins coloniaux étaient là avant lui, vers 1900, et avaient eu les mêmes problèmes. En 1952 le Docteur Bourrel vivait dans une case en bois identique à celle que Schweitzer trouva à son arrivée.

Quant aux maladies monstrueuses décrites dans ses ouvrages « A l'orée de la forêt vierge » ou dans « Ma vie et ma pensée », qu'il s'agisse des fièvres, du pian, de la gale, de la lèpre, des éléphantiasis, de la maladie du sommeil et de toutes les purulences, difformités et démences, en 1963 elles sévissaient encore. Rien n'avait beaucoup changé. Malgré le climat équatorial humide, chaud et débilitant, ce n'était pas l'enfer et la brousse n'était ni irrespirable ni infâme.

J'étais arrivé à Lambaréné depuis quelques jours, et le docteur Weissberg, avant son départ, me fit traverser le fleuve en hors bord. J'allais me présenter à l'hôpital du Docteur Schweitzer.

Je sentais bien qu'il retardait ce moment. C'était le 7 juillet 1963 et ce jour là le ciel était gris et bas. C'était l'hiver dans l'hémisphère sud. Au fur et à mesure que j'approchais du débarcadère officiel, je n'en croyais pas mes yeux. Pour une surprise c'en était une, et la réalité qui s'étalait soudainement devant moi me laissait pantois. Je m'attendais à trouver une formation sanitaire avec une apparence hospitalière, comme mon hôpital : je n'avais devant moi qu'un campement misérable et sale enfoui sous les palmiers et les grands arbres. Tous ces baraquements étaient comme les vestiges d'une Afrique en voie de disparition. Bref, ce que je découvrais contrastait du tout au tout avec ce qui était habituellement proposé et accepté par tous ceux qui s'intéressaient à Lambaréné. Comme je ne « débarquais » pas et que l'Afrique m'était déjà familière, je refusais d'y croire. J'avais devant moi un bidonville, une véritable favela. Ce fut ma première réflexion.

Schweitzer avait eu tout pour lui, la santé, la durée, l'argent, le personnel et le matériel ! Alors qu'il aurait pu bien faire, il avait fait plus que médiocre, et ce qui n'aurait dû n'être que provisoire était devenu définitif. Ce fut ma deuxième réflexion ! Et pour cela il avait été récompensé par le Prix Nobel de la Paix ? C'était impossible !

Je mis les pieds sur quelques mètres carrés de sable à peu près propres et grimpais la pente pour arriver là où Schweitzer recevait ses visiteurs. Je me préparais à pénétrer dans un univers qui me paraissait bien mystérieux. Personne ne m'attendait au débarcadère, et pourtant j'étais très attendu au bâtiment central, un bâtiment en bois appelé « grande pharmacie ». C'est là qu'autrefois Schweitzer s'installait et faisait quelques consultations. Etaient présents le Docteur Schweitzer, tout en blanc, assis, calé dans son fauteuil dont il agrippait les accoudoirs à pleines mains, sa fille Rhéna Eckaert, Mathilde Kottman et Ali Silver ses anges gardiens, et deux médecins, tous debout derrière lui. Il émanait de sa personne un mélange de gravité et de distance. Cela ressemblait fort à une photo de famille au milieu de laquelle trônait le patriarche que l'on avait endimanché. Schweitzer, ce jour là, portait une chemise blanche et un nœud papillon noir, comme souvent d'ailleurs. Longs cheveux blancs en bataille et grandes moustaches broussailleuses et « vercingétorixiennes », il avait grande allure! Lorsqu'on levait les yeux, accroché sur une paroi au-dessus de sa tête il y avait un grand portrait de lui alors qu'il avait peut-être 70-75 ans. Dans ce grand tableau tout en hauteur, le patriarche toisait ses visiteurs, et j'imaginais que lorsqu'il était jeune il devait porter beau. Colosse joufflu, l'air sévère, c'était Bismark, et je ne pouvais passer en ces lieux sans l'imaginer avec un casque à pointe. Je ne me trompais guère car il était né allemand et tout, dans son allure et son comportement, en avait fait un « prussien ». Dire cela n'a rien de provocant de ma part, mais c'était l'allure qu'avaient beaucoup d'Alsaciens représentés sur des photos de l'époque.

Ce 7 juillet 1963, il devait être aux environs de onze heures - midi et on m'attendait. L'émotion aidant, je vécus un instant solennel car j'étais à Lambaréné et rencontrais le Docteur Schweitzer. Je saluais le Maître des lieux qui me tendit la main d'une façon un peu indolente, mais sans trembler. Son entourage fit de même, et après un court instant de silence, je fus interpellé par Rhéna Eckart, sa fille, d'une manière à laquelle je ne m'attendais pas : *Alors, c'est vous notre concurrent ?*

La question valait une réponse, et comme je trouvais les mots vexants, ma réponse fut cinglante bien que je ne sois pas habituellement aussi prompt. *Madame, je crois que nous sommes là pour la même chose !* Et je repensais à cette phrase des Evangiles : *Je suis venu pour les malades, et pas pour les biens portants.*

Rhéna ne put s'empêcher de rougir, se trouva fort gênée, car elle venait de gaffer. Schweitzer, assez sourd, n'avait sans doute rien entendu et c'est lui qui me proposa ses services. J'y voyais moins un geste désintéressé qu'une tentative de me rendre dépendant, situation dans laquelle s'était trouvé mon prédécesseur pendant plus de neuf ans.

Vous savez nous avons ici du matériel et du personnel, me dit-il. Moi aussi j'avais du matériel et du personnel et j'aurai l'occasion d'en parler.

L'homme que j'avais devant moi avait été certainement un colosse, une force de la nature, et j'eus au cours de mon séjour l'occasion de mieux le connaître. Agé de 87 ans déjà, un peu voûté, je l'ai toujours vu avec un pantalon gris ou beige, une chemise blanche et un nœud papillon noir, casque colonial ou chapeau de feutre gris sur la tête selon le temps. Bien qu'avançant en âge, il était resté le même, et sa vie solitaire à Lambaréné, figée dans un rythme immuable, nourrissait sa légende.

Pour ce premier jour à l'hôpital, on me fit faire une rapide visite et je pris le chemin du retour. Je venais de faire connaissance avec mon «*concurrent*» Depuis ce jour là, je n'eus de cesse de m'interroger comme je le fais encore aujourd'hui. Ce 7 juillet 1963 j'avais eu l'impression de parcourir le temps à rebours car cet hôpital était une anomalie dans le monde moderne. Voulant mieux connaître les lieux, je m'y rendis de très nombreuses fois, seul ou accompagné, et j'eus l'occasion d'en connaître et découvrir tous les coins. La traversée de l'Ogooué en hors bord était certes la plus rapide, mais elle réservait moins d'émotion que l'usage des grandes pirogues et de leurs pagayeurs lépreux.

L'homme que j'allais rencontrer souvent, à l'occasion de ses promenades, était levé tôt et couché tard. Dans sa chambre, pas d'électricité, mais une lampe tempête ou des bougies. Il y passait beaucoup de temps, occupé surtout à répondre à la très nombreuse correspondance qu'il recevait. Il était aidé en cela par Mathilde Kottman qui imitait parfaitement l'écriture de son Maître. Schweitzer prenait son temps. Il chaussait d'abord ses lunettes puis fouillait dans les tiroirs de sa table d'où il sortait ses porte-plume à manche de bois. Enfilant ensuite ses manchettes grises, il en prenait un entre index et médius, se mettait à écrire lentement en formant bien les pleins et les deliés. Je l'ai vu aussi découper des articles de journaux et les coller dans des cahiers, comme un enfant qui fait du collage. Pourquoi ? Je me suis promené à ses côtés, lui trottinant à petits pas, le dos voûté, amaigri. Le pantalon était trop long et trop large, ce qui témoignait d'un ancien embonpoint. Pour moi qui avais juste passé la trentaine, il me paraissait incroyablement vieux.

Sur les sentiers de l'hôpital, les animaux le connaissaient, car il avait toujours dans ses poches des graines et de la mie de pain. Les poules et les poussins lui montaient sur les chaussures. Il s'arrêtait, distribuait quelques graines, et repartait. Les moutons lui couraient après, lui apportant une affection démonstrative, puis reprenaient leur errance indifférente. Il fallait aussi éviter de marcher sur les fourmis.

J'ai quelquefois dîné chez Schweitzer. Ce n'était pas un grand moment de plaisir et de détente. Dans la quasi-obscurité de la salle à manger, éclairée par quelques lampes à pétrole, se trouvaient le piano et une grande table d'hôtes. Le rituel était toujours le même :

on attendait l'arrivée du grand docteur, car il se faisait toujours attendre. Avant de se mettre à table il lisait quelques versets de la bible, et après seulement pouvait commencer le repas : pommes de terre, charcuterie, produits du jardin et fruits locaux.. Plutôt frugal et dans une ambiance très monacale car personne ne parlait. Ali Silver, par ses regards qui en disaient long, préservait la tranquillité de son maître. A la fin du repas, après quelques notes de Schweitzer sur le piano plutôt désaccordé, chacun rentrait dans sa chambre, sa cellule.

2

L'homme aux multiples visages

...Une vie partagée entre la pensée,
la médecine et la musique d'orgue
Laurent Gagnebin

Avant que le docteur Schweitzer ne reçut le Prix Nobel de la Paix, beaucoup de gens ne connaissaient de lui ni son nom, ni son histoire, ni sa vie. Quelques initiés seulement, des protestants libéraux, s'intéressaient à lui car il était également théologien et philosophe.

En 1954, en recevant à Oslo son Prix, le public découvrit l'existence de Schweitzer qui soudain fit son entrée parmi les grands. Nous étions embarqués avec lui dans l'aventure de Lambaréné. Inconnu jusqu'alors, c'était en somme le commencement de sa vie. Il avait 78 ans et connaissait la renommée.

Mais y a t-il encore aujourd'hui quelqu'un qui se rappelle que dans les années 50, ce sont les Missionnaires Protestants américains de l'Eglise Unitarienne, riches et puissants, ainsi que les médias qui firent de lui un grand Docteur et un Prix Nobel ? Peu de monde sans doute : il est des événements qui ne laissent pas beaucoup de traces dans la mémoire. Les médias prestidigitateurs faisaient tout pour illusionner le monde entier sur sa grandeur et faire de lui un mythe. Le fait d'avoir été Prix Nobel n'a d'ailleurs nullement pérennisé, ni l'aura dont jouissait l'intéressé, ni le souvenir que l'on peut en avoir. Si, encore aujourd'hui, une large majorité de ceux qui avaient entendu parler de Schweitzer se souvient du bon Docteur de Lambaréné, elle ignorait qu'il était aussi et avant tout pasteur, musicien, philosophe.

C'était donc un personnage quadruple, plus complexe qu'il n'y paraît, un homme aux multiples visages. Je ne peux apprécier le musicien, le philosophe, le théologien, n'ayant aucune compétence en ces matières. Seuls m'intéressent l'homme de science, la face cachée, l'envers du mythe.

Le Musicien et l'orgue

Quand les médecins disaient qu'il était bon musicien, les musiciens pensaient qu'il était surtout bon médecin ! Ils étaient en désaccord sur les capacités de l'un et de l'autre. Eugène Münch, son premier maître en musique, disait de lui : Albert Schweitzer est mon cauchemar.

Pour moi il était un bon musicien, grand interprète de Bach, mais fut qualifié également du titre de *l'amateur de Strasbourg ou le bûcheron aux bras de boucher*[1]*... tel un sportif lors d'une séance d'entraînement, il tapait sur les touches comme s'il cassait des pierres sur le chantier.* [2]

Je compris plus tard la signification de ces allusions peu amènes en lisant les confidences de l'organiste américain Nies Berger, ami de Schweitzer. *Schweitzer interprète n'arrivait pas à la cheville de l'éminent biographe de Bach.* [3]

Les biographes ne nous ont guère renseignés à ce sujet. On n'avait donc pas à faire à un virtuose, mais à un honnête musicien qui dût beaucoup travailler pour surmonter ses limites. *Malgré sa fatigue et la médiocrité de son jeu, il poursuivit jusqu'à minuit et ne prit conscience de la vanité de ses efforts qu'après avoir écouté les bandes le lendemain.* [4]

Schweitzer reconnaissait avec humour les qualités de son ami Nies Berger : *Voilà l'organiste d'Amérique devant qui je tremble quand je joue de l'orgue.* [5]

1. Edouard Nies Berger, *Albert Schweitzer* m'a dit, p. 105.
2. Id., p. 170.
3. Ibid., p. 84.
4. Ibid. p. 41.
5. Ibid. p. 126.

La nature ne l'avait pas gâté et comme il y a des mains d'accoucheur, j'appris qu'il y avait aussi des mains d'organiste. Voilà ce qu'en disait Nies Berger en 1995 : *Handicapé par ses fortes mains, aux doigts épais, par la raideur de ses poignets et par ses larges pieds, l'organiste appuyait sur plusieurs touches à la fois, provoquant des fausses notes.* [6]

Le Philosophe et le respect de la vie

Il était également, disait-on, un homme de réflexion, un philosophe mineur qui construisit sa pensée autour du respect total de la vie dont il voulait faire « l'étalon de l'éthique ». Donnant des leçons de morale au monde avec son principe éthique, emprunté aux grands penseurs de l'Inde, il était considéré comme si utopiste et peu crédible, qu'il fut traité par ses contemporains comme Bertrand Russel avec la plus grande indifférence. Ce dernier n'hésitait pas à claironner avec un certain mépris : *J'ignorais même qu'il fut considéré comme un philosophe.* [*]

Schweitzer fut d'abord et avant tout un intellectuel, un penseur, et beaucoup de ceux qui connaissaient le docteur de Lambaréné, ignoraient tout de son œuvre écrite que certains qualifient d'exceptionnelle. Il semble qu'on le redécouvre aujourd'hui et que des thèses soient soutenues dans les universités allemandes. Si ce grand principe de philosophie qui le conduisit à dénoncer tous les excès de la civilisation moderne l'honorait et le grandissait, il se ridiculisa souvent en se l'appliquant à lui-même à Lambaréné.

Pour moi, médecin, je ne peux que souscrire à ce que disait le professeur Alexandre Minkowski : *Pour ce qui est du respect de la vie, il me paraît difficile, en tant que médecin, d'en faire un absolu* [7].

Schweitzer croyait toutes les formes de vie égales, qu'il s'agisse de celle des hommes, des plantes, des animaux, des microbes, et ne doutait pas un instant qu'elles fussent toutes respectables du moment qu'elles étaient des créatures de Dieu. Même les plus élémentaires ne devaient donc pas être considérées comme

---

6. Ibid. p. 85.

* Dans une conversation avec le journaliste anglais Gérald Mac Night, Bertrand Russell avoua n'avoir jamais lu aucune des œuvres philosophiques de Schweitzer.

7. *In ES* n° 2, p. 68. *Entretien avec Jean-Paul Sorg*, rédacteur en chef.

négligeables. *Je ne peux pas m'empêcher de respecter tout ce qui vit, je ne peux pas m'empêcher d'avoir de la compassion pour tout ce qui vit ...* (*). *(Sermon du 16/02/1919 à Strasbourg).*

Enfant, il prenait soin des escargots et des vers de terre qui traversaient les routes, et s'insurgeait de voir les promeneurs se livrer à la cueillette des fleurs tout au long des chemins. A Lambaréné, son hôpital de brousse fut sa manière à lui d'interpréter la pensée de Jésus, et un champ d'application de son principe éthique du respect de la vie.

Elu en 1952 à l'Académie des Sciences Morales et Politiques, en remplacement du Maréchal Pétain, de quoi parla t-il dans son discours d'intronisation ? *Parmi les coutumes inhumaines que notre civilisation et notre sentiment ne doivent plus tolérer, je ne puis m'empêcher d'en nommer deux : les courses de taureaux avec mise à mort et la chasse à courre.* (8)

Schweitzer qui n'avait pas une vision pratique et rationnelle du monde, surtout en Afrique, faisait parfois dans l'insignifiance. Le Pasteur Henri Babel était passionné de pêche. Un jour qu'il se trouvait à Lambaréné et partait vers le fleuve avec ses cannes, il fut interpellé par Schweitzer : *Qu'est ce que tu fais ? Tu n'as pas assez à manger chez moi ? - C'est un sport, un divertissement. - Joli divertissement, tuer ! Toujours tuer!* (9)

Comme si la pêche était une activité cruelle et le Pasteur Henri Babel un criminel ! Lors de ses travaux de construction, son aide charpentier Noël Gillepsie, qu'il avait ramené d'Angleterre pour l'aider, avait cru pouvoir s'affranchir du respect de la vie. Et bien non ! Même en défrichant, il lui fallait chasser la vermine mais pas la tuer. Il lui fallait s'assurer qu'aucune bestiole ne se trouve dans le trou destiné à recevoir un poteau, comme il lui fallait également ne pas enduire de créosote les bois de charpente, au risque d'incommoder les termites, même s'il savait les désagréments que

---

* Les extraits des sermonts prononcés par Schweitzer sont tirés de : *Albert Schweitzer. Vivre. Paroles pour une éthique du temps présent.* Albin Michel 1995.

8. AS, cité par Marco Koskas, *Albert Schweitzer ou le démon du bien*, p. 302.

9. AS, cité *in ES* n° 5, p. 170. *In ES* n° 5 p. 227 Le docteur Munz témoigne d'un Schweitzer pour qui le respect de la vie semblait avoir ses limites. Il fallait supprimer chiots et chatons. *Arrivé sur la berge, il s'accroupit, plongea sa main dans le sac, en sortit une petite créature gigotante, la saisit vigoureusement et lui fracassa la tête contre un tronc d'arbre, puis lança le cadavre dans le fleuve. Il répéta l'opération plusieurs fois.*

cela causerait plus tard. C'était faire une assimilation outrancière entre l'espèce humaine et les autres, et si l'on doit mieux respecter la vie, ce n'est sans doute pas dans cette direction qu'elle doit s'orienter.

S'agissant des malades de son hôpital, il se faisait à contre cœur une raison car il reconnaissait que la nécessité de détruire la vie lui était imposée même *« s'il était saisi d'effroi ». Chaque fois que je vois au microscope les microbes de la maladie du sommeil, je ne puis m'empêcher de reconnaître qu'il me faut détruire ces vies pour en sauver une autre* [10].

Pour moi, le simple fait de se poser la question est une injure à la vie. Détruire la vie d'un trypanosome, alors que le parasite détruisait la vie de centaines de milliers d'être humains ? Comme si Schweitzer n'avait jamais palpé le corps décharné et froid d'un sommeilleux et regardé dans les yeux d'un mourant ! Il est vrai que s'il se souciait de la vie d'un trypanosome, il se souciait aussi de celle des hommes et de l'humanité. Certes le respect de la vie est une idée qui pourrait aider à résoudre bien des problèmes qui se posent à l'humanité, même si elle ne constitue pas un programme pour sauver le monde et rapprocher les cultures. Elle paraît cependant tellement inconséquente, utopique même, qu'elle ne peut être érigée en principe de valeur universelle. L'idée du respect de la vie au sens où l'entendait Schweitzer est une idée qui n'est pas au diapason de notre époque, totalement figée pour des sociétés sans cesse en évolution, et aussi incompatible avec les réalités du XXIème siècle que, par exemple, la prise de position du Saint Père contre la contraception et ses outils.

Alors le respect de la vie, grand principe philosophique ou simple utopie ? Ce sont « des mots qui n'ont rien d'éblouissant, une formule qui ne rend pas un son éclatant » disait-il, et sa com préhension ne demande pas un effort exorbitant. Sous les tropiques où règne la loi de la jungle, la nature ignore le respect de la vie. La violence est générale, indiscutable, présente partout dans chaque détail de la vie environnante, que ce soit avec la végétation, le soleil, les pluies diluviennes, les animaux ou les insectes...etc. Ignorait-il le rôle épidémiologique patent de chaque espèce ?

10. AS, *Ma vie et ma pensée*, p. 258.

En 1924, ce n'était pas la modernité tant redoutée par Schweitzer qui était menaçante, mais bien cette violence inouïe de la nature, premier responsable de bio terrorisme.

Pour prendre en charge des populations malades, il n'aurait pas du se soucier du devenir de l'anophèle, de la fourmi magnan, de l'aedes ou de la mouche tsé-tsé, mais plutôt de la propreté des allées de son hôpital, et de la qualité de l'eau qu'il donnait à boire à ses malades. En idéalisant la nature, Schweitzer se trompait, et avec son respect exagéré de la vie, il se refusait à appliquer, au sein de son propre hôpital, les règles d'hygiène les plus élémentaires.

Le Théologien

Il était aussi un homme de Dieu, pasteur et théologien, et avait pour son époque une audace intellectuelle exceptionnelle. L'«Histoire des recherches sur la vie de Jésus», œuvre monumentale parue en 1912, juste avant son départ pour Lambaréné, lui valut une renommée internationale et fit scandale aussi bien parmi les théologiens libéraux que les théologiens orthodoxes.

Non-conformiste, ses écrits sur la vie de Jésus et ses idées libérales en firent un protestant d'avant- garde pour son temps, voire un révolutionnaire. Il fut longtemps Président d'Honneur de la branche française de l'Association Libérale Internationale.

Nul doute que l'œuvre intellectuelle d'Albert Schweitzer est d'une ampleur considérable, mais si elle est bien connue en Allemagne et ailleurs, elle reste en France peut-être très injustement méconnue et à découvrir.

Le Médecin et le problème de Lambaréné

Si la bibliographie concernant Albert Schweitzer est très abondante, elle est aussi très incomplète. Riche en ce qui concerne la musicologie, la philosophie, la théologie, elle est d'une extrême pauvreté pour ce qui est du docteur Schweitzer, médecin à Lambaréné. Lui ne s'est pas beaucoup raconté, et ses biographes ont trop souvent joué avec la vérité, laissant planer un certain mystère sur son histoire et son œuvre médicale. Peu de choses ont été écrites à ce sujet, beaucoup reste à dire, et son hôpital de brousse ne fut sûrement pas son œuvre majeure, même si elle fut l'illustration à la fois de son renoncement à une vie facile et de son engagement au service de ceux qui souffrent.

Elle ne fut pas la mieux réussie. C'est pourquoi le médecin de Lambaréné doit être reconnu pour ce qu'il était et rien d'autre. Pourquoi ? Même si la vision que j'ai acquise reste incomplète, je peux en mesurer la portée, étant moi-même médecin colonial, ayant vécu trois ans à Lambaréné et appartenant à ce corps de santé dont le professeur Alexandre Minkowski, lui-même très sévère à l'encontre du médecin de Lambaréné, disait « qu'il représentait ce qu'il y a de plus positif dans la politique coloniale ».

Parmi toutes les questions que je me suis posées et auxquelles j'essaierai de répondre, il en est une qui me revient en permanence à l'esprit ; le Docteur Schweitzer, pour son œuvre médicale à Lambaréné, fut-il si méritant que cela ?

D'abord fut-il si différent de nous tous, et de nous médecins du Corps de Santé des Troupes Coloniales qui avons beaucoup donné à l'Afrique ? Schweitzer homme de Dieu, avec ses mensonges, son égoïsme, sa haine, sa calomnie, sa tromperie et son arrogance, ne fut pas fondamentalement différent de nous tous. *Parce que ma vie est littéralement jonchée de mensonges, je peux pardonner les mensonges que l'on m'a fait, parce que je me suis moi-même si souvent rendu coupable d'égoïsme, de haine, de calomnie, de tromperie ou d'arrogance, je peux pardonner l'égoïsme, la haine, la calomnie, la tromperie ou l'arrogance dont on a fait preuve à mon égard.*[(11)]

C'est pourquoi, à un moment de sa vie, surpris par sa gloire, conscient qu'il était pris au piège de ses propres contradictions, il disait à son ami l'américain Nies Berger : *Rappelle-toi bien une chose, n'emploie jamais de superlatifs et ne dis pas que je suis un grand homme, car ce ne serait pas vrai. Je suis pétri de contradictions, j'ai essayé de faire un peu de bien dans ce monde. C'est tout.*[(12)]

Même s'il avait une très grande conscience de sa propre valeur, les louanges lui paraissaient suspectes. Alors que demandait

11. AS, cité par Gérald Mac Night, *Le Docteur Albert Schweitzer*, p. 282.
12. AS, cité par Edouard Nies Berger, *Albert Schweitzer m'a dit*, p. 138.

Schweitzer ? Qu'on fasse de lui un portrait fidèle ? En ce qui concerne le praticien de Lambaréné, je crois que ça n'a pas été fait.

J'apprécierai donc le Docteur Schweitzer en tenant compte de ses efforts, mais surtout de ses manquements. Le Docteur Schweitzer a eu sa place à Lambaréné, mais il ne fut ni le premier ni le seul. Les médecins coloniaux y ont eu également la leur et lui ne méritait pas le piédestal sur lequel on l'a dressé. Il aurait dû être comparé à son homologue, l'Assistance Médicale Indigène d'abord, et la Santé Publique ensuite. Aujourd'hui on estimerait nécessaire de créer une commission d'évaluation ; et pour être moderne, faire une étude de comparabilité. C'est de cette comparaison que serait sortie une hiérarchie des mérites, des projets et des réalisations de chacun, et la vérité sans aucun doute.

Tout a été dit sur Schweitzer, presque rien sur le médecin, chacun, selon ses opinions, y allant de sa griffe ou de son archet.

Parmi tous les biographes et les chercheurs, très rares sont ceux qui ont connu Schweitzer et son hôpital. Plus nombreux sont ceux qui sont allés ou vont à Gunsbach sa maison natale en Alsace où se trouvent les archives. J'y suis allé, mais ne lisant pas l'allemand, je n'en ai rien rapporté.

Avec le Docteur Schweitzer tout est cependant très compliqué. La valeur de son action était reconnue différemment selon que l'on se trouvait en Amérique en Allemagne ou en France. Inconnu en France jusqu'en 1954, il était pour l'Amérique le plus grand homme du monde.

Je crois que son aventure humaine fut une aventure toute simple, louable certes, mais qu'il n'était pas besoin d'enjoliver sa vie comme cela a été fait. Schweitzer a donné 50 ans de son existence à Lambaréné, bien qu'il n'y ait séjourné que 34 ans ; moi je n'ai fait qu'y transiter pour une courte période de trois ans et j'ai vécu 27 années de la mienne en Afrique, à Madagascar et ailleurs. Lui il y fut célèbre, moi je ne fus qu'un obscur médecin. Si je dois ternir un peu sa mémoire, en apportant quelques bémols et en disant la vérité, alors que 45 ans après sa mort la légende est encore un peu vivante, je ne me sens en rien coupable.

Alors qu'il fit rêver les adultes comme les plus jeunes, je sais bien qu'il n'est guère convenable de semer le doute ou de s'attaquer à des mythes. Je me souviens que, dans les années 80, faisant des conférences auprès de la Croix Rouge et expliquant pourtant avec la plus grande objectivité ce qu'avaient été Schweitzer et Lambaréné, je m'étais fait agresser verbalement par de vieilles dames qui, plutôt que d'entendre mes réponses à leurs questions, avaient préféré quitter la salle.

Les gens de l'hôpital Schweitzer ne m'ont guère impressionné. Le docteur Schweitzer avait été un médecin tout juste ordinaire, et ses jeunes collègues n'étaient pas toujours très compétents tant en chirurgie qu'en médecine tropicale. Quelques-uns uns néanmoins avaient reçu une formation bien plus solide que lui. Ils repartaient au bout de deux ans. « Ils avaient fait leur purgatoire », selon ses propres termes et avaient acquis une carte de visite. Ils avaient souvent plus à apprendre de moi que je n'avais à attendre d'eux. Comme je n'étais pas un débutant, je n'eus aucun complexe, face à ce qui se passait de l'autre côté du fleuve.

L'Université de Bordeaux et l'Ecole de Santé Navale m'avaient enseigné la pathologie tropicale, l'Institut de Médecine Tropicale du Pharo et l'hôpital Laveran à Marseille m'avaient initié et préparé à la vie coloniale, mon séjour de plus de 30 mois, dans le Sahel, au Nord de la Côte d'Ivoire, m'avait beaucoup appris, forgé et endurci le caractère. J'y avais vécu une fabuleuse expérience humaine, nourrie par la solitude et la réflexion. Seul parmi une population noire de plus de 150.000 habitants, avec seulement six européens, j'avais affronté au quotidien les pathologies historiques, la lèpre, la rage humaine, les grandes épidémies de variole et de méningite cérébro-spinale. Les conditions de vie, si elles n'étaient pas pires que celles que connut Schweitzer, n'y étaient sûrement guère meilleures.

Alors que l'on ne s'y trompe pas ! L'histoire de Schweitzer n'est pas la vérité, et même s'il cristallisa autour de son nom bien des interrogations, tous les propos dithyrambiques sur Lambaréné n'avaient qu'un seul but, faire une magistrale opération de désinformation autour du médecin et de son œuvre. Il fallait faire croire au monde entier que le Docteur Schweitzer avait été le premier à Lambaréné, le seul à donner des soins aux Noirs, le médecin des lépreux, le Grand Docteur de la forêt vierge. Et que son hôpital était un modèle en Afrique.

Voilà les cinq postulats qui firent la renommée du Docteur Schweitzer. Ils étaient pourtant tous plus faux les uns que les autres et personne ne protesta contre ce détournement de la vérité. Le médecin de Lambaréné accomplit donc cette performance : faire parler de façon élogieuse et convaincante de sa personne et de son hôpital.

J'ai connu le médecin de Lambaréné. Alors qu'il n'était, comme il se décrivait lui-même, qu'un « pauvre petit médecin des noirs » que la renommée a transfiguré en « Grand Docteur » et en « Plus grand homme du monde », il partit en 1954 à Oslo, à l'âge de 78 ans, recevoir son prix Nobel. Praticien très ordinaire, je l'ai vu vivre et mourir. Il ne ressemblait en rien à celui décrit par ses adulateurs, même si l'humain fut au centre de ses préoccupations.

J'ai connu son hôpital. Radeau humanitaire ancré sur les bords de l'Ogooué, je l'ai vu fonctionner. Bidonville infect et misérable établissement, il le qualifia lui-même de « village où l'on soigne ». Ce n'était qu'un petit îlot dans un vaste océan de besoins et je crois qu'il ne valait pas mieux que n'importe quelle autre formation hospitalière au Gabon. Pour cette œuvre, Schweitzer ne fut pas considéré par le corps médical comme particulièrement brillant.

Malgré cela, il fut touché par la gloire, et sa renommée devint universelle. Cette gloire, exceptionnelle, inexplicable, il ne l'acquit pas sur les bords de l'Ogooué. Elle fut le résultat de manœuvres et le fruit d'une stratégie bien orchestrée. Elle lui fut conférée de l'extérieur. En effet, sans l'argent des américains, sans celui de l'Eglise Unitarienne d'Amérique, sans les femmes de Lambaréné et les médias, le médecin de l'Ogooué n'aurait pas existé. Il aurait fini sa vie comme un simple médecin colonial, comme tant d'autres.

D'ailleurs, il est probable qu'à aucun moment de sa vie il n'avait imaginé pareille destinée, car la solitude de la forêt vierge lui convenait mieux que les salons d'Oslo. Flatté par les honneurs, il détestait le cérémonial. Lorsque en 1927 il fut fait docteur Honoris Causa de l'université de Prague, il se serait volontiers passé des festivités. *Je veux bien en l'occurrence me plier humblement et pieusement à cette obligation. Mais si l'on pouvait se passer de ces solennités, croyez bien que je n'insisterais pas* [(13)].

13. AS, cité in *ES* n°3, pp. 133 – 134. Lettre du 23-08-28 au Pr Oskar Kraus.

Concernant le Docteur Schweitzer, médecin à Lambaréné, la vérité ne pesa jamais très lourd. Aussi, considérant qu'il y a des limites à la manipulation, alors que ses défenseurs d'aujourd'hui refusent toujours d'entendre ses insuffisances et ses erreurs, on devrait cesser de nous parler du Docteur Schweitzer comme étant un «Grand Docteur» et le «plus grand homme du Monde».

Pour être jugé ainsi, il aurait fallu que le Docteur Schweitzer, débarquant en 1913 dans la baie de Cap Lopez, apporte dans ses 70 caisses autre chose que du matériel, des médicaments, la parole de Jésus, et la réprobation violente du colonialisme. Il aurait fallu qu'il fut autre chose qu'un médecin ordinaire et son hôpital un bidonville. Il aurait fallu qu'il eut une conception plus humaine et plus digne de l'hospitalisation de l'homme noir malade. Il aurait fallu qu'il démontra par ses actes et ses écrits son engagement en faveur des Droits de l'homme noir et du continent africain.

C'est pourquoi il faut s'en tenir aux faits, rien qu'aux faits.

Pourquoi n'a-t-on pas dit que sur l'autre berge du fleuve Ogooué, en face de lui, existait un autre hôpital, plus moderne celui-là, avec une maternité pleine d'accouchées et un service de chirurgie très bien équipé, d'autres médecins, ceux du Corps de Santé Colonial qui possédaient une plus grande expérience que lui, et d'autres malades qui recevaient des soins au moins aussi convenables que ceux dispensés dans son hôpital.

Et les lépreux ? Schweitzer ne fut pas le médecin des lépreux comme on a toujours voulu le laisser entendre. Il y avait à Lambaréné d'autres lépreux que ceux de Schweitzer. Et même beaucoup !! Plus de mille étaient pris en charge par la santé publique et le service des grandes endémies. Quant à son «village de lumière» - il en existait des dizaines en Afrique - c'était le village propagande.

Les nostalgiques n'aimeront sûrement pas être mis de façon aussi brutale devant la réalité de Lambaréné. Mais pourquoi continuer à les leurrer ?

Pourquoi n'a-t-on pas dit non plus, que considérer l'Afrique comme un continent figé et l'homme noir comme incapable d'évoluer, était une erreur de la part de Schweitzer ?

Pourquoi n'a-t-on pas également clairement expliqué son opposition permanente au modernisme et sa conception tout à fait rétrograde de l'action sanitaire à mener en Afrique ? Son absence de vision stratégique, sa difficulté à apprécier le réel et sa résistance au changement furent autant d'obstacles à la transformation de son hôpital et de son action médicale. Bien sûr il n'existait pas de médecine universelle capable de soigner ou de prévenir toutes sortes de maux ou de maladies, mais inscrire comme prioritaire la médecine curative et individuelle, comme le fit Schweitzer, constituait une erreur majeure dans l'appréciation de l'action sanitaire à mener dans le bassin de l'Ogooué et en Afrique. Il lui fallait agir à plus large échelle, ne pas privilégier l'individu par rapport au collectif, afin de faire de l'humanitaire et pas seulement de l'humanisme médical. A quoi bon soigner quelques ulcères et faire des extractions dentaires si des centaines de malades mouraient de la maladie du sommeil ? Aussi, avoir dit que le docteur Schweitzer fut le grand ancêtre de l'action humanitaire internationale, précurseur de la médecine de terrain dans les pays du sud, relève de l'ignorance ou du mensonge.

Les réponses à toutes ces questions apportent, à qui veut bien en prendre connaissance, une information réelle sur le docteur Schweitzer et son hôpital de Lambaréné.

Si on ne pouvait le soupçonner de manquer d'intelligence, je crois qu'il n'avait pas pris la mesure des énormes décalages qui se multipliaient entre l'évolution de l'Afrique et de l'homme noir, et la conception tout à fait archaïque qu'il avait de son entreprise. Pourtant il a vécu le basculement d'un siècle dans un autre, et a vu passer, sous ses yeux toutes les évolutions et les transformations de l'Afrique ! Alors refus ou impossibilité d'évoluer avec son temps ? Vieux avant l'âge pour avoir fermé son esprit à toutes les idées nouvelles, tout était bétonné dans sa pensée. Jamais il ne pensa le changement, et rien ne laissa chez lui entrevoir l'Afrique en devenir. Si tout cela a été dit, cela n'a jamais été entendu, car il y avait à Lambaréné Lui et rien d'autre.

Le Docteur Schweitzer ne fut pas ce que l'on croit. Aussi, accepter les yeux fermés le catalogue éloquent dressé par tous les laudateurs de Lambaréné, n'est pas sérieux. Après avoir passé plusieurs années sur place et très bien compris le problème, voici ce qu'écrivait le dentiste américain Frederik Frank à son retour en Amérique dans les années 60. *Le Schweitzer légendaire n'existe pas. Il est grand temps que l'on publie un bilan sérieux et définitif de toutes les absurdités qui ont été écrites sur Lambaréné* [(14)].

C'est pourquoi il n'est peut-être pas mauvais, afin de remettre les idées en place, de démontrer que le Docteur Schweitzer était bien différent de l'image habituellement véhiculée, et que la vérité oblige à rompre avec certaines idées reçues.

J'espère que ce livre ouvrira un débat, parce que tous ceux qui croyaient qu'à Lambaréné il y avait un Grand Docteur et un Grand Hôpital ont été trompés. Et ils ont le droit de savoir comment et pourquoi !

14. Frédéric Frank, cité par Gérald Mac Nignt, Le Docteur *Albert Schweitzer*, p. 123. Tiré du livre : Days with *Albert Schweitzer*. Frédéric Frank.

3

Pourquoi partir ?

Ce que je voulais c'était une action
personnelle et indépendante
Albert Schweitzer

Pourquoi Schweitzer, non pas en pleine gloire mais en pleine force de l'âge, décida-t-il soudain de mettre fin à ses activités en Europe, de tout abandonner et renoncer à tout et s'exiler dans la forêt vierge ? En clair, quelles sont les raisons qui ont conduit Schweitzer à franchir des milliers de kilomètres pour fuir le monde ?

Si on ne s'en tient pas aux versions plus ou moins officielles, ses motivations sont difficiles à appréhender. Rappelons qu'il était professeur de théologie à la faculté de Strasbourg, prédicateur à Saint Nicolas, musicien et facteur d'orgues, écrivain. Il donnait des concerts, voyageait beaucoup – Paris – Londres – Berlin – et se rendait au festival de Bayreuth quand il en avait le temps et l'argent. Toutes ces activités, il les maîtrisait parfaitement et en jouissait. Par ailleurs il était jeune, riche et entouré d'une famille bourgeoise qu'il trouvait cependant un peu trop pesante et possessive ; ce qui ne lui plaisait guère. La voie semblait tracée mais il ne la suivra pas.

Sa décision tout à fait incompréhensible pour sa famille, ses amis, ses collègues, passa à l'époque *pour le généreux coup de tête d'un homme qu'une grande partie des mondes de la philosophie, de la théologie, de la musique, pensaient perdre au large de l'équateur.*

Comment en était-il arrivé là ? Il s'en expliquait, car cette décision ne datait pas du 13 octobre 1905 quand il proposa ses services aux missions, mais remontait à ses années d'étudiant en 1896. *Il me semblait inconcevable, alors que tant de gens autour de moi luttaient avec les soucis et la maladie, de pouvoir mener une vie heureuse.*[1]

Il estimait en effet qu'une bonne santé, assortie de capacités intellectuelles, de succès, et d'un bon sommeil, étaient de véritables privilèges auxquels il fallait renoncer. *Je m'éveillais un jour de Pentecôte à Gunsbach par un rayonnant matin d'été et l'idée me vint soudain que je ne devais pas accepter mon bonheur comme une chose toute naturelle mais qu'il fallait donner quelque chose en échange.*[2]

Schweitzer avait reçu cet appel comme venant de Dieu qui le chargeait d'une mission particulière. Ne venait-il pas d'être élu, envoyé sur terre comme réincarnation du Christ ? A la question qui lui fut délicatement posée par son assistante Ali Silver, il répondit par un long silence en mettant simplement un doigt sur ses lèvres. Chut ! *Je suis parti parce que Dieu m'a appelé*[3] confia t-il à Widor.

Pourquoi fallut-il à Schweitzer plusieurs années d'hésitations, d'interrogations, d'expériences variées, avant de trouver sa voie et de décider qu'il serait médecin en Afrique ? Il était, en effet, presque inconcevable de penser qu'il aurait pu, à son âge, prendre un nouveau départ dans la vie. *Je ne voyais pas encore clairement sous quelle forme se réaliserait ce projet futur. Je me laisserais guider par les circonstances, mais j'étais décidé à assurer un service directement humain.*[4]

J'ai cherché dans ses écrits et dans ceux de ses biographes quelques explications, et si certaines peuvent sembler vraies, d'autres ne sont que des hypothèses.

S'agissait-il d'une déception amoureuse ? Sûrement, disent certains biographes. Partir lui permettait d'oublier sa tante Mathilde, celle pour qui pendant cinq ans il nourrit des sentiments autres que de l'attachement familial et de l'amitié.

---

1. AS, *Ma vie et ma Pensée*, p. 93.
2. Idem p. 94.
3. AS, cité in *ES* n°1 p. 96. Propos rapportés par Jean Paul Sorg Rédacteur en Chef.
4. AS, *Ma vie et ma pensée*, p. 94.

S'agissait-il de fuir le milieu protestant et bourgeois local ? C'est probable, car Schweitzer ne se sentait pas en harmonie avec les autres hommes, et surtout pas à l'aise avec ses égaux Strasbourgeois. Et qui plus est, on prétend que le jeune Schweitzer ne désirait qu'une chose, s'arracher du carcan des conventions. Comme il était en rupture d'avec son milieu familial qu'il ne reconnaissait pas comme modèle, en conflit permanent avec ses collègues de la faculté, l'autoritaire Schweitzer se confia dans une correspondance à son ami Romain Rolland. *Ce n'est pas ici que se livre le vrai combat. Ici on n'arrive pas à se dégager des confessions (...) on est absorbé par les confessions et leurs luttes. Il faut sortir d'Europe, le vrai combat est aux frontières. Il faut montrer ce que peut un chrétien qui ne parle pas, qui agit.* [(5)]

Lui, le contestataire, le réactionnaire, avait en effet une position trop inconfortable au sein de sa confrérie traditionaliste. Une seule solution donc pour se soustraire à la hiérarchie protestante strasbourgeoise, jugée trop calviniste, partir !

S'agissait-il de se construire une aura dont il avait besoin ? C'est la théorie du philosophe allemand Jung. Schweitzer avait dit tout haut que Jésus et ses apôtres s'étaient trompés dans l'attente du Royaume de Dieu, « qui n'a toujours pas fait irruption dans l'histoire ». Devant une affirmation aussi scandaleuse, mettant en cause l'infaillibilité de Jésus, il ne restait plus à Schweitzer qu'à échapper à la réprobation des théologiens, et « abandonner les soins dûs aux âmes malades des européens, pour soigner les corps malades des noirs ». [(6)] *Il déserte donc, il fuit et va à bon compte se parer de l'aura d'un sauveur qui vient guérir les noirs, ces grands enfants dont il est si facile de se faire admirer en les impressionnant à peu de frais. Cette fuite a aussi pour avantage de satisfaire la dimension quelque peu paranoïaque de Schweitzer qui ayant descendu Jésus de son piédestal, se sent d'attaque pour le remplacer.* [(7)]

S'agissait-il de pouvoir travailler sans parler ? Voilà qu'il se mettait à rêver de mutisme ! Cela est bizarre mais c'est la seule

5. AS, cité par Pierre Lassus, *Albert Schweitzer*, p. 249. Archives Romain Rolland.
6. Jung, cité par Pierre Lassus, *Albert Schweitzer*, p. 168.
7. Id., p. 17.

justification que l'on peut trouver dans ses écrits. Pour tous les laudateurs c'est un engagement bien insignifiant ! *Je voulais devenir médecin pour pouvoir travailler sans parler. Pendant des années, je m'étais dépensé en paroles. J'avais exercé avec joie mon rôle de professeur de théologie et de prédicateur. Cependant, cette nouvelle activité consisterait non pas à parler de religion d'amour, mais à la pratiquer. Des connaissances médicales, me donneraient les moyens de réaliser mon intention.*[8] Impossible à défendre !

S'agissait-il de remercier la France qui lui avait permis de se perfectionner en musique ? L'argument ne tient pas car Schweitzer, bien qu'appréciant la culture française, était en fait peu francophile. Pourtant, certains le prétendent. C'est en effet auprès de Charles Marie Widor, grand organiste à Notre Dame de Paris, que Schweitzer trouva un maître dont les idées étaient identiques aux siennes. Plutôt de vieilles orgues, dussent-elles être restaurées, que des instruments modernes qui, au lieu d'être un réel progrès du point de vue du son, marquaient selon lui un retour en arrière. Fidèle à l'ancienne tradition, il manifestait déjà son refus de la modernité, ce qui lui valu d'être assez sévèrement jugé. On lui reprochait de sauver les vieux noirs en Afrique, et les vieilles orgues en Europe. C'est également à Paris, auprès d'une disciple et amie de Frantz Liszt que Schweitzer se perfectionna au piano..

Tous ces arguments sont peu convaincants. Alors faut-il simplement croire Schweitzer quand il dit : *Je connais la jouissance du succès - mais tout cela ne m'a pas désaltéré. J'ai senti que ce n'était pas tout, que ce n'était rien - J'ai reconnu toujours plus clairement que la seule vérité et le seul bonheur est de servir notre Seigneur Jésus Christ là où il a besoin de nous.*[9]

S'agissait-il alors d'être simple missionnaire ? Car c'est bien comme simple missionnaire et non comme médecin qu'il envisagea d'abord de partir en Afrique pour « annoncer la religion de Jésus ». Si on connaissait le Docteur Schweitzer, l'homme à la chemise blanche et au nœud papillon noir, cet uniforme qui a nourri sa légende, on oubliait simplement qu'il fut d'abord et avant tout

---

8. AS, *Ma vie et ma pensée*, p. 105.
9. AS, cité in *ES* n° 1 p. 96.

pasteur, et que sa mission de prédicateur n'était pas pour lui une occupation secondaire. Son père, son grand-père, ses oncles étaient pasteurs, et sa préférence allait à la prédication. Imprégné de ces références, il ne pouvait donc, lui aussi, être que pasteur. *Pour moi, la prédication est un besoin inné.*

Partir comme pasteur, cela ne pouvait pas marcher et il le savait bien. Toute prédication lui serait interdite. Il se heurta en effet dans ses démarches à des problèmes insurmontables qui l'obligèrent à changer son fusil d'épaule. Schweitzer appartenait à la nouvelle école du protestantisme, et à l'époque c'était presque un délit. Son modèle était le libéralisme allemand aux idées avancées, suspectes même en ce début de XXème siècle, et dont se méfiaient les missions en Afrique. *Elles n'envoyaient que des missionnaires acceptant de se plier à leurs exigences doctrinales.*[(10)]

Celles à qui il proposa ses services, les Missions Evangéliques de Paris, défendaient un protestantisme dogmatique et rigoureux, très éloigné de ses idées. *Le Comité des missions ne pouvant supporter l'idée internationale que défend et représente Schweitzer, tâche de l'ennuyer de toutes les façons.* [(11)]

Ces démêlés avec les missions durèrent plus de cinq ans, et eurent pour résultat de le faire « craquer ». Déjà ! Alors que son départ pour Lambaréré était programmé pour juillet 1912, son état de santé l'obligeat à repousser cette date. Finalement, ce n'est que huit mois plus tard, le 21 mars 1913, qu'il quitta l'Alsace pour le Gabon. *La tension nerveuse liée à ces négociations et une forte fatigue avaient provoqué chez Schweitzer une grave dépression physique et morale.* [(12)]

Cet état, on le retrouvera en permanence tout au long de sa vie. Il ne serait donc pas le bienvenu parmi elles et ne pourrait partir qu'à une seule condition, ne plus prêcher, accepter de « faire la grève de la parole ». *Lorsque je les assurais que je désirais n'être qu'un médecin, et qu'en outre je me proposais d'être muet comme une carpe, ils se tranquillisèrent.*[(13)]

10. AS, *Ma vie et ma pensée*, p. 107.
11. Victor Nessmann, Avec Albert Schweitzer, *ES* n° 6, p. 116.
12. In ES n° 7, p. 76.
13. AS, *Ma vie et ma pensée*, p. 108.

Arrivé à Lambaréné on sait qu'il ne tint pas parole, trop heureux d'être délié par les missionnaires de la promesse qu'il avait faite. *Le matin il y avait une foule de cinq cents personnes qui se pressaient silencieusement pour écouter la musique du Docteur et la parole de l'Evangile de Noël l'après-midi, Culte de la Sainte Cène – le Docteur a fait le sermon et joué de l'harmonium.*(14)

Il ne pouvait s'en passer et avoua en 1950, dans une lettre au pasteur Hirt : Je porte en moi la nostalgie du pastorat.

La foule n'était pas faite pour lui déplaire et il préférait voir les jeunes au culte, plutôt que sur un terrain de sport: *Satan qui ne savait plus comment détourner les hommes de Dieu pour les inciter au mal, inventa le sport avec ses stades et compétitions, lesquels chaque dimanche exaltent les muscles et la force physique et n'offrent plus aux individus et aux foules le temps de penser à leur âme et au créateur.*(15)

S'il dût faire des concessions, ce n'était pas sans avoir bataillé. Défendant sa cause, il se faisait même provocateur. *Une société des missions aurait tort d'écarter, fut-ce un musulman s'il s'offrait à soigner des malades noirs.* (16)

Ayant demandé à s'expliquer devant les membres du Comité Parisien, il fut plutôt froidement reçu mais son offre fut acceptée. C'était, contre le refus des missions, l'obstination du têtu Schweitzer.

Aurait-il préféré nourrir les âmes et soigner les corps ? Sa décision, on le voit, fut prise tardivement et sa première intention n'était pas d'être médecin mais de se consacrer à ceux qui souffraient. Il voulait se mettre au service des autres, cherchant une manière très personnelle de vivre sa foi.

Avant d'envisager l'Afrique, il fit un essai et pensa d'abord à l'Europe. Il s'imagina pouvoir recueillir chez lui, dans son appartement, des enfants abandonnés ou maltraités, les former pour qu'ils puissent un jour se mettre à leur tour au service des autres. Projet bizarre pour un célibataire mais qui lui fut peut-être soufflé par Hélène, celle qui deviendra plus tard sa femme. Son projet qui

14. Victor Nessmann, Avec AS, *ES* n° 6 p. 110.
15. *In Cahiers Albert Schweitzer*, n° 123-124, p. 20. *Ma première rencontre avec AS.* Félix Lutz.
16. AS, *Ma vie et ma pensée*, p. 125.

ne trouva aucune adhésion tomba à l'eau. Par la suite, il songea à s'occuper de vagabonds ou de prisonniers libérés. Son entreprise échoua encore une fois, car il fallait collaborer avec des Associations. Il s'y refusait. Rebelle à toute autorité, ce qu'il voulait, c'était « une action personnelle et indépendante », c'est à dire la liberté de faire des choses, d'agir seul, de décider ce qui était bon pour lui. *Or, ce que je désirais c'était une action personnelle et indépendante.* [17]

Dans cette affirmation réside tout son comportement futur mais aussi toutes les difficultés qui en découlèrent et qu'il dût affronter.

Alors qu'il cherchait à donner un sens à sa vie, il venait de le trouver. Il serait donc un homme libre et surtout indépendant de toute institution ecclésiale ou gouvernementale. En définitive, Schweitzer n'allait-il pas chercher en Afrique des solutions à ses propres problèmes existentiels ?

17. AS, *Ma vie et ma pensée*, p. 97.

4

Un regard sur la formation médicale du Docteur Schweitzer

Le Docteur ne nous a pas écrasés
sous le poids de ses connaissances
Pasteur Ellenberger - Lambaréné

Le 13 octobre 1905, Schweitzer avait 30 ans. Pour la première fois il proposa ses services aux Missions Evangéliques de Paris. Avait-il vocation à devenir médecin ? Certainement pas et il faut rappeler souvent que ce n'est pas par hasard qu'il entra dans le monde de la médecine. Ce n'est pas un reproche, mais la médecine est venue chez lui en dernier lieu. *L'idée de me consacrer à une œuvre médicale de secours aux colonies, ne fut pas la première qui se présenta à mon esprit. Elle ne surgit qu'après des projets d'un autre genre que j'abandonnais pour diverses raisons.* [1]

Il voulait être missionnaire, partir, et envisageait seulement de faire un peu de médecine ne sachant pas ce qui existait ailleurs. *Je suis très favorisé à ce sujet, car certains collègues de la faculté, avec lesquels je suis très lié, se feront un plaisir de m'apprendre les choses élémentaires dont j'aurai besoin.* [2]

Comment passa t-il de la parole à l'action ? Il s'en tirait par une pirouette qu'il appelait « la prédication par les actes ». Il se ravisa donc aussitôt et décida de s'inscrire à la faculté de médecine de Strasbourg car il venait de comprendre que jamais la Société des

1. AS, *Souvenirs de mon enfance*, p. 78.
2. AS, cité in *ES* n° 7, p. 120.

Missions de Paris ne pourrait l'agréer en qualité de simple missionnaire. *Une autre raison semblait me destiner à la médecine. D'après ce que je savais de la société des missions de Paris, il me semblait très douteux qu'elle m'agréat en qualité de missionnaire.*[(3)]

Les autorités coloniales n'en voulaient pas non plus ! *La présence de Schweitzer en tant que citoyen allemand paraît indésirable.*[(4)]

Décidément, il n'avait pas de chance ce Monsieur Schweitzer ! Du pasteur libéral, les Missions Evangéliques ne voulaient pas. Du citoyen allemand, la France ne voulait pas non plus. Plus tard, du médecin de Lambaréné « paternaliste, colonialiste et raciste », les Africains évolués, qui s'en seraient bien passés, se contentèrent de le supporter.

Les médecins se sont peu exprimés sur le Docteur de Lambaréné. Que sait-on de ses études médicales ? Peu de choses, si ce n'est qu'il les débuta très tardivement à l'âge de 30 ans et que la notion de vocation doit ainsi être fermement, très très fermement récusée contrairement à ce que prétendent les thuriféraires. Dès le premier jour il bénéficia d'un favoritisme inouï. Au lieu des bancs de l'amphithéâtre, le professeur de théologie Schweitzer avait droit à une petite table avec une chaise au premier rang et les cours étaient gratuits. *Les professeurs de leur côté, décidèrent qu'en ma qualité de collègue, je pourrai assister à leur cours à titre gratuit.*[(5)]

Son inscription comme étudiant ne fut possible que par un tour de passe passe administratif, car il ne pouvait être à la fois professeur et étudiant. Plaidant habilement sa cause, il obtint une dérogation de l'administration qui l'autorisa à suivre sa formation comme auditeur et à se présenter aux examens. D'ailleurs, cette démarche paraissait tellement saugrenue au Doyen de la Faculté, le professeur Fehling, qu'il l'aurait bien adressé à un de ses collègues psychiatre ou même directement à l'asile psychiatrique de Strasbourg.

Je me suis longuement interrogé, avec beaucoup d'autres confrères, sur cette période de la vie de Schweitzer que j'ai essayée de comprendre sans y parvenir vraiment. Alors que ses engagements et ses activités étaient multiples, une question vient

3. AS, *Ma vie et ma pensée*, p. 106.
4. Marco Koskas, *AS ou le démon du bien*, p. 78 Dossier *AS, archives des Missions de Paris.*
5. AS, *Ma vie et ma pensée* p. 110-111.

naturellement à l'esprit. Comment put-il trouver le temps de faire des études de médecine normales, alors qu'il menait également de front des recherches dans le domaine de la théologie, de la philosophie et de la musique (N'était-il pas en train d'écrire un mémoire sur la construction des orgues et une histoire de la vie de Jésus ?) Qu'il poursuivait ses cours à la faculté de théologie, et prêchait à St Nicolas tout en donnant des concerts à Paris, à Berlin, et en Espagne avec l'Orfeu Catala de Barcelone ? C'est impossible car la musique le détourna en permanence des amphithéâtres de la faculté. *Un soir il dîne à Paris, le lendemain à Strasbourg. Un jour il joue à Barcelone, le lendemain à Lausanne. Sa barque est trop chargée.*[6]

Même s'il avoue ne « dormir que quatre heures par nuit, être robuste et ignorer la fatigue, être capable de travailler le soir aux heures de repos, » je ne sais toujours pas quel espace il a consacré à ses études de médecine. D'ailleurs Schweitzer n'est pas crédible car il n'arrête pas de se contredire. Il disait ignorer la fatigue, alors qu'il ne cessait de parler de cet état qui l'accablait. *Ainsi commença une lutte contre la fatigue qui dura plusieurs années.*[7]

J'ai fait des études de médecine. Les matinées étaient consacrées aux stages hospitaliers, les après midi aux travaux pratiques et aux cours, les soirées à réviser. Interne à l'Ecole de Santé Navale à Bordeaux, j'étais soumis en plus à des interrogations écrites et orales et n'avais que bien peu de temps libre.

Une fois encore, comment Schweitzer trouva t-il ce temps ? Il y a à mon avis une autre explication que celle qu'il veut bien nous donner. Ou le mauvais élève, le cancre de l'école primaire de Gunsbach était devenu un génie, ou alors on lui facilita le travail, comme on peut l'imaginer. C'est à mon avis cette dernière hypothèse qu'il faut retenir. Ses collègues de la faculté, qui étaient aussi ses amis, n'exigeaient pas grand chose de lui. Ils fermaient plutôt les yeux sur ses absences : *Surchargé, surmené, il composait ses prédications, auxquelles il tenait tant, dans le train ou à l'hôpital pendant les séances de clinique.*[8]

---

6. Marco Koskas, *AS ou le démon* p. 67.
7. AS, *Ma vie et ma pensée*, p. 111.
8. Laurent Gagnebin, *AS*, p. 54.

Je ne crois donc pas me tromper. Mais si je me trompe, écoutons alors son professeur qui faisant son éloge lui dit : *C'est votre robuste santé qui vous a permis de venir à bout d'une tache pareille* [9].

Je n'y crois pas du tout et je sais de quoi je parle. D'ailleurs que pouvaient bien valoir les mentions « Bien » ou « Très Bien » qui furent attribuées par le professeur de médecine Schwalbe à cet étudiant un peu particulier, le professeur de théologie Albert Schweitzer ?

Est-ce que les études de médecine l'ont intéressé ? Probablement pas outre mesure car il n'en parle jamais. Ce n'est pas parce qu'il venait d'être reçu Docteur en médecine qu'il serait bon médecin praticien. Il n'avait sûrement pas eu beaucoup de temps à consacrer aux stages hospitaliers et n'avait pas souvent eu un malade entre les mains. Même si cela avait été le cas, il n'y avait pas d'enseignement de la pathologie tropicale à Strasbourg. Conscient qu'à l'issue de ses études, sa formation serait très insuffisante, et qu'il était totalement incompétent, il alla passer au printemps 1912 quelques semaines à l'Institut des maladies tropicales à Paris où il avait tellement d'autres choses à faire. Il y acquit des rudiments de médecine tropicale, sans doute très insuffisants si l'on considère le temps passé à Paris et le but que Schweitzer s'était fixé ; partir en Afrique s'occuper de malades et de maladies tropicales.

Pour être cohérent, Schweitzer aurait du admettre que les études de médecine ne furent en fait pour lui qu'un prétexte, un alibi, lui permettant de contourner toutes les difficultés qu'il rencontrait et l'empêchaient de partir pour réaliser son « action personnelle et indépendante ». En somme, il y fut obligé, il n'avait pas eu d'autre choix. C'est indiscutable. C'est aussi l'avis de Schweitzeriens sensés que j'ai pu rencontrer. Que savait-il donc de la pathologie qu'il allait trouver en Afrique ? Rien, si ce n'est ce qu'il avait bien pu en lire dans le Journal des Missions. Ses notions étaient donc toutes théoriques. Même sa thèse de Doctorat – au titre bien compliqué – « Critiques des pathographies sur Jésus, publiées du côté de la médecine » – ne témoignait pas d'un grand intérêt pour sa vie médicale future et pour l'Afrique. Il choisit, en effet, pour sujet, l'exposé et la critique des travaux parus sur la maladie mentale dont

9. AS *Ma vie et ma pensée*, p. 118

aurait souffert Jésus. Beaucoup d'auteurs, dans de volumineux ouvrages, avaient cherché à démontrer *la paranoïa, la démence, l'épilepsie, l'éthylisme même d'un messie juif agité et possédé par des idées extravagantes concernant la fin des temps.*[10]

A l'issue de ses travaux, Schweitzer reconnut que seuls pouvaient être discutés ou admis historiquement la très haute estime de soi et des hallucinations au baptême, ce qui ne suffisait pas évidemment à conclure en l'existence chez Jésus d'une maladie mentale. C'était son domaine, il y excellait, et sans avoir fourni un gros travail, sa thèse fut acceptée. Pas du premier coup ! Croyant en avoir terminé en une semaine - il avait bâclé le travail - il fut renvoyé à son ouvrage trouvé trop littéraire et pas assez médical. Une chose est certaine. Schweitzer, pressé d'en finir, ayant bien d'autres choses à faire, expédia l'affaire, et son président de thèse, le professeur Wollenberg, fut même contraint d'accepter son travail. ... *je pense que le travail pour Wollenberg sera achevé demain soir. Quand je lui remettrai mon texte demain soir, je lui dirai la décision de ne pas en changer une ligne.* [11]

Si son diplôme de Docteur en médecine allemand fut signé le 21 juin 1913, on ne peut pas dire que Schweitzer s'était préparé avec beaucoup de sérieux pour partir seul comme médecin de brousse. Les faits démontrèrent que la médecine coloniale ne fut ni son occupation ni sa préoccupation principale. Il ne l'exerça effectivement pas plus de dix huit mois.

Il avait cependant compris que pour construire son projet, échapper à la France hostile à son départ, exercer pleinement son action personnelle et indépendante, il avait besoin de la médecine et de l'Afrique. Comment en effet refuser un médecin, là où sa présence est jugée précieuse et indispensable ?

Il franchit tous les obstacles qui se trouvaient devant lui, même les réticences des missions qui ne le voyaient pas arriver d'un très bon œil. Afin qu'il ne s'implante pas et fasse souche, certains avaient même proposé pour lui un statut de médecin itinérant, basé à Lambaréné ou à Samkita une autre mission protestante. Schweitzer qui avait son projet en tête, se fâcha et refusa tout engagement écrit. Après 7 ans de négociations il était arrivé à ses fins.

10. Laurent Gagnebin, *AS*, p. 55.
11. AS, cité in *ES* n° 7, p. 76. Extrait d'une lettre du 25 février 1913.

Il pouvait donc mettre son projet à exécution. C'est ce qu'il fit en s'embarquant à Bordeaux le jour de Pâques 1913 à destination de Lambaréné.

Sa carrière médicale y fut-elle si exemplaire ? Je crois qu'on lui a donné une aura de Grand Docteur qu'il ne méritait pas. Que l'homme fut courageux, qu'il fit un acte de foi, que sa mission fut généreuse, c'est sans aucun doute vrai. Le problème n'est pas là ! Il s'agit de savoir si le médecin et son œuvre à Lambaréné méritaient la récompense qu'il obtint en 1953, le Prix Nobel de la Paix.

5

Pourquoi le Gabon et Lambaréné ?

Les missionnaires établis là-bas (...)
m'avaient dit qu'un médecin
y serait fort nécessaire...
Albert Schweitzer

Pourquoi le choix de l'Afrique, du Gabon et de Lambaréné ? Pourquoi pas le Cameroun allemand tout proche où il y avait aussi des missions ? Ce n'est pas l'effet du hasard.

Un bref rappel historique est nécessaire.

Les premiers missionnaires, des Américains de l'Eglise Unitarienne, installés dès 1842 dans la Région de Libreville, fondèrent en 1874 les stations de Lambaréné et de Talagouga au Nord, près de N'Djolé. Très vite, ils rentrèrent en conflit avec les Français qui étaient chez eux - le Gabon avait été rattaché au Congo – et prenaient de plus en plus d'influence. Devant ces différends, les missionnaires américains se retirèrent, se considérant comme vincés, et laissèrent la place aux Missions Evangéliques de Paris en 1892. Il est vrai aussi que les difficultés de langue rendaient l'action des Américains intenable, mais pour ces derniers le Gabon aura toujours une place particulière et privilégiée dont Schweitzer bénéficiera toute sa vie. Ce sont ces missions qui le mettront sur un piédestal, lui fourniront de l'argent, en feront un Prix Nobel de la Paix. Ce sera leur revanche !

Pour se rendre à Lambaréné Schweitzer allait donc faire un forcing inouï. A la veille d'un conflit meurtrier entre la France et l'Allemagne, lui l'allemand, qualifié de « Boche ou de Prussien » par l'administration coloniale, titulaire d'un diplôme en médecine allemand, fut capable d'affronter seul le Ministère des Colonies à Paris, le Gouverneur du Gabon à Port Gentil, l'Administrateur de Lambaréné, les Missions Evangéliques de Paris et les missionnaires de Lambaréné qui en définitive en voulaient bien mais pas chez eux. Il fallait y parvenir ! C'était à l'époque une véritable provocation que de vouloir servir dans une colonie française avec des diplômes allemands. *Grâce à l'intervention d'un ami influent, cette dernière difficulté fut levée. Enfin la voie était libre.*[1]

Pourquoi tant d'insistance et d'arrogance de la part de Schweitzer ? Même si les Missionnaires américains l'y poussaient probablement, cela suffit-il à expliquer ce choix et pas un autre, le Cameroun par exemple où il aurait été chez lui dans une colonie allemande ? Voilà ce qu'il écrivait aux Missions Evangéliques de Paris. *Je sais bien que les Allegemein Missions cherchent des missionnaires – qu'ils cherchent ! – Je ne me mettrai à leur disposition que quand vous ne voudrez pas de moi.*[2]

Il faut peut-être chercher ailleurs, dans le plus profond de son être et dans une affaire qui aurait été révélée par les Services Secrets Français. Affaire très discrètement rapportée par certains biographes et l'organiste américain Nies Berger, ami de Schweitzer, et dont la parole, à mon avis, ne peut pas être mise en doute. Nies Berger était le chef du Philharmonique de New-York. *Admis dans l'intimité de sa maison en Alsace, assis aux même orgues que lui, à la même table de travail, Nies Berger était comme un fils que l'on se choisit pour le former, lui transmettre un savoir, s'appuyer sur lui.*[3]

Schweitzer, un homme tout imprégné du libéralisme allemand, fit volontairement son service militaire imposé par Bismarck et refusa de prendre la « petite naturalisation » qui aurait fait de lui un citoyen français. Même de cette simple démarche administrative, il ne voulut pas. Il n'était pas français de cœur, d'âme ou de culture, alors changer de nationalité, non ! A vrai dire, Schweitzer portait en lui un vrai problème : une identité complexe. Protestant plus libéral qu'orthodoxe, oui ! Alsacien plus allemand que français, certainement ! C'était en tout cas un cosmopolite dont la nationalité

1. AS, *Ma vie et ma pensée*, p. 126.
2. AS, cité par Marco Koskas, *AS ou le démon…* p. 15.
3. Edouard Nies Berger, *Albert Schweitzer m'a dit*, 4ème de couverture.

fut plus déterminée par sa langue que par sa carte d'identité. Fortement marqué par la culture allemande qu'il aura chéri toute sa vie, il ne quitta jamais son point de départ et ne put se détacher du passé. Il était donc très germanophile, c'est certain. *Sa sœur Marguerite, qui se trouvait à Gunsbach en 1918, n'en ignorait rien et brûla de nombreuses lettres au moment de la victoire française pour éviter des ennuis à son frère, dont les idées étaient peu conformes à celles des nouveaux maîtres.*[4]

Comme sa femme, d'ailleurs, qui appartenait à la très aristocratique famille prussienne des Thurn und Taxis, il était plus enclin, sans aucun doute, à voir l'Allemagne triompher de la France plutôt que le contraire. En effet, si l'Allemagne était sortie victorieuse plutôt que vaincue de ce conflit, j'ai lu dans « Albert Schweitzer » de Nies Berger que le Kaiser Guillaume II avait l'intention de nommer Schweitzer Gouverneur de l'Afrique Equatoriale.

Ce serait une révélation des Services Secrets Français qui auraient trouvé dans une malle lui appartenant les documents faisant état de cette offre. Selon certaines rumeurs, il aurait été un espion allemand et *Madame Schweitzer, très germanophile, avait critiqué le gouvernement français, dans des lettres sur lesquelles la censure avait mis la main.*[5]

En décembre 1918, les parents de madame Schweitzer furent expulsés vers l'Allemagne par l'autorité militaire Française pour pro-germanisme..

Bien des questions viennent alors à l'esprit.

• Est-ce que la colonie Congo-Gabon n'était pas un territoire convoité par les allemands ? Certainement. Depuis 1884 le drapeau allemand flottait à Lomé au Togo, et à Douala au Cameroun. En 1885, lors de la Conférence Internationale de Berlin, le premier souci de l'Allemagne fut de préserver sa liberté de commerce et de navigation sur le fleuve Congo. En 1913, le Kaiser rêvait de faire de l'Empire Germanique la première puissance du monde dans tous les domaines.

• Et puis le Cameroun allemand était tout proche, tellement proche. En effet, lorsque la France et l'Allemagne signèrent en novembre 1911 la « Convention d'Agadir », le Nord du Gabon fut

4. Idem pp. 73-74.
5. Ibid. p. 12.

amputé de trente mille kilomètres carrés. Le Cameroun récupéra ainsi la province du Woleu N'Tem avec les districts d'Oyem, de Bitam et de Mitzic. Ainsi Lambaréné n'était plus qu'à quelques kilomètres du Cameroun allemand.

• Alors pourquoi Schweitzer, qui plutôt que de devenir français avait préféré rester allemand, n'aurait-il pas été simplement un instrument de la compétition coloniale à laquelle se livraient les Etats Européens au XXème siècle ? Il n'est pas insensé de le penser. Personnalité déjà célèbre et bien en place à Lambaréné en 1914, pourquoi n'aurait-il pas pu être nommé comme Gouverneur de l'Afrique Equatoriale en cas de victoire allemande ?
Si cette hypothèse, rapportée par l'organiste Nies Berger, pouvait être vérifiée, elle rendrait alors Schweitzer peu sympathique. On comprendrait mieux son acharnement à vouloir s'installer en territoire français, en dépit de tous les démêlés qu'il ait pu avoir avec l'Administration française, et même les qualificatifs de « Boche » et de « Prussien » qui lui furent attribués à l'époque. Nul doute qu'avec sa mort, le 4 septembre 1965, Schweitzer emporta dans sa tombe bien des secrets.

Cherchons à son choix une raison plus convaincante ! Un matin d'automne 1904, il trouva sur son bureau du Séminaire Saint-Thomas le journal des missions Evangéliques de Paris que lui avait déposé, avec le reste du courrier, la concierge du lieu. Y était écrit un article du Pasteur Boegner, Directeur, et intitulé « Les besoins de la mission au Congo ». Il y faisait état de la misère physique des indigènes, mais surtout du manque de personnel. Même s'il n'était encore pas question de façon nette de médecine, petit à petit se forgeait en lui cette idée de l'Afrique. *Les missionnaires Alsaciens établis la bas au service des Missions Evangéliques de Paris, m'avaient dit qu'un médecin y serait fort nécessaire, surtout à cause de l'extention de la maladie du sommeil.*[6]

Remarquons au passage, mais nous en reparlerons, qu'il ira bien à Lambaréné mais qu'il ne s'occupera pas de la maladie du sommeil, pourtant prioritaire, alors qu'il était averti des ravages qu'elle causait.

6. AS, *A l'orée de la fôret vierge*, p. 2.

S'agissait-il de la raison fondamentale qui détermina Schweitzer à partir en Afrique ? Probablement pas ! Cette tentation remontait peut-être à son enfance. Se rendant à Colmar chez sa marraine, il avait remarqué sur le Champ de Mars un monument sculpté par Bartholdi et représentant l'Amiral Bruat originaire de cette ville. Etait également sculpté dans la pierre, un « Nègre » qui semble l'avoir marqué pour la vie. Si la reproduction de la tête du nègre existe bien à Gunsbach, je n'ai jamais vu la photo de l'africain dans la chambre du Docteur Schweitzer à Lambaréné. Elle était peut-être accrochée au dessus de son lit, mais je n'ai rien remarqué ou l'ai-je oublié ?

La façon dont Schweitzer parle du monument de Colmar semble donc bien être l'élément déterminant de ses choix futurs. *C'est à Colmar que me fut désigné le but des futures navigations. Le monument de Bruat m'avait de tout temps intéressé par les statues qui représentaient les populations lointaines. Je m'attachais particulièrement à celle du noir d'Afrique. Je découvrais une mélancolie dans la pose et les traits de cet hercule qui éveilla ma compassion et me fit réfléchir sur le sort des noirs...C'est cette œuvre de Bartholdi qui m'a transmis l'appel à la tâche à laquelle je me suis consacré à trente ans.*(7)

Il avait eu envie de partir, comme attiré par des contrées qui avaient pourtant quelque chose d'hostile.

Ce choix ne lui aurait-il pas été dicté également par un sentiment de réparation morale nécessaire pour tous les maux causés aux noirs par le colonialisme ? Pour Schweitzer, la colonisation était une faute à expier plutôt qu'une chance pour les populations africaines. En partant à Lambaréné, il serait donc le bon samaritain, l'envoyé de Jésus, pour « racheter la vilenie passée ». *Le bien que nous leur faisons n'est pas un bienfait, mais une réparation.*(8)

Schweitzer « était pris de remord pour l'ancestral racisme de son peuple envers le Noir ». Ses prédications de 1905, avant de partir en Afrique, étaient d'une rare virulence. Pour lui tous les hommes blancs, les colons, étaient plus redoutables que les bêtes féroces qui habitaient ces contrées. *...ils avaient spolié les terres*

7. AS, cité par Pierre Lassus, *AS*, p. 255.
8. AS, *A l'orée de la fôret vierge*, p. 212.

des indigènes, réduit ceux-ci en esclavage, mais également les nations chrétiennes avaient lâché sur eux le rebut des hommes de chez nous.[9]

Présent à Lambaréné, il « bottait le cul » des noirs, les giflait, et pensait qu'il fallait refuser à l'Africain l'apprentissage de la lecture et de l'écriture ! Colonialiste ou anticolonialiste ? Il ne s'agit pas d'innocenter la colonisation et le racisme. Ils ont eu, à n'en pas douter, des aspects négatifs ! Mais que serait aujourd'hui le Gabon sans les médecins coloniaux, présents depuis la fin du XIXème siècle ? Que serait la démographie de ce territoire sans le Service des Grandes Endémies qui vint à bout de la maladie du sommeil et de toutes les endémies ravageuses ? On les voit réapparaître aujourd'hui, faute de vigilance de la part des nouveaux dirigeants. Avant cette époque sévissaient les famines. Pour apaiser leur faim, les Africains, les enfants surtout, mangeaient la terre.

S'il n'y avait pas eu les blancs, les administrateurs, les médecins, les missionnaires, les forestiers, la belle histoire du « nègre » Ojembo aurait-elle existé ? D'abord instituteur à la mission de Lambaréné, puis exploitant forestier, Ojembo revenu au village, apprit à ses frères noirs à cultiver, à construire, et créa même une école.

Doit-on se contenter maintenant de ces explications ? A mon sens non car un événement inattendu entrant dans la vie de Schweitzer allait précipiter sa décision et la rendre irrévocable.

Il s'agit de la mort, sur les bords de l'Ogooué, de la famille missionnaire Lantz. Le récit fait par Pierre Lassus dans son ouvrage « Albert Schweitzer », récit tragique et bouleversant, me touche beaucoup. J'ai été saisi d'une émotion intense en lisant le récit que fait Valentine Lantz de la maladie et de la mort de « son cher petit René » âgé de 1 mois. Je revivais intensément et douloureusement une situation à laquelle j'avais été confronté quelques années auparavant dans mon hôpital de Ferkéssédougou, au Nord de la Côte d'Ivoire. Dans une chambre sans climatisation, où il faisait plus de 35°, ma femme allongée sur une planche de contre plaqué venait de donner naissance à Alex, notre deuxième fils. C'était le 8 septembre 1960. C'était la période de l'harmattan. C'était le moment des grandes épidémies, variole, rougeole, méningite cérébro-spinale.

9. *AS, Vivre. Paroles pour une ethique du temps présent*, p.79.

C'était le moment terrible des cas de rage humaine. C'était le temps des rhino-pharyngites et des toxicoses des enfants. Alex ne put y échapper. Agé de 3 à 4 mois, en quelques heures il faillit mourir. Tout allait très vite ; les vomissements et la diarrhée verte l'épuisaient, la fontanelle se creusait, les yeux ternes s'enfonçaient, et la peau se plissait, témoin de la déshydratation. Loin de tout, sans moyen d'évacuation rapide, il fallait se résigner, attendre et faire avec les moyens du bord, ce que l'on m'avait enseigné à l'Institut de Médecine Tropicale du Pharo à Marseille. Sa mère qui se rendait bien compte, pleurait et moi, malade d'angoisse, passais des nuits sans sommeil. Je rêvais d'Abidjan où quelque chose était possible mais surtout de la France lointaine, riche et tempérée, de ses hôpitaux, de la famille insouciante parce qu'elle ne savait pas et des amis un peu jaloux de notre vie « sous les cocotiers », mais ignorant tout de nos conditions de vie et des dangers. Je frissonne encore aujourd'hui en pensant à ces moments où l'on se sent seul, parce qu'on est réellement seul. Je fus souvent confronté à des états de détresse infantile, mais autant j'avais des certitudes pour les enfants des autres, autant j'avais des doutes pour les miens. Au bout de 48 heures l'état d'Alex changea et s'améliora lentement. Pourquoi ne mourut-il pas ? Dieu ou la chance, selon les convictions de chacun !

Voici maintenant le récit de la mort de la famille Lantz, envoyée sur les bords de l'Ogooué par les Missions Evangéliques de Paris.

Le 24 avril 1900 naquit le petit René ! Un mois après il mourait d'une toxicose, la même qui aurait pu emporter mon fils et emportait à chaque saison sèche des centaines d'enfants. Si, en 1900, il n'y avait pas grand chose à faire, en 1963 quand j'étais à Lambaréné, l'hôpital du Docteur Schweitzer n'était toujours pas équipé d'une chambre climatisée pour les urgences pédiatriques.

Là ne s'arrêta pas le sacrifice de la famille Lantz. Un an plus tard, Edouard, le mari, miné par les fièvres et le paludisme mourut à son tour de la bilieuse hémoglobinurique. Il avait 25 ans.

Valentine Lantz, épuisée, rentra en France deux ans pour se reposer et compléter ses connaissances médicales, puis revint à son poste en 1904. A bout de forces, elle mourut à son tour le 5 août 1905 d'une fièvre bilieuse hémoglobinurique. Elle avait 33 ans.

Schweitzer connaissait l'histoire de la famille Lantz et je comprends pourquoi en 1912 il disait : *Je n'ai qu'une idée, d'être utile*

et d'être le successeur de Madame Lantz. C'est à ce moment là que ma décision fut prise irrévocablement. C'est moi, me suis-je dit, qui essaierait de combler le vide qu'a laissé cette femme. Je serai son remplaçant.[10]
Schweitzer qui était en train de terminer ses études de médecine, ne savait toujours pas quelle était pour lui la meilleure manière de servir le Christ : être missionnaire ou médecin ? Pourtant, à ce moment là, une chose était certaine. Schweitzer avait pris sa décision ; il ne reculerait pas, car il se sentait bien dans sa peau et dans sa tête. *Je trouvais le risque justifié, car j'avais longuement réfléchi et retourné la question sous tous ses aspects ; je pensais posséder la santé, les nerfs solides, la ténacité, la réflexion, l'absence de besoins et tout ce qui était nécessaire à la poursuite de mon idée. Je croyais avoir en outre assez de force d'âme pour supporter l'échec éventuel de mon projet.*[11]

10. *AS* cité par Pierre Lassus, *AS*, pp. 272-273 Lettre du 11 mai 1912 au Directeur de la Société des Missions Evangéliques de Paris.
11. *AS, Ma vie et ma pensée*, p. 100.

6

Mythe et mythification l'homme de légende

Quand j'étais jeune, je n'aspirais qu'à une chose,
c'était de pouvoir rester tranquillement dans mon coin
pour faire mon boulot, et que personne ne s'occupe de moi.
Voyez ce qu'il est advenu de moi.
Albert Einstein

Où finit la réalité et où commence la manipulation ?

Une chose est certaine : on ne sait pas vraiment qui était le Docteur Schweitzer et celui que je connus n'est pas celui que la légende nous demande d'imaginer.

Je crois que l'étude de la légende et de la vie du docteur Schweitzer permet de mieux comprendre les paradoxes du mythe Schweitzerien. Alors reconstruisons ensemble le mythe et ensuite nous suivrons Schweitzer tout au long de sa vie de tous les jours, de sa vie réelle, dont le monde ne savait rien tant elle fut enjolivée par la légende. On peut en situer les débuts vers 1905, date à la laquelle Schweitzer proposa aux Missions Evangéliques de Paris sa candidature pour partir en Afrique. Il n'était pas médecin et on était encore loin de 1954 quand le Prix Nobel de la Paix lui fut décerné.

Il allait devoir pendant toute cette longue période, réfléchir à ce que serait sa vie, choisir entre missionnaire ou médecin, partir en 1913 et assumer sa nationalité allemande, puis revenir en 1924 pour construire son hôpital définitif sur les rives de l'Ogooué, recevoir enfin en 1954, à Oslo, sa récompense. Plus de quarante années se sont écoulées, et il aura fallu presque tout ce temps pour que se construise le mythe.

Lentement, très lentement, comme la rumeur s'enfle pour devenir calomnie, le mythe qui a sa propre dynamique finit par se faire vérité. C'est ce qui s'est passé avec Schweitzer, comme s'il s'agissait d'une véritable épidémie.Tout débuta bien par un fait réel assez banal. En 1913, Albert Schweitzer, médecin et citoyen allemand d'origine alsacienne, s'embarqua à Bordeaux le jour de Pâques pour aller soigner des noirs à Lambaréné. Le terrain était favorable et l'époque aussi. Voilà un homme qui abandonnait une brillante carrière et partait, disait-on, s'exiler dans la forêt vierge peuplée d'animaux féroces, sous un climat épouvantable : une région surnommée le « cimetière des blancs ».

La contamination commença très tôt et l'incubation fut longue. Avant d'être touché par la grâce médiatique et auréolé de sa gloire, Schweitzer ne faisait l'objet que d'un intérêt tout à fait anecdotique. En 1930, le journal l'Alsace Française vantait les mérites d'un des siens, « cet Alsacien exilé chez les noirs pour la gloire du Christ. » A la même époque, l'hebdomadaire Marianne consacrait à Schweitzer un article tout à fait élogieux.

Dés 1927-1928, lors de ses voyages en Europe, Schweitzer allait de conférence en conférence, racontant la forêt vierge et philosophant sur son respect de la vie. Il donnait surtout beaucoup de concerts. J'en ai besoin pour gagner ma vie. C'est par la même nécessité que je suis allé jouer en Suède.[(1)]

Remarquons que les recettes n'allaient pas toutes à Lambaréné. *J'en réserve le bénéfice, moitié pour les enfants mal nourris en Bohème, moitié pour les enfants mal nourris en Allemagne.*[(2)]

Comme il avait choisi une « action personnelle et indépendante », ne voulant dépendre que de lui-même, il lui fallait trouver de l'argent pour son hôpital. Pour cela, il comptait sur la munificence de riches étrangers, mais également : *...sur la dîme de reconnaissance que les Européens guéris par les merveilleuses ressources de la médecine moderne voudront bien offrir aux déshérités du continent noir.*[(3)]

Ainsi il se faisait connaître au Danemark, en Suède, en Angleterre, non comme médecin, mais comme organiste. Il boudait

1. AS, cité in *ES* n° 3, p. 130. Lettre du 10-12-27 au Pr Oskar Kraus.
2. Id., p.106. Lettre du 28-12-22 au Pr Oskar Kraus.
3. AS, cité par Walter Munz, *ES* n° 5, p. 29

la France. C'est dans les pays Nordiques, la Suède surtout, que triomphait le libéralisme protestant auquel il appartenait. C'est là qu'il trouva audience et de généreux donateurs. Il y trouva surtout le Suédois Nathan Söderblom, prélat luthérien, primat de Suède et Prix Nobel de la Paix en 1930. Cette rencontre fut une aubaine. Söderblom, tenant d'un protestantisme libéral, parraina Schweitzer qui lui voua une très grande reconnaissance et en fit son modèle.

Même s'il ne savait encore pas bien ce que serait sa vie future, les idées se mettaient en place. Publiant par-ci par-là quelques petits ouvrages comme « A l'orée de la forêt vierge », « Ma vie et ma pensée » ou « Histoire de mon pélican », il construisait sa renommée et avec ses concerts trouvait les moyens de son indépendance financière.

Quel rôle jouèrent les hommes dans la construction du mythe ?

A Lambaréné ils furent peu nombreux, et pour le choix de ses collaborateurs et pour le fonctionnement de son entreprise, Schweitzer montra clairement dès le début la stratégie qui était la sienne. Des africains responsables, le moins possible, et même pas du tout ! Quelques-uns étaient employés comme manœuvres, d'autres à des taches très subalternes au laboratoire ou en salle de chirurgie. Pour conduire le camion chargé du ramassage des bananes, un jeune américain très diplômé, mais qui avait trouvé à Lambaréné son bonheur. La tâche la plus difficile pour Schweitzer était sûrement le recrutement de ses jeunes médecins. Il les choisissait frais émoulus des universités, et ne jugeait même pas nécessaire de leur demander la moindre expérience préalable de l'Afrique. Alors que la pathologie exotique doit être vécue sur le terrain d'abord, ils n'avaient de l'exercice de la médecine tropicale que des connaissances théoriques. A priori, ils n'étaient donc pas très aptes à servir au mieux. Dès leur descente d'avion, ils s'immergeaient dans le bidonville, ne cherchant ni à connaître ni à aimer le pays dans lequel ils allaient vivre. Comme il les voulait à sa merci, ils devaient accepter en arrivant à Lambaréné une espèce de régression. Le premier à s'exprimer publiquement sur ce sujet fût le chirurgien danois Ostergaard Christiansen. Voici ce qu'il ecrivit dans son ouvrage « At Work with Albert Schweitzer », à propos du nouvel arrivant : *Inconnu à l'hôpital, il n'est qu'un des nombreux oiseaux de passage... Tout nouveau venu doit comprendre qu'il*

n'apporte pas avec lui ni l'estime ni le respect dant il jouissait chez lui... Il lui faut établir sa réputation à partir de zéro.
Il en eut dans les années cinquante jusqu'à quatre ou cinq à son service. Certains, comme les Docteurs Nessmann, Trensz, Munz désignés par Schweitzer pour être des successeurs après sa mort, ont laissé leurs noms dans l'histoire de Lambaréné. Tous les autres ne firent que passer, car « ils étaient déçus par son attitude distante et par l'absence de toute marque d'intérêt individuel » . D'ailleurs, après l'avoir quitté, conservaient-ils seulement un souvenir de leur incursion en terre schweitzerienne ? Ils n'écrivaient même pas.

En 1965, trois seulement étaient présents à Lambaréné, Müller et Munz les chirurgiens, et Friedman le médecin. Ce sont eux que j'ai connus.Plus que des courtisans, certains avaient les yeux grands ouverts et tentaient de s'opposer à Schweitzer pour lui faire accepter quelques aménagements. Ils essayèrent de se libérer de l'autoritarisme obsolète de l'homme de Lambaréné, mais en vain ! Ils auraient aimé ajouter l'électricité, l'eau courante, supprimer l'eau pourrie de l'Ogooué et la lampe à pétrole. Dépendant de lui, mais n'ayant aucun moyen de faire pression pour que ça change, ils n'eurent jamais le dernier mot face au conservatisme du despote. Tous ceux-là ne comptèrent pour rien dans la promotion de Schweitzer.

Ce furent surtout les Américains de l'Eglise Unitarienne et quelques internationales protestantes qui prirent les choses en main, car Schweitzer était un de leurs adeptes.

Qui étaient ces Unitariens d'Amérique ? *Membres d'une secte religieuse anglo américaine qui nie le dogme de la Trinité.* Selon le Grand Larousse.

L'unitarisme qui se développa dans des centres comme Boston et l'université d'Harvard, était aussi présent en Angleterre, en Norvège, en Suisse. C'était l'aile avancée du libéralisme protestant, avec qui il constitua en 1901 une association internationale.

Nul doute également que le choix de Lambaréné ne fut pas complètement dû au hasard.Succéder au docteur Nassau, premier missionnaire américain au Gabon, mais médecin au rabais pour n'avoir fait que de brèves études médicales à Philadelphie, n'était sûrement pas fait pour déplaire à Schweitzer. Et pourquoi n'y aurait-il pas été invité de façon très occulte ?

Ce qu'il faut bien comprendre c'est que l'Eglise Unitarienne d'Amérique, l'Association Albert Schweitzer d'Amérique, les missions protestantes américaines en Afrique, la rébellion de Schweitzer contre ses collègues théologiens de Strasbourg et contre les Missions Evangéliques de Paris et de Lambaréné, tout relevait de la même appartenance, la mouvance protestante libérale et avant-gardiste. C'est probablement là qu'il faut chercher la clé qui permet de comprendre pourquoi Schweitzer fut choisi pour être un Nobel de la Paix.

Pourquoi les Unitariens d'Amérique s'interessaient-ils tant à Schweitzer ?

D'abord un regret, une nostalgie, parce qu'ils se souvenaient que la station de Lambaréné avait été fondée par eux, en 1874, premiers missionnaires installés depuis 1842 au Gabon dans la région de Port Gentil.

Ensuite parce qu'ils voyaient dans Schweitzer, fortement imprégné du libéralisme allemand, une tête de pont, une possibilité de retour et un moyen de contrer l'orthodoxie des Missions Evangéliques de Paris et leurs missionnaires à Lambaréné qui les avaient évincés en 1892. Cela aurait été certainement le cas si Schweitzer avait eu l'opportunité de rester allemand par la victoire en 1918 de l'Allemagne sur la France. Hélas pour lui, cette situation lui compliqua bien les choses ! Parce que le Gabon avait été également rattaché au Congo français en 1889, mais également pour des raisons de langue, les Américains furent invités à céder la place. Il est tout à fait capital de s'en souvenir, et cela valut à Schweitzer argent et honneurs.

La présence des américains au Gabon ne s'arrêta pas là, et je constate même avec un certain amusement qu'ils affectionnent particulièrement, et de façon permanente, ce territoire. Ils étaient déjà là avec l'explorateur Paul Bellini de Chaillu vers le milieu du XIXème siècle (1855). Envoyé dans la baie du Gabon et le delta de l'Ogooué, il avait pour mission d'étudier les races africaines et les grands singes. Il était plutôt là pour surveiller l'embarquement des esclaves vers les Amériques et Cuba, avant que la guerre de Sécession ne mette fin à l'esclavage en 1861. Présents avec l'Eglise Unitarienne et ses Missions à Port Gentil dès 1842, ils étaient présents avec l'Association Albert Schweitzer d'Amérique, les « amis des Etats Unis » qui pilotèrent la candidature de Schweitzer pour le

Nobel. Ils financèrent l'hôpital jusqu'à sa disparition en 1965, mais empêchèrent surtout sa fermeture en 1942 pendant la guerre 1940-1945. *Sans l'aide matérielle apportée par les amis des Etats Unis, le fonctionnement de l'hôpital ne saurait être maintenu, malgré notre politique d'économie.*[4]

C'est dire que sans eux Schweitzer n'aurait pas existé. Ils étaient encore présents en 1964 avec le Peace Corps (Corps de la Paix) qui distribuait vivres et boissons fraîches dans les rues de Libreville lors du putsch manqué contre le président de la république Monsieur Léon M'Ba. Ils étaient également très présents dans l'entourage de Schweitzer, avec le docteur Fergus Pope, prétendant à la succession en 1965, mais qui fut liquidé par Rhena Eckart, la fille de Schweitzer. Aujourd'hui ils sont toujours là avec l'hôpital américain de Bongolo et le même Peace Corps, intervenant dans le secteur du sida et de l'éducation sanitaire. J'oubliais ! Le laboratoire de Recherches du nouvel hôpital Schweitzer fait partie des cinq instituts en Afrique qui collaborent avec le N.I.H (National Institute of Health) des USA pour une action médicale contre le paludisme.

C'est donc un petit groupe d'anciens missionnaires de l'Eglise Unitarienne qui fonda à Boston, en 1939, l'Association Albert Schweitzer d'Amérique. Après des débuts modestes et un peu difficiles, elle devint une organisation politiquement très puissante, dirigée par le Pasteur Emery Ross. ...*Une grosse machine aux ramifications tentaculaires, noyautée par des vedettes hollywoodiennes qui, bon an mal an, rapportait 20.000 dollars à Lambaréné.*[5]

Tout cet argent était envoyé à Schweitzer pour faire vivre son hôpital et l'aider à construire. Il encaissait, même s'il avait le plus grand mépris pour le « pays du dollar ».

Nombreux pourtant étaient ceux qui invitaient Schweitzer à venir en Amérique donner des concerts. Méfiant envers les Américains, n'aimant guère subir de pressions, il déclinait les offres, arguant de son état de santé et de ses malades qui avaient besoin de lui à Lambaréné. La vraie raison de ce refus est transparente : Schweitzer s'était fait l'apôtre du respect de la vie, et lui le

4. AS, cité in *ES* n°2, p. 179.
5. In Marco Koskas, *AS ou le démon*... p. 306.

pacifiste convaincu n'avait pas digéré les bombes atomiques larguées en 1945 sur Hiroshima et Nagasaki.

Il fallut toute la persuasion du recteur de l'université de Chicago pour le convaincre de faire le voyage. Même si l'Amérique ne le séduisait pas, il s'y résolut, car il ne pouvait faire autrement. Les Américains étaient en effet de généreux donateurs pour l'hôpital de Lambaréné, mais s'intéressaient-ils au médecin de la forêt vierge, à ses noirs et à son hôpital de brousse ? Je ne le crois pas ! Ce qu'ils voulaient, c'était voir en Amérique le Schweitzer musicien, l'interprète de Bach et l'éminent musicologue. C'est assez ambigu et étonnant si l'on veut bien se souvenir que ce sont eux qui en firent un Nobel pour son action médicale à Lambaréné.

Lorsqu'il fit le voyage en 1949, l'accueil fut triomphal. Mais donna t-il des conférences sur l'état sanitaire de l'Afrique, sur sa vie ? Rencontra t-il des professeurs de médecine ? Je n'ai trouvé aucune confirmation à ce sujet car les Américains ne s'intéressaient pas aux noirs de Schweitzer. Par contre, à son débarquement, il fut accueilli par son ami l'organiste Nies Berger et durant son séjour de trois semaines ce ne furent que concerts à New York, Chicago, Boston, rencontres avec des organistes, un producteur d'Hollywood dont il déclina l'offre, visites d'églises et inspections d'orgues, et enfin un rendez-vous avec l'éditeur Shirmer qui voulait en terminer avec une édition des œuvres de Bach commencée quelques années plus tôt avec Widor. Comme sur ce dernier point il ne put ni ne voulut s'engager complètement, une fois encore il évacua le problème avec comme alibi ses malades et son état d'épuisement. *J'ai de plus en plus de travail et mes malades passent avant la musique.*

C'était tout à fait faux, car en 1949 il y avait belle lurette que Schweitzer ne faisait plus de médecine et ne s'occupait plus de malades. Faux également car la musique l'intéressa sûrement plus que ses patients de Lambaréné. Cette tournée en Amérique permit de recueillir des centaines de milliers de dollars, ce qui permit à Schweitzer de continuer à édifier ses pauvres baraquements.

Lors de grands événements comme l'élection à l'Académie des sciences morales et politiques, les tournées en Europe et la cérémonie d'Oslo, pourquoi Schweitzer ne traitait-il que des sujets philosophiques et non des sujets médicaux concernant par exemple le problème des endémies dans la région de Lambaréné et du Moyen Ogooué ? Il est vrai qu'il se serait ridiculisé à parler de choses qu'il ne connaissait pas ! Alors si Schweitzer faisait autorité, pourquoi lui avoir attribué le Prix Nobel de la Paix pour son oeuvre banale à Lambaréné et non pour sa notoriété musicale, théologique, ou philosophique, ou pour son engagement contre la bombe atomique ? Il est vrai que son premier appel sur les ondes de radio Oslo est plus tardif, puisqu'il date d'avril 1954.

A ce désintérêt presque permanent, je n'ai pas trouvé de réponse. Mais la publicité qui fut faite du déplacement en Amérique le rendit célèbre, non pas comme médecin mais comme organiste. Ainsi se forgeait la légende et le comportement de Schweitzer fut transformé, amplifié, magnifié par le discours louangeur de ses admirateurs qui ne reculaient devant aucune forme d'exagération.

C'est en effet après ce voyage que la cause de Schweitzer trouva des soutiens bien au-delà des seuls américains. Ils n'étaient pas pour autant la preuve des vertus personnelles et professionnelles du Docteur Schweitzer, mais montraient combien l'efficacité des manœuvres Unitariennes étaient réelles. Pour tous ces admirateurs, outre la collecte de fonds, il fallait falsifier la réalité de Lambaréné, embellir la trajectoire de leur héros le Docteur Schweitzer, en faire un personnage mythique même à son insu et lui préparer un avenir, éventuellement le Prix Nobel. Pourquoi pas lui après l'Evêque protestant Söderblom en 1930 ? Tout fut bâti dans cette glorieuse perspective.

Comme il ne prêtait pas d'attention particulière aux relations publiques, peu instruit du jeu médiatique, ne sachant vendre ni sa personne ni son hôpital, d'autres s'en chargèrent pour lui et firent chanter Lambaréné aux oreilles d'un monde avide de mythes et de légendes. Il fut donc pris en main et parrainé. A partir de ce moment là Schweitzer ne maîtrisa plus rien car les Unitariens d'Amérique avaient leur mot à dire. Ils ne l'entendaient pas autrement, ce qui faisait perdre à Schweitzer la possibilité d'imaginer à sa guise l'avenir de son hôpital. Ne projetaient-ils pas déjà en 1963 d'organiser sa succession ? Amer, Schweitzer qui soupçonnait des intrigues et croyait deviner ici ou là des complots contre lui, leur répondit : *Pourquoi tout cela derrière mon dos ?... Bêtement vous voulez de mon vivant encore, américaniser et parlementariser la chose. Je ne me suis pas attendu à cela.*[6]

La disparition prématurée de Schweitzer les aurait peut-être même arrangés. Car soyons clair : c'était la seule façon pour qu'intervienne le changement le plus fondamental qui s'imposait pour que l'hôpital puisse fonctionner comme il aurait du le faire. Ce sont eux, tel un groupe de pression, qui pilotèrent sa candidature. Nul doute que c'était un enjeu politique, car attribuer le Nobel de la Paix pour une oeuvre comme Lambaréné, relevait du domaine de l'incompréhensible !

Les idolâtres qui s'étaient emparés de lui allaient en faire ce qu'ils voulaient, en particulier le mettre en scène, le théâtraliser, le sublimer. A ce jeu là, les milieux protestants et les femmes furent habiles à magnifier l'homme et son œuvre, faisant de lui un « Grand Docteur » et de son hôpital « l'endroit le plus merveilleux du monde ». Ils avaient besoin de se fabriquer le saint moderne qui leur manquait.

A Lambaréné, en Amérique, et à Gunsbach en Alsace se joua alors une comédie dérisoire dont les acteurs furent les Unitariens, l'Association Albert Schweitzer, les femmes et les médias. Le docteur Schweitzer, personnage central, présent ou même absent de la scène, commanda la pièce et au final sortit grandi et installé sur son piédestal. Le résultat fut ce que l'on connaît : il fut nobélisé et glorifié pour son entreprise coloniale. En le mettant sur un trône on en fit un roi. Ses conseillers en communication, Irma Both, Marion Preminger, Erica Anderson , Jerome Hill , Gilbert Cesbron et autres servirent de courroie de transmission à cette mystification et réussirent à rendre crédibles même les choses les plus invraisemblables. Ils étaient en train de nous fabriquer un personnage qui répondait à l'attente du public, un personnage de légende.

C'est alors que se fit la contamination, et au cours des années 50 que se bâtit autour du Docteur Schweitzer une véritable conspiration contre la vérité et la réalité du médecin et de son œuvre. Ainsi, pendant plusieurs décennies, personne ne sut ce qui se passait. Même ses amis intimes, ceux qui étaient venus à Lambaréné et savaient, ne parlaient de lui et de son hôpital, qu'avec réticence. S'ils avaient été honnêtes, ils auraient pu le faire différemment.

---

6. AS, cité in *ES* n° 7, pp. 148-149 Lettre du 20-11-63 du Dr Schweitzer au Dr Trenz.

Alors que la dynamique était en marche, il convient de souligner la contribution remarquée qu'apportèrent les femmes à la construction du mythe, et qui volontairement ou pas firent connaître Schweitzer et Lambaréné en les travestissant.

Quel rôle jouèrent exactement les femmes dans la fabrication du mythe ?
Un rôle très important, bien qu'un jour, à l'occasion d'une dispute avec sa femme, Schweitzer s'emporta et dit : *Les femmes n'ont aucun droit.*[7]
Selon une idée largement répandue au XIXème siècle, comme les noirs se situaient au bas de l'échelle humaine, les femmes devaient occuper dans la société une position subordonnée à celle de l'homme. Elles étaient le deuxième sexe.

Ah les dames blanches de Schweitzer ! Il ne s'agit pas d'en parler de façon frivole. Brunes ou blondes, chignon ou mèche, cela n'avait aucune importance car leur chevelure était cachée sous un casque colonial blanc. Jambes longues ou mollets ronds, cela n'avait aucune importance non plus car elles étaient gainées de bas blancs, et la robe, de même couleur, était suffisamment longue et fermée au niveau du col pour éviter railleries et censures. Elles se ressemblaient toutes. Femmes de l'ombre, au teint pâle comme des statues, elles n'étaient ni affolantes ni trop laides dans l'ensemble. La première à débarquer à Lambaréné en 1913 fut Hélène. Elle venait d'épouser le Docteur Schweitzer et accompagnait son mari. Fin 1924 arriva Mathilde qui ne quitta Lambaréné qu'à la mort de son Maître en 1965. Par la suite, elles furent des dizaines à se succéder.

Alors qu'un jour je me hasardais à poser à Schweitzer la question : « Comment sélectionnez-vous les candidates », il me fit quelques confidences auxquelles je n'avais habituellement pas droit et me tint des propos assez étonnants. Il n'aimait pas beaucoup ce genre de questions mais m'expliqua qu'il recevait de très nombreuses demandes d'emploi. *Naturellement, les offres ne peuvent toutes être prises en considération. Une sélection sévère s'impose. Seules les personnes en bonne santé, jouissant d'un bon*

7. In Edouard Nies Berger, *AS m'a dit*, p. 55

sommeil, point nerveuses et ne montrant pas de tendance à être déprimées, peuvent servir aux colonies.[8]

Comme il ne pouvait les satisfaire toutes, il essayait d'en dissuader la plupart. Emy Martin, l'éminence grise de Gunsbach, était chargée de faire une présélection par un interrogatoire inquisiteur et méthodique. Avant l'embauche, Schweitzer demandait fréquemment à Emy de lui fournir une analyse graphologique des candidates. Je savais qu'il ne s'agissait pas toujours de jeunes filles diplômées, rarement même, mais de jeunes femmes qui pour des raisons diverses voulaient servir Schweitzer plutôt que la médecine. Elles croyaient qu'en venant s'immerger dans cette atmosphère de Lambaréné, elles communieraient mieux avec le propriétaire des lieux. Elles ne se doutaient pas qu'avant d'avoir un emploi auprès des malades, elles seraient bonnes à tout faire. Même les médecins étaient mis à toutes les sauces. *Pendant ce temps, occupée du matin au soir à des travaux divers, j'ai été successivement ou à la fois, garde malade, veilleuse de nuit, puéricultrice mais aussi préposée au courrier, aux petits achats de l'autre côté du fleuve, et puis au cours du mois d'août, je suis promue pharmacienne.*[9]

Ceci est le témoignage du Docteur Israël Jeannette, française, médecin à Lambaréné en 1948 – 1949. Il y avait pourtant bien d'autres choses à faire que facteur !

En 1955, un an après le Prix Nobel, dix européennes étaient présentes à Lambaréné. Cinq étaient affectées au Service médical, sans pour autant être infirmières, les cinq autres étaient chargées des travaux du ménage, du jardin ou de la plantation. Elles venaient à Lambaréné « pour se purifier » ou « tremper leur âme dans le sang ardent du sacrifice que s'est imposé Schweitzer. » Elles finissaient presque toutes comme des domestiques.

Rossli Neff ne savait rien faire. Elle fut quand même recrutée, et après son séjour à Lambaréné partit au Danemark exploiter une ferme.

Ruth tenait un commerce en Europe. A Lambaréné elle fut chargée des malades mentaux et devint spécialiste.

---

8. AS, cité in *ES* n° 7, p. 37. Schweitzer veut d'autre part, « *des infirmières qui savent mieux, et c'est d'une importance capitale, prendre de l'ascendant sur l'indigène* ».

9. *ES* n° 7, p. 177. Le Dr Catchpool passa trois ans à Lambaréré, d'octobre 1956 à décembre 1959. Voici ce qu'il écrivit : « *Quand j'arrivais à l'hôpital, je dus fabriquer des meubles pendant deux mois...passer mon temps à clouer des morceaux de bois... et d'un seul coup d'aide charpentier, je fût promu médecin chef* ».

Mrs Russel fut bûcheronne avant d'être infirmière.

Olga, épouse d'un magnat du pétrole, accepta d'être la bonne à tout faire, même la souillon.

Emma Hausknecht l'institutrice, proche collaboratrice de Schweitzer, fut envoyée en tournée pour faire du dépistage et soigner des malades.

Maria Martha, celle qui vécut le plus longtemps à Lambaréné, était chargée d'arbitrer les conflits qui survenaient entre les blancs enfermés comme des lions en cage.

Et puis, il y avait toutes les visiteuses, obligées elles aussi, de mettre la main à l'ouvrage. Certaines venaient et repartaient, ce qui ne plaisait guère à Schweitzer. Ayant compris qu'il avait à faire la plupart du temps à des « névrosées et des toquées, » selon ses propres termes, il leur confisquait passeport et argent qu'il mettait au coffre en disant : « Vous savez ici il y a des voleurs ». A moi il me disait : *Au bout de deux ans, elles comprenaient ce que c'était que Lambaréné.*

Schweitzer n'était pas loin de penser, comme ce visiteur anonyme, que « tous ceux qui vivent et travaillent ici sont à moitié dérangés».[10]

Ces infirmières, les marraines comme les appelaient au début les malades, toutes des héroïnes anonymes, comme enfermées dans un enclos, n'ayant d'autres distractions ou loisirs que le travail, ne comptèrent pas pour beaucoup dans la construction du mythe. Soumises à un régime de caserne, horaires stricts, mal logées, ne recevant qu'un peu d'argent de poche, elles trouvaient leur salut auprès de l'homme qu 'elles avaient choisi de servir et une enveloppe bien garnie lorsqu'elles quittaient Lambaréné.

Puis il y eut d'autres femmes, beaucoup d'autres femmes, une flopée d'admiratrices qui se pressèrent autour de Schweitzer car c'était un vieux séducteur qui exerça sur elles une véritable fascination. *Le Docteur les flattait avec un talent consommé parce qu'il avait besoin d'elles pour accomplir sa mission spirituelle à Lambaréné.*[11]

Il avait surtout besoin d'elles pour faire régner l'ordre sur son domaine car il s'était « rendu compte que curieusement les primitifs obéissaient plus facilement à une femme blanche qu'à un homme

10. In Edouard Nies Berger, *AS m'a dit* p. 156.
11. Id., p. 63.

blanc ». Schweitzer sut tirer profit de cette situation, et à toutes celles qui lui demandaient comment elles devaient se comporter avec les noirs il avait une réponse claire : *Imaginez-vous simplement que vous êtes un chien de berger.* (12)

Entre lui et ces femmes il n'y eut jamais d'histoires sentimentales car à Lambaréné les histoires d'amour et de sexe n'avaient pas leur place. Il ne fallait pas attendre de lui qu'il fût un bon mari pour Hélène sa femme, un bon père pour Rhéna sa fille ou un bon amant pour toutes les autres. Pourtant toute sa vie il fut entouré de femmes, pratiquement que de femmes. Il chercha leur compagnie. Lycéen à Mulhouse il appréciait déjà Melle Schaeffer, institutrice à l'école supérieure des jeunes filles, qui comme lui vivait chez son oncle. Jeune homme il aima la compagnie de sa tante Mathilde avec qui il passait de longues soirées. Qui s'occupa de lui, tant avant son départ en1913 que pendant son premier séjour à Lambaréné ? Madame Annie Fischer, qu'il appelait « ma tante », veuve fortunée et sœur d'un richissime industriel de la Ruhr. Où furent-il accueilli lui et sa femme en 1918 quand ils rentrèrent du camp de détention d'Aix en Provence ? Chez sa « tante », madame Fischer qui habitait Strasbourg. C'est à elle que l'on doit la conservation des sermons prononcés par Schweitzer à l'église St Nicolas de Strasbourg.

Dans sa maison alsacienne à Gunsbach où il se ressourçait à l'occasion de ses séjours en Europe, sévissait Mme Emmy Martin la « reine sans couronne » comme l'appelait les Alsaciens, ou la « vipère qui garde les portes du palais » selon un journaliste. La despote madame Martin, intendante, impresario, gouvernante, une espèce de Schweitzer en jupons, était chargée des relations publiques comme des réceptions et réglait les vies d'autrui. Régnant sans partage, elle détestait madame Schweitzer avec qui elle était en conflit permanent. *Le seul point commun entre ces deux despotes en jupons était la haine féroce qu'elles se vouaient.* (13)

Elle réussit même à l'évincer et l'obliger à quitter Gunsbach avec sa fille pour aller vivre ailleurs, à Koenigsfeld en Allemagne.

La tuberculose d'Hélène et les raisons climatiques invoquées n'étaient pas des arguments suffisants. Les disputes étaient trop

12. AS, cité in *ES* n° 2, p. 51. Réponse du Dr Schweitzer à Mrs Russel selon un récit de Joseph Gollomb. *La vie ardente d'Albert Schweitzer*, édition SUN, Paris.
13. Edouard Nies Berger, AS m'a dit, p. 51.

fréquentes : *Hélène coupe du pain d'une main tremblante, plante le couteau dans une tranche et la jette au visage de son mari* (14). Fatigué par les scènes de ménage et la querelle de ces deux femmes, Schweitzer finit par accepter ce départ sans trop s'y opposer. Hélène ne protesta pas non plus contre cet arrangement qui les obligerait à vivre séparés la plus grande partie du temps.

Schweitzer s'était organisé en somme une double vie : celle de Lambaréné, faite de renoncement et de dénuement ; celle de Gunsbach et de ses voyages à travers le monde, plutôt cérémonieuse et mondaine.

A Gunsbach le salon était orné et les murs décorés. A la grande table sculptée à la main d'éléphants d'ébène et de pélicans d'ivoire et provenant de Lambaréné, Emmy Martin recevait de nombreux invités et présidait les déjeuners ou les dîners que servait la cuisinière. Un ballet de femmes tournoyait autour de Schweitzer ; de grandes dames comme la Reine Elisabeth de Belgique, des baronnes, des femmes du monde, des vedettes hollywoodiennes telle l'actrice américaine Marion Preminger. Il savait bien les services qu'elles pouvaient lui rendre. Même le cardinal Tisserand y vint serrer la main du pasteur luthérien. S'il rejetait facilement les journalistes qui « l'emmerdaient », il ouvrait volontiers sa porte même aux plus anonymes et aux plus modestes, du moment qu'elles appartenaient au sexe faible. En somme il avait besoin des femmes, de toutes les femmes, et elles furent pour lui une véritable drogue. *L'admiration du sexe faible agissait comme un élixir, infusant la joie de vivre dans ses vieilles artères* (15).

A Lambaréné c'était le trio Emma Hausknecht, Mathilde Kottman et Ali Silver, l'état major comme je l'ai appelé, qui avec lui dirigea l'hôpital. J'ai côtoyé et très bien connu ces deux dernières. Elles étaient rivales et se surveillaient, aucune n'acceptant de laisser à l'autre la moindre parcelle de pouvoir. Elles avaient pour lui une dévotion excessive, caricaturale et montraient une servilité qui ne connaissait pas de limites. Elles étaient, comme leur maître, imbues de certitudes, d'a priori, et surtout convaincues de l'immuable supériorité de la race blanche.

Ali Silver, hollandaise, petite et menue, toujours en blouse blanche, se dissimulait sous son casque colonial à larges bords. Elle

14. Id. p. 52.
15. Ibid., p. 99.

était facilement reconnaissable à sa voix acide et ressemblait à une petite nonne échappée de son couvent. C'était le chien de garde de Schweitzer, et elle préférait Lambaréné à son premier séjour chez Lanza del Vasto. Avec son regard plutôt glacial et ses lèvres pincées, elle dissuadait tous ceux qui voulaient déranger le Docteur. Je la rencontrais souvent car elle ne vivait pas recluse mais passait beaucoup de temps aux cotés de Schweitzer, veillant à sa tranquillité. C'était l'intendante de l'hôpital mais aussi l'adjudant de quartier. Je l'ai vu interpeller des africains sur un ton et dans des termes que je n'ai jamais osé utiliser. Si Schweitzer avait la main lourde, sa violence a elle, c'était le verbe.

Mathilde Kottman était l'antidote. Grande, transparente de maigreur, raide, petit chignon gris et bas sur la nuque, pâle et presque diaphane, elle veillait, elle aussi, sur le Grand Docteur. A cause de sa robe blanche, elle avait été surnommée Blanche Neige par la première équipe de Lambaréné. Tout juste aimable et même un peu obséquieuse, elle avait la charge de répondre à la nombreuse correspondance qui arrivait chaque jour en imitant parfaitement l'écriture et la signature de Schweitzer. Elle m'avait pris en amitié, ayant, je crois, apprécié ma discrétion auprès de son protégé et maître. De temps en temps, elle m'envoyait quelques délicieux mangoustans du jardin et une ou deux pommes de l'arbre à pain. Ces vraies disciples, qui passèrent leur vie à Lambaréné, dévouées jusqu'à l'abnégation, furent plutôt discrètes et muettes.

Les marginales, les excentriques, celles qui donnèrent le ton, furent essentielles, car sans elles Schweitzer n'aurait pas existé. A Lambaréné elles trouvèrent un lieu où elles pouvaient rayonner et s'épanouir. Toutes richissimes et solitaires, adoratrices d'un Christ vivant, capables d'aller jusqu'au bout, elles arrivaient, séjournaient, repartaient mais revenaient toujours, comme aspirées par la formidable attraction qu'exerçait Schweitzer. Elles couraient le monde quand elles n'étaient pas à Lambaréné. Elles n'étaient ni sœur Emmanuelle ni mère Térésa, mais, par leur dévouement et leur originalité apportèrent leur contribution à la cause de Schweitzer et l'aidèrent à construire sa légende. Ainsi Schweitzer devint une espèce de gourou pour sa tribu, et toutes ces femmes venaient s'offrir à lui de plein gré, en témoignage de leur admiration et de leur respect.

Miss Clara Urquhart, la riche sud africaine, la plus militante, fut inondée par la lumière de Schweitzer et écrivit un livre ou il était présenté comme un saint, et Lambaréné un Eden.

Miss Russel, anglaise, la plus étonnante, une maîtresse femme qui sitôt arrivée « prit le commandement des gens qui abattent les arbres dans la foret et de ceux qui travaillaient dans la plantation »

Miss Joan Clant, anglaise également, épouse d'un lord, sûrement la plus excentrique, peut-être la plus émouvante, après 1500 kms à bicyclette et à pied, véritable chemin de croix à travers l'Afrique, arriva en haillons à Lambaréné, sa terre promise.

Miss Marion Preminger, la Hongroise pulpeuse, l'extravagante et richissime Marion, épouse du cinéaste Otto Preminger, devint légendaire à Lambaréné en se faisant connaître comme la « mère de tous les lépreux ». J'en reparlerai.

Miss Olga Deterding, anglaise, la névrosée héritière d'un magnat du pétrole, échoua un peu par hasard à Lambaréné. Apres avoir épuisé les plaisirs de l'argent, mené une vie errante et désœuvrée, elle accepta pendant plusieurs années les tâches les plus ingrates, comme faire de la peinture, désinfecter et décrasser les salles de soins, éplucher pour la communauté des paniers de pomme de terre. Schweitzer la considérait comme plus malade que certains de ses pensionnaires « fous ». Il n'avait sans doute pas tort, car j'ai su qu'après son retour à Londres, elle suivait des séances de psychanalyse. Ces quelques mois de séjour dans ce qu'elle considérait comme « la meilleure clinique que je connaisse », n'avaient pas suffi à guérir son psychisme altéré.

Erica Anderson, la jeune juive, occupa dans la vie de Schweitzer une place très particulière. Il l'appelait « notre jolie fée » et elle fut sans doute sa seule véritable passion féminine. Je l'ai croisée dans l'hôpital en 1965, mais elle ne faisait pas partie de la communauté féminine de Lambaréné. On la représentait souvent, en Alsace, dans une luxueuse voiture américaine, s'arrêtant, ouvrant la portière et emmenant Schweitzer comme si leurs vies devaient se terminer ensemble. C'est elle qui fut à l'origine du film hagiographique de Jérôme Hill et elle compta pour beaucoup dans la promotion du vieil homme de Lambaréné.

Sa relation intime avec Schweitzer fut-elle de l'amour ? Etait-ce possible vu la très grande différence d'âge ? Elle fut possessive au point de dompter l'irascible et il fut fasciné. *Elle était prête à se battre bec et ongles pour préserver son intimité avec cet homme célèbre, et ne songeait qu'à l'accaparer* [16].

Elle repose à Lambaréné depuis 1975, proche de Schweitzer, sur la petite colline, sous les grands arbres.

Sans doute y eut-il encore bien d'autres femmes pour flatter ou cajoler Schweitzer ! L'homme à la libido refoulée, ascète et abstinent jusqu'à une totale chasteté, attira surtout des femmes. Parmi elles une demi-douzaine de mystiques, « dotées d'une nature monacale », qui si elles n'avaient pas été à Lambaréné, auraient probablement pu trouver, pour certaines, une place dans un établissement conventuel. Toutes esclaves et dévouées, un peu masochistes, elles avaient besoin de lui comme il avait besoin d'elles pour accomplir sa mission spirituelle. Sans toutes ces pauvres femmes riches, Schweitzer n'aurait pas existé et l'histoire de Lambaréné n'aurait jamais été écrite. Schweitzer aurait terminé sa vie de façon banale, comme un simple médecin colonial.

Alors qu'il ne laissa aux hommes de son entourage, ses médecins en particulier, aucune parcelle de pouvoir, Schweitzer permettait à certaines femmes de s'exprimer. Furent-elles ses amies ? En tout cas ce sont elles qui le portèrent, et sauvèrent le médecin de Lambaréné de l'anonymat dans lequel il serait resté vu ses qualités de médecin ordinaire et son drôle d'hôpital.

Ainsi Schweitzer devenait au fil du temps de plus en plus connu. Pour les Américains il était « le plus grand homme du monde ». C'est en effet le magazine « Life », avec sa journaliste Irma Both dépêchée sur place à Lambaréné par le président de l'association Albert Schweitzer d'Amérique, Emery Ross, qui fit en 1948 le scoop. L'article d'Irma Both donnait à la reconnaissance sa touche finale. Oser affirmer que Schweitzer était « le plus grand homme du monde » fut un coup de génie. La crédulité aidant, la contagion, véritable délire collectif, s'étendit rapidement de l'Amérique vers les pays anglo-saxons, les pays Nordiques et l'Allemagne où Schweitzer faisait déjà un tabac. Les médias, qui n'étaient pas de reste dans la dithyrambique, qualifiaient Schweitzer de « chirurgien héroïque » et le gratifiaient de bien d'autres superlatifs. Il fallait faire de lui un grand homme en tous points admirable, entretenir cette illusion, pour mieux favoriser sa canonisation.

---

16. ibid., pp. 121-122.

Malgré la cour que lui faisaient l'Europe et l'Amérique, la France resta assez sourde à tout ce fatras médiatique et fut la dernière à être touchée. *Un français inconnu rentre d'Afrique. Pour les Américains c'est le plus grand homme du monde,* écrivait en janvier 1948 le journal samedi Soir.

Les symptômes furent peu marqués. Il fallut le prix Nobel en 1953, et la persévérance de Gilbert Cesbron avec le film « Il est minuit Docteur Schweitzer », pour que l'homme soit reconnu. Les plus fervents admirateurs furent ainsi comblés de voir qu'on lui accordait non pas la place qu'il méritait, mais celle qu'eux voulaient lui voir attribuer. Apres avoir été suspecté, menacé, longtemps presque ignoré, le voilà sous les feux de la rampe. La France réagit tardivement et avec exagération : Académie des Sciences Morales et Politiques au siège de Philippe Pétain, Légion d'Honneur dont on ne sait si elle fut accueillie avec agacement ou satisfaction, proposition de Guy Mollet, secrétaire du Parti Socialiste, pour un Schweitzer Président de la République ! Il avait 77 ans.

Ainsi, avec la cérémonie d'Oslo qui le consacra en 1954 « grand docteur » et « médecin des noirs et des lépreux », Schweitzer connaissait la gloire universelle. Son image était désormais familière à des milliers de gens qui, sur la planète, s'étaient mis à frissonner, victimes d'une vaste opération de propagande. Le monde qui avait besoin de mythologie ne se souciait guère de savoir si Schweitzer était « paternaliste, colonialiste et raciste ».

En dépit de ses insuffisances, de ses erreurs médicales, il bénéficia de l'adulation de beaucoup d'hommes et de femmes. Médecin fort moyen, ignorant totalement les notions d'hygiène et de prévention, peu soucieux des droits de ses malades, hermétique aux notions de progrès et de développement, il fut pourtant l'objet d'un culte extraordinaire. Cette gloire, Schweitzer ne l'avait pas gagnée sur le front de Lambaréné. Il était allé la chercher en Amérique et en Europe. Ce n'était pas juste, il ne la méritait pas, mais elle eut pour résultat que le monde entier admira, sans s'étonner et sans chercher à comprendre, le Docteur de Lambaréné.

Alors pourquoi Schweitzer exerça t-il une pareille fascination sur ses contemporains et comment réussit-il à rassembler sur sa personne autant d'images positives émanant du monde entier ?

C'est qu'en réalité il ne fut connu qu'au travers d'une image, un patriarche, le Schweitzer légendaire, pur produit de la toute puissante Amérique. Même s'il n'aimait guère paraître, je ne doute pas un instant qu'il préféra sa légende à sa propre vie. Pourtant, si la légende fut sa force, elle fut aussi sa faiblesse.

Pour certains, défenseurs et idolâtres, aucun qualificatif n'était trop beau. Même s'ils avaient perdu la raison avec leurs divagations, ceux là furent écoutés et entendus. Il était « l'homme le plus merveilleux qui existe sur terre », « le saint de la jungle », « l'Apôtre de Lambaréné », « le vivant miracle », « le grand docteur », « le chirurgien héroïque », « le premier humanitaire », « le plus grand homme du monde ». Son hôpital à Lambaréné était qualifié de « Véritable Eden », de « pays bien aimé », de la « meilleure clinique du monde » de « l'endroit où les médecins sont meilleurs que partout ailleurs », de « phare pour tous les hôpitaux du monde ». En définissant également Schweitzer et son hôpital par des superlatifs dithyrambiques comme « extraordinaire, incroyable, unique, génial, incomparable, prophétique », on avait, sauf à être d'une crédulité pathologique, déformé et travesti sa stature et son œuvre. Tous ces mots, ces enflures verbales, appliqués à Schweitzer n'avaient aucun sens. Ils dévitalisaient sa personne, lui enlevaient toute sa force et étouffaient l'histoire de Lambaréné. Ce Schweitzer là, bien sûr n'a pas existé.

Pour d'autres, détracteurs et tombeurs d'idoles, il était un « époux mufle et égoïste », un « père indigne », un « dictateur bienveillant », un « colonialiste charitable », un « conservateur refusant le progrès ». Son hôpital fut qualifié de « bidonville » de « cloaque » et de « porcherie », selon que l'on était plus ou moins tolérant. Tous ceux là ne trouvèrent que peu d'échos !

Connaissant l'homme et son hôpital, je peux affirmer que si les premiers avaient fait dans l'excès, les seconds étaient bien plus proches de la vérité.

Et si en définitive Schweitzer n'avait été qu'un simple médecin colonial, « un pauvre petit médecin des noirs, le docteur des nè gres » comme il se définissait lui-même et non un Grand Docteur, qui avait crée à Lambaréné, non pas un hôpital mais un grand dispensaire, « un village où l'on soigne. ? » C'est ce que je pense et ce que je crois, car Schweitzer ne fut ni un surhomme ni un saint, mais un homme tout court. Médecin ordinaire, connu au Gabon mais totalement ignoré du monde médical en dehors de ses frontières, si son action fut utile à Lambaréné, elle fut négligeable à l'échelle des problèmes sanitaires du Gabon et de l'Afrique. C'est pourquoi son œuvre à Lambaréné n'expliquera ni ne justifiera jamais sa célébrité.

Encore une fois, pourquoi à sa mort le monde avait-il de lui un souvenir aussi fort ? L'hystérie médiatique du moment avait réussi un tour de force, faire de Schweitzer un mythe. Un mythe savamment élaboré par des blancs, bien sûr, pas par les noirs. Ces derniers, quand ils n'étaient pas franchement illettrés, ne lisaient pas les journaux, n'avaient pas la télévision, et ne savaient rien de la réputation universelle de Schweitzer.

L'Afrique d'ailleurs ne connaissait pas Schweitzer et des centaines de médecins coloniaux ou autres, n'ayant pas servi au Gabon, n'avaient jamais entendu parler de lui avant qu'il ne reçût le Prix Nobel en 1953. En Côte d'Ivoire, comme au Congo pourtant pays limitrophe, il était méconnu. Je l'ai constaté au cours de mes séjours. Pour les Africains des autres pays francophones, il n'a pas été reconnu comme un héros, et en dehors de Lambaréné on ne trouve nulle trace de lui.

A l'époque, de nombreux hôpitaux et instituts d'Outre-Mer, et pas des moindres, portaient les noms de médecins du corps de santé militaire. Ils s'appellent encore aujourd'hui Calmette à Pnom Penh, Girard et Robic à Tananarive, Grall à Saïgon, Marchoux à Bamako, LeDantec à Dakar, Laquintinie à Douala ..etc. Combien d'hôpitaux s'appellent aujourd'hui Schweitzer ailleurs qu'à Lambaréné ? Probablement aucun ! Si, un seul en Haïti, « Albert Schweitzer Hospital » mais aucun en Afrique. Est-il besoin de rappeler que la France a construit avant 1960, dans nos ex colonies, plus de 2000 dispensaires modernes, 600 maternités, 350 léproseries, 14 Instituts Pasteur, et plus de 650 hôpitaux dans lesquels les soins et les médicaments étaient gratuits ?

Les pays du tiers monde ont aujourd'hui besoin d'hôpitaux, simples peut être, mais pas de « villages où l'on soigne ». En effet personne ne pourra me faire croire qu'avec un tel modèle ce serait passer de l'obscurité à la lumière.

Schweitzer n'avait guère d'affinités avec tout ce qui représentait la France Outre-Mer. Il se sentait d'abord allemand, pur produit de la culture allemande, et bien qu'étant installé sur une colonie française d'Afrique Equatoriale, il n'attirait que très peu les Français. En

1959, Alain Peyrefitte, envoyé à Lambaréné par le Général De Gaulle, lui demanda pourquoi : *Il n'avait eu avec eux que des ennuis et ils n'étaient pas dignes de confiance,* lui répondit Schweitzer.

Jugez plutôt de sa rancœur inextinguible ! Les traumatismes laissés par le conflit de 1914 étaient chez lui mal cicatrisés.

Le Docteur Nessman, premier collaborateur de Schweitzer, dans une lettre adressée à ses parents à Strasbourg en janvier 1925, affichait la même méfiance. *Mais ne croyez pas que ce n 'est que chez vous qu'il y a combat et misère. Tout ce qui vit rencontre de la résistance de la part de ce qui vit moins, de ce qui est mort, du bureaucratisme, du nationalisme, qui est la forme la plus méprisable de la maladie mentale et encore plus désagréable quand elle se manifeste chez les Français.*[17]

En 1925, Nessmann n'était-il pas français ? Au passage remarquons qu'il fut un très bon français, car engagé dans la résistance pendant l'occupation allemande, il fut arrêté et tomba sous les balles de la Gestapo.

Alors, est-ce que le souvenir de Schweitzer sur les bords de l'Ogooué se serait en parti évanoui ? Je le crois, car son intérêt pour les noirs ne dépassa pas les limites de sa communauté. Même la construction du nouvel hôpital, près de l'ancien village et du musée, n'a pu redonner vie aux souvenirs du passé. D'ailleurs en 1986, le Haut-Commissaire de la Santé Publique au Gabon se posait déjà la question. *Ne se produit-il pas dans notre population un certain oubli du phénomène Schweitzer?* [18]

Certainement, et pour les nouvelles générations le nom de Schweitzer ne fait plus recette.

Je me suis même interrogé pour savoir s'il restait quelque chose de lui à Libreville ou à Lambaréné village : une plaque commémorative, un nom de rue, une place qui porte son nom, un buste par exemple.

J'ai questionné par écrit les gens de Libreville, Administrations et ambassades. Rien de Schweitzer à Libreville, la capitale du Gabon. *A ma connaissance il n'existe à Libreville, aucun lieu,*

17. Victor Nessmann, *Avec AS de 1924 à 1926, ES* n° 6, p. 115.
18. In Walter Munz, *AS dans la Mémoire des Africains, ES* n°5 p. 70

monument, rue, place qui perpétuent le souvenir de la vie ou de l'action qu'a menée cet illustre médecin.[19]

S'ils ont déjà oublié Schweitzer, ils se souviennent par contre du docteur Noël Ballay, le jeune aide médecin de marine qui accompagnait Brazza. Une plaque apposée sur la face ouest de la mairie de Libreville est là pour rappeler aussi qu'il avait été Lieutenant Gouverneur du Gabon. C'est assez symptomatique et en dit long sur la façon dont était perçu Schweitzer par le pouvoir politique central. Il avait très mauvaise réputation, il le savait, mais s'en fichait complètement et ne fit rien pour changer son comportement. *Il a recueilli des honneurs comme il a essuyé des critiques. Ni celles ci, ni ceux là ne l'ont atteint profondément. Il a déclaré un jour que ces sortes de jugement glissaient sur lui comme l'eau sur le duvet d'un cygne.* [20]

Pourquoi également les malades de Libreville se seraient-ils déplacés à Lambaréné ? Ils ignoraient l'hôpital Schweitzer car ils avaient sur place un grand hôpital avec toutes les spécialités.

J'ai également questionné par écrit les gens de Lambaréné. Si avec le nouvel hôpital ils trouvent normal qu'il y ait une continuité, ils n'ont pas de souvenirs particuliers d'un homme qu'ils ne connaissaient pas. *Il a rendu de grands services à notre province le Moyen Ogooué et au Gabon tout entier.* [21]

Aujourd'hui existe à Lambaréné le musée Schweitzer que visitent quelques touristes, un hôtel très moderne qui porte son nom, et un boulevard qu'il aurait lui même inauguré, me dit-on, avant sa mort. C'est tout à fait faux ! J'étais présent à Lambaréné de 1963 à 1966. Je faisais partie des autorités, et je n'ai jamais était convié à une telle manifestation. Si boulevard Schweitzer il y a, ce n'est qu'après sa mort qu'il fut ainsi baptisé. J'apprends également que la mairie de Lambaréné a un projet mais qu'elle manifeste peu d'empressement à le réaliser. *Par ailleurs la mairie de Lambaréné a un projet d'édification d'un mémorial Albert Schweitzer. Ce projet n'a encore pas à ce jour été activé.*[22]

---

19. *Correspondance personnelle.* Lettre du 01-08-2001 du médecin-chef de l'Ambassade de France à Libreville.
20. In Walter Munz, *AS dans la ..., ES* n°5.
21. *Correspondance personnelle.* Lettre du 02-08-2001 de Mr le médecin-chef de la région du Moyen-Ogooué, directeur de l'Hôpital régional.
22. *Correspondance personnelle.* Lettre du 17-10-2001 de Mr le Directeur de l'Hôpital Albert Schweitzer.

7

Schweitzer l'africain l'homme réel

N'Dogoula veut dire fils du chef.
Le chef c'est moi
Albert Schweitzer

Même si la force du mythe entrave la compréhension de ce que fut le médecin et son œuvre, essayons tout de même de voir qui était cet homme paradoxal, dont la forte personnalité échappe à une analyse superficielle. Pour cela je me suis frayé un chemin à travers toutes les invraisemblances. Il est vrai que la bulle Schweitzer s'est dégonflée et qu'aujourd'hui, avec le recul, on peut jeter un regard neuf sur ce personnage bien complexe. Débarrassé de tout ce dont l'avaient affublé les uns et les autres, il m'est apparu non comme un surhomme ou un saint, mais comme un homme tout simplement.

Entre l'enfant, le jeune homme, l'adulte, le vieillard, il me semble exister une parfaite cohérence. Taciturne, plutôt timide et secret, peu communicatif, c'était un solitaire, car même bien entouré, il fut toujours très seul. Il n'était pas du genre sociable.

Enfant étourdi et peu studieux, il était rebelle à la discipline scolaire et à sa famille, même têtu et violent. C'était une forte tête. A plusieurs reprises, il fut menacé d'être renvoyé de l'école par ses maîtres qui « eurent bien du mal à supporter sa nature raisonneuse ». Il ne fut d'ailleurs pas un enfant heureux. *Je n'ai jamais connu la véritable joie de vivre, si naturelle à la jeunesse...* [1]

1. AS, *Souvenirs de mon enfance*, p. 38.

Adolescent et jeune homme, il devint un travailleur acharné. Son infatigable rigueur au travail fut légendaire, et toute sa vie ce fut un opiniâtre, faisant passer le travail avant le repos, au risque d'altérer sa santé. Comment faisait-il à ses débuts pour se tenir éveillé jusqu'au petit matin ? Il se trempait les pieds dans un baquet d'eau froide.

En 1900, il avait 25 ans.

Tout lui avait réussi. Il était jeune, il avait des capacités et rien ne semblait l'arrêter. Il était déjà très indépendant, faisait de la musique, de la philosophie, de la théologie.

Professeur de théologie, il enseignait à la faculté de Strasbourg et ses élèves de Saint Thomas le redoutaient car il avait la main leste et lourde.

Pasteur, il était prédicateur à Saint Nicolas et déjà rebelle à la hiérarchie ecclésiastique et universitaire protestante, à qui il reprochait de s'accrocher à des principes qu'il jugeait dépassés. Les idées théologiques qu'il soutenait faisaient de lui un révolutionnaire dont on commençait à se méfier.

Organiste, il tenait le clavier de Saint Nicolas de Strasbourg et il était remarqué pour ses interprétations déjà peu conventionnelles de Bach.

En 1905, il avait trente ans.

C'était un personnage important. Il avait trouvé la célébrité dans son pays, et même, avec la musique, hors de ses frontières. Alors qu'il était connu et reconnu, voilà que tout s'arrêta. Depuis 1896 il s'était mis à douter de sa condition, des idées de son temps, du monde. S'il se méfiait des autres, il n'était pas homme à douter de lui-même et de son infaillibilité. En définitive son bonheur l'ennuyait ! Il décida donc que la deuxième partie de sa vie, après 17 ans de travail, il la consacrerait aux autres. *Je réfléchis à cette idée (...) et j'en vins à la conclusion que j'avais le droit de vivre pour la science et l'art jusqu'à ma trentième année et devrais me consacrer ensuite à un service purement humain.*[2]

Il mit longtemps à se décider. Il abandonna ainsi une carrière dans laquelle il était bien installé pour partir sur le sentier de l'aventure.

2. AS, *Ma vie et ma pensée*, p. 94.

En 1913, il avait 38 ans.
Lorsqu'il débarqua à Lambaréné, presque la totalité de son œuvre musicologique, philosophique et théologique était achevée ou ébauchée. D'intellectuel, de penseur, il allait se faire manuel pour construire son hôpital, son « village où l'on soigne ». Cette transformation, il ne la réussit pas très bien. Alors qu'il avait construit sa vie sur un permanent dépassement de soi, arrivé à Lambaréné, tout se figea. Comme si Schweitzer l'Alsacien venait d'être étouffé par Schweitzer l'Africain, comme s'il était atteint d'une véritable incapacité permanente. Incapacité de concevoir et d'accepter le développement de l'Afrique et de l'Africain surtout. Incapacité de se projeter dans l'avenir et de penser la modernité. Incapacité d'innover et de s'adapter en médecine. Incapacité de réaliser autrement que médiocre, alors qu' il avait les moyens de faire mieux. Une incapacité ou un refus ?

Pendant cinquante ans, le Docteur de Lambaréné se refusa à faire évoluer les structures de son village : en 1965 son hopital était strictement identique à celui de 1924. Il resta d'ailleurs pratiquement inchangé jusqu'au début de 1981, date de l'inauguration du nouvel Hôpital Schweitzer. C'est bien le plus grand reproche, peut-être le plus fondamental, qui peut lui être fait.

Cette œuvre, dite majeure par tous les idolâtres, mais qui fut, à mon avis, incontestablement la moins bien réussie, occulta pourtant l'importance considérable de tout le reste. D'ailleurs Schweitzer ne la considérait pas comme telle, puisqu'elle fut dans son esprit, simplement le moyen qui lui permit la réalisation de son principe éthique, le respect de la vie. Selon son propre terme, elle ne fut qu'une « improvisation ».

Du Docteur Schweitzer l'Africain, le « Vieux Docteur », que peut-on encore dire ? La vérité tout simplement.

On retrouve pratiquement trait pour trait le caractère de l'enfant et du jeune. *Instinctivement j'ai toujours veillé à ne pas devenir ce que l'on appelle un homme mûr.*[3]
Comme si l'âge mûr était une espèce de maladie ! L'homme ne s'épanchait guère, c'était un drôle de type, un austère, peu engageant,

3. AS, *Souvenirs de mon enfance*, p. 93.

qui ne se débarrassa jamais du carcan d'un protestantisme rigide. *Je n'avais pas un tempérament folâtre, j'étais plutôt timide et renfermé.*[4]

Il ne supportait rien, ni sa femme, ni sa famille, ni les conformistes, ni ses contemporains. C'était vraiment un rebelle et pourtant ! *Schweitzer garde pour ceux qui l'approchent de près son charme magique et sa noblesse tout en étant pour les autres un phénomène incompréhensible.*[5]

Comme il avait besoin pour l'accompagner à Lambaréné d'une infirmière mais pas d'une épouse, même réfractaire au mariage, il convola en justes noces avec Hélène Breslau. Devenue son épouse, elle l'accompagna à Lambaréné où elle contracta la tuberculose. Il avait été convenu que ce serait un mariage blanc dont il avait besoin pour accéder aux plus hautes sphères de la spiritualité. Ce fut en tout cas un échec retentissant, un désastre donnant à sa vie un peu de tragédie. Il avait, d'ailleurs, une curieuse façon de traiter sa propre femme. C'était des formules curieuses et coupantes. Il l'appelait « ma plus fidèle compagne », « mon amie », « l'admirable aide », « la plus proche collaboratrice », et leur intimité se réduisait à bien peu de choses. *Sa nature ascétique rejetait instinctivement les aspects charnels d'une vie conjugale.*[6]

Le mariage avait été plus ou moins arrangé, et avant leur union leurs relations n'avaient jamais été très intimes. Ils n'échangeaient même pas leur courrier, « sauf s'ils le trouvent utile et réjouissant l'un pour l'autre ».

Lui, l'abstinent consacrant toute son énergie à tout sauf à la sexualité, ne se serait laissé séduire qu'une seule fois dans sa vie. Détenu à Aix en Provence en 1917, malade, déprimé et même dépressif, partageant pour la première fois la même chambre et le même lit, il céda à la pression d'Hélène. De ce moment d'égarement *qui ne fut indéniablement qu'une aberration passagère habilement exploitée par l'ingénieuse Hélène*[7], naquit sa fille Rhéna. *Elle a obtenu ce qu'elle voulait,* se serait écrié Adèle la sœur de Schweitzer qui le savait peu séduit par la paternité.

---

4. Id. p. 34.0
5. Victor Nessmann, *Avec AS*, ES n° 6, p. 223.
6. Edouard Nies Berger, *AS m'a dit*, p. 47.
7. Idem, p. 60.

Alors mauvais mari et mauvais père ? Probablement ! C'est pourquoi la vie solitaire de Schweitzer ne procure aucune émotion quand on sait sa famille rejetée, sa femme abandonnée, sa fille délaissée. *Ne croyez-vous pas qu'un mari devrait vivre avec sa femme et son enfant au lieu de partir en Afrique ?*[8]

Voilà comment fut apostrophé Nies Berger, l'ami de la famille. Devant cette situation, la fragile Hélène, même si elle fut désespérée, ne fut jamais soumise mais plutôt révoltée. Ces deux femmes qui eurent à souffrir de l'absence du mari et du père, du manque de tendresse, finirent par se résigner à le voir partir seul en Afrique, accepter la séparation et comprendre qu'il ne pouvait ni ne voulait leur appartenir. *Moi-même sa propre femme je n'ai aucune possibilité d'avoir la moindre intimité avec lui, ne fusse que cinq minutes. Il appartient à tout le monde sauf à ceux qui sont le plus proche de lui, ceux là ne comptent pas. Il souffre d'un complexe de martyre* [9]. Toute sa vie Schweitzer se priva de sa femme, de sa fille, et de ses petits enfants. A la mort d'Hélène, il ne daigna pas se déplacer et le corps fut ramené à Lambaréné par une infirmière.

Des années plus tard, Schweitzer se comporta de la même façon avec sa fille Rhena et ne lui épargna rien. En 1957, lorsqu'elle arriva à Lambaréné, elle venait d'achever ses études de laborantine à Zurich. Que fit-il d'elle ? Afin de la mettre à l'épreuve, il l'affecta aux cuisines où pendant deux ans elle travailla aux fourneaux. Ensuite, en 1960, elle fut chargée du déballage et du tri des médicaments. Enfin, seulement elle prit son service au laboratoire. Même à ce poste, Schweitzer ne lui accordait pas plus d'importance qu'à ses autres collaborateurs. D'ailleurs la cohabitation se révéla parfois si pénible, qu'elle menaça à plusieurs reprises de le quitter pour aller fonder un laboratoire en Rhodésie. Schweitzer qui n'avait pas envie de s'encombrer des problèmes qui pouvaient contrarier Rhéna, avait pour elle une telle indifférence, qu'elle s'était mariée sans lui en parler.

L'hôpital de Lambaréné méritait-il de la part d'Hélène et de Rhéna un si grand sacrifice ? Sans doute pas. Même en son absence, la bonne marche administrative était assurée par Mathilde et Ali, et la surveillance médicale ne réclamait pas sa présence permanente.

8. Ibid., p. 55.
9. Ibid., p. 45.

Médecins et infirmières étaient assez nombreux pour cela ! D'ailleurs, il a été calculé, que Schweitzer, avec 14 séjours en France et en Europe, ne passa effectivement que 34 ans de sa vie à Lambaréné. Malgré tout ce temps hors d'Afrique, son hôpital ne s'en porta pas plus mal.

Etait-ce un tyran, un dictateur ?

On vous a accusé d'être un dictateur, on a comparé votre profil à celui de Staline (10) lui dit un jour Nies Berger.

C'est vrai que l'homme était tout d'une pièce, implacable et exigeant. Il avait l'âme militaire, aimait les noirs au garde à vous et inspirait à ses serviteurs une peur bleue. Devant un tel personnage, une seule attitude s'imposait : la crainte et la résignation. *Dominique (son cuisinier) osait à peine lever les yeux vers le grand docteur qui inspirait tant de crainte et de respect.* (11)

Incapable d'autocritique, ne supportant pas d'être jugé, Schweitzer était un vieillard obstiné qui croyait détenir la vérité. Pas un instant il ne douta de ce qu'il croyait, et surtout ne chercha ni à comprendre ni à entendre les raisons d'autrui. *Chaque fois que ma conviction intime se trouve en jeu, l'opinion d'autrui ne compte plus.* (12)

Vivre et travailler avec lui n'était pas de tout repos, car il était fait pour régner. *N'Dogoula veut dire fils du chef. Le Chef c'est moi!* (13) A Gunsbach, chez lui en Alsace, tous devaient se soumettre à sa volonté et à sa discipline. *C'est moi le maître de maison et c'est moi qui commande ici. Vous vous imaginez sans doute que je suis un vieux fou, qu'on peut mener à sa guise ! Eh bien non* (14) *!*

A Lambaréné, dans son hôpital, une discipline toute allemande régnait également : *Le Chef c'est moi et tout le monde doit accepter ma façon d'agir, je suis le maître ici ; le début de la sagesse est de ne pas discuter.* (15)

D'un individualisme forcené, il ne put ni ne voulut s'accommoder d'aucune contrainte, et tous ceux qui ne vivaient pas sur les mêmes

---

10. Ibid., p. 68.
11. Victor Nessmann, *Avec AS*, *ES* n° 6, p. 114. Lettre du 11-06-1925.
12. AS, *Souvenirs de mon enfance*, p. 40.
13. AS cité in Victor Nessmann, *ES* n° 6, p. 247.
14. AS, cité in Edouard Nies Berger, *AS m'a dit*, p. 111.
15. Id., p. 58.

longueurs d'ondes que lui eurent bien du mal à le suivre. Même ses propres amis étaient choqués par sa rudesse. Ses médecins le quittaient, ne pouvant le supporter plus de deux ans, c'est à dire la durée d'un contrat. Pour tous, et pour les Africains en particulier, il ne fut certainement pas très sympathique mais cordialement détesté. *Certains médecins et d'autres collaborateurs le quittèrent au bout de quelques temps, refusant de sacrifier leur personnalité propre et ne supportant plus son attitude tyrannique.* [(16)]

A l'intérieur de l'hôpital, personne n'osait l'affronter pour imposer les changements nécessaires. Il ne supportait même pas que ses assistants puissent déménager des caisses gênantes d'un endroit à un autre. *Va vite remettre tout cela à sa place et souviens-toi d'une chose ; sur un navire il ne doit y avoir qu'un capitaine.* [(17)] Il n'avait qu'une certitude, la sienne, et un mépris absolu pour les propositions de ses collaborateurs. Ceux qui s'étaient risqués à vouloir faire quelque chose, se heurtaient à sa volonté inflexible. Tous devaient abandonner leurs projets.

De même à l'extérieur, l'administration gabonaise n'osait pas affronter Schweitzer. Il avait une aura qui lui donnait tous les pouvoirs. Même les hommes politiques l'ignoraient, ne s'attaquant pas ouvertement à lui car il était « l'ami » du Président de la République Monsieur Léon M'Ba. L'indépendance venue, les rapports de force changèrent. Les Africains passaient aux commandes et n'hésitaient plus à critiquer ce « vieux tyran qui avait osé maintenir à l'hôpital leurs frères dans des conditions inacceptables ». A l'accusation de dictateur, Schweitzer trouva une parade, convaincu qu'il était d'incarner le Vrai et le Bien. *Je suis peut être un dictateur, mais un dictateur pour le bien.*[(18)]

Etait-ce un provocateur ?

Après la défaite française de 1870, l'Allemagne offrit aux Alsaciens la possibilité de prendre la « petite naturalisation ». Plus de cent mille Alsaciens l'adoptèrent afin de rester citoyens français. Pour Schweitzer il s'agissait d'abandonner sa nationalité allemande. Il s'y refusa. Il voulait rester allemand, sachant pourtant que sa nationalité était un obstacle presque insurmontable à son départ dans

16. Ibid., p. 58.
17. AS cité in ES n° 7, p. 172.
18. AS, cité par Edouard Nies Berger, *AS m'a dit*, p. 68.

une colonie française où l'on ne voulait pas d'un citoyen allemand.

Alors qu'on se trouvait à la veille de la première guerre mondiale, que le canon était prêt à tonner entre la France et l'Allemagne, que ses idées libérales et révolutionnaires étaient un véritable repoussoir pour les missionnaires de Lambaréné, il fut capable d'affronter les missions Evangéliques de Paris, le Gouverneur de l'Afrique Equatoriale et le Ministère des Colonies pour pouvoir s'installer au Gabon en territoire français ! Et il y réussit ! Quel culot ! Pourquoi pas au Cameroun allemand, tout proche, où il aurait été chez lui ! L'administration française, en l'autorisant à partir au Gabon, en fit ainsi le premier médecin sans frontières.

Schweitzer rebelle au modernisme ?

Schweitzer était viscéralement opposé au progrès. J'imagine même qu'appartenant à un monde auquel il se sentait étranger, ne comprenant pas ce qui se passait autour de lui, il devait être angoissé par la modernité. La sienne, c'était le bon vieux temps, et il ne sut jamais imaginer l'avenir sans s'y référer. Né en 1875, il fut toujours l'homme d'une autre époque et son action à Lambaréné ne fut pas décisive pour la santé au Gabon. Bien au contraire. Son incapacité à sentir les problèmes de son temps, véritable cécité, le conduisit à se tromper sur l'homme noir et l'action médicale à mener en Afrique. Il n'était pas moderne. C'est ce qu'il dira à l'Abbé Pierre venu lui rendre visite en 1961 à Lambaréné. J'imagine aussi les conversations que purent avoir les deux hommes. Comment l'Abbé, défenseur des sans logis et des mal logés, aurait-il pu accepter, sans rien dire, de voir des malades noirs hébergés dans des conditions particulièrement dégradantes ? C'est impossible, sauf à ne rien comprendre à l'Afrique en marche ou à accepter que les noirs du Gabon fussent des sous-hommes, des sauvages au visage prognathe et hideux ! D'ailleurs, Schweitzer eut-il un instant, même un court instant, assez d'imagination pour se mettre dans la peau d'un noir ? Se serait-il accommodé d'un taudis pour dormir ? Se serait-il interdit de parler d'égal à égal avec l'homme blanc ? Quelle difficultés il aurait eut à parcourir le même chemin, mais à rebours, lui qui : *trop assuré de sa supériorité, ne s'est jamais dépouillé de sa peau d'Européen.* [19]

19. In ES n°2, p. 53. Georges Balandier. *Afrique Ambigue*. Plon 1957.

Même si les critiques n'ont pas manqué, je trouve que l'on a été bien indulgent envers Schweitzer en ce qui concerne sa conception de l'homme noir malade et les conditions de son hébergement tout à fait inacceptables, et contraires à la dignité humaine. Si en 1913, compte tenu de ses moyens financiers, c'était encore acceptable, ça ne l'était plus en 1965. Pas d'eau courante, pas d'électricité, pas de WC, pas d'hygiène, des cabanes ou des hangars pour l'hébergement, des planches et de l'herbe pour le couchage. Au cours des décennies, on aurait pu penser que le système Schweitzer changerait. Les acquis de la modernité appartenaient à tous les hommes de la planète et Schweitzer n'avait pas de raisons de considérer qu'ils étaient le privilège d'une seule civilisation. Il y voyait un danger et une menace, au point de le détourner complètement de son travail de médecin. *Du matin au soir, jour après jour, je suis en bas de l'hôpital pour m'occuper de tout et veiller à ce qu'on n'introduise pas d'innovations. C'est toujours ce danger qui menace de fausser le fonctionnement.* [20]

Schweitzer vivant, rien ne pouvait changer, et le système d'hospitalisation à la Schweitzer n'était qu'un pis aller honteux. Les conditions indécentes de l'hébergement des malades étaient telles, que les problèmes d'hygiène rendaient difficiles l'observance des traitements et les conditions de guérison.

Même si la concession avait une plantation d'arbres fruitiers et un jardin potager, l'hôpital, vrai taudis, était un très mauvais exemple pour les Africains. L'époque qui pourtant était à l'hygiénisme, eut bien peu d'influence sur Schweitzer. Sans doute plus habitué aux « tas de fumier de Gunsbach » et aux caniveaux, il dédaignait les canalisations et les espaces fleuris. Son hôpital était la parfaite illustration d'un esprit fermé qui s'opposa toujours à tout. Pétri toute sa vie de certitudes, il ne douta pas un instant détenir la vérité ; ce qui le conduisit à commettre tant d'erreurs d'appréciation, surtout celle de persévérer en croyant qu'il avait réussi. Déraisonnable, il s'entêtait à vouloir adapter le monde à lui-même. Je crois également que la modernisation de l'hôpital lui eut enlevé son caractère de relique, ce dont Schweitzer ne voulait pas. En s'accrochant trop au passé, il rata l'avenir.

---

20. AS, cité par Pierre Lassus, *Albert Schweitzer*, p. 42. *Lettre à Suzanne Oswald* du 17 mai 1950.

Malgré ces traits de caractère plutôt négatifs, il était le plus souvent courtois, sensible à l'affection qu'on lui témoignait, et au charme féminin. Afin de tempérer sa rudesse, il avait un besoin énorme de séduire. Pourtant il ne s'enflamma jamais et ne passa pas son temps à flatter le narcissisme féminin. C'est qu'auprès des femmes, il était bien démuni. Il n'avait rien d'autre à offrir, victime de son puritanisme.

Comment se comporta Schweitzer dans ses relations avec les noirs, et sut-il remplir sa mission éducatrice ?
Il était allemand et bien qu'ayant changé sa carte d'identité en 1918 pour devenir français, il garda un tempérament excessif et ne cessa de cultiver des défauts qui ne lui étaient que trop naturels. Lui, le blanc qui avait du coffre et de la stature, le vaillant, l'infatigable, le violent, le brutal, l'insupportable, véritable théoricien de la raison, ne comprenait rien à cet homme noir plutôt nonchalant, toujours prêt à déposer son outil. *L'incapacité à faire un effort et à s'adapter aux circonstances difficiles, sont des traits caractéristiques des indigènes d'Afrique Equatoriale et en font des pitoyables créatures.*[*]

Il voulait imposer aux africains une somme de travail tout à fait disproportionnée à leurs capacités physiques et à leurs habitudes. *Si je ne garde pas ces gaillards à l'œil, ils vont aller s'asseoir dans un coin ou prendre la poudre d'escampette. Il faut que je surveille tout, autrement rien ne va.* [21]
Il les condamnait à un travail opiniâtre et jouissait de leur sueur. *Je reste alors près d'eux et je les fais tant travailler que leur peau brune ruisselle de sueur. Au moins, il y a de la besogne faite.* [22]

N'était-ce pas un peu sadique de la part de Schweitzer ? C'était l'habituel comportement du colonialiste, parfaitement résumé par un africain, un boy rentrant de métropole avec ses employeurs : *En Europe les gens travaillent d'eux-mêmes. Pas besoin qu'il y ait quelqu'un à coté pour taper dessus.* [23]

Schweitzer trouvait en effet les noirs paresseux et indisciplinés. Il accusait volontiers le rhum et les alcools bon marché, vendus

*. AS, cité par Gérald Mac Night, *Le Dr Albert Schweitzer*, p. 67.
21. AS, cité par Edouard Nies Berger, *AS m'a dit*, p. 152.
22. AS, *A l'orée de la fôret vierge*, p. 146.
23. AS, *Histoires de la fôret vierge*, p. 172.

dans les factoreries, d'avoir aboli chez eux le goût du travail. Comme il jugeait ces gens avec ses idées à lui, il avait beaucoup de difficultés à admettre la mentalité africaine, si différente de la sienne. *N'oubliez pas que les Africains sont des hommes de sensibilité et d'intention. Pour les comprendre et les dépeindre, il faut user de la vision en profondeur,* aurait pu lui dire Léopold Sedar Senghor.

On disait également que le Gabonais était l'Africain le plus nonchalant de la région. Je ne le trouvais pas différent des autres que j'avais connus, mais sans doute était ce vrai. J'avais entendu que le Président du Gabon, à l'occasion des vœux d'un nouvel an, avait fustigé ses concitoyens et leur avait demandé de manifester un peu plus d'ardeur au travail. Effectivement les Africains étaient fatigués et Schweitzer ne supportait pas que les Africains puissent être fatigués. S'ils l'étaient à cause du climat et des maladies, ils l'étaient aussi à cause d'habitudes sexuelles qui occupaient leur pensée, leur temps, et les épuisaient. Schweitzer qui avait été abstinent toute sa vie, réservant son énergie à tout autre chose, ne pouvait comprendre et tolérer un tel gaspillage. Les Gabonais, comme tous les Africains, avaient un rapport particulier avec leur sexualité. Toujours préoccupés, rarement satisfaits, il fallait toujours plus. En effet, il ne s'agissait pas que de faire des enfants dont dépendait la survie de la communauté. Il s'agissait aussi de vérifier au quotidien l'intégrité de leur virilité. Et quelle virilité !

La consultation me réservait bien des surprises. Mon infirmier chef chargé du triage des malades, m'envoyait les consultants importants dont faisaient partie tous ceux qui avaient quelques problèmes dans leur comportement amoureux. C'était le plus souvent pour « éjaculation précipitée ». Et puis il y avait tous les autres qui, dans mon bureau, se frappaient fortement le bas du dos avec le plat de la main, pour bien me faire comprendre qu'ils souffraient du bas des reins. C'était comme une formidable métaphore ! Je les faisais se retourner car j'avais bien compris. Ils exultaient de voir que j'avais un si bon diagnostic, et que moi aussi j'étais un grand docteur. Pour ces africains à la sexualité débordante, rien d'étonnant qu'après avoir « fait des bêtises » ils soient venus consulter pour fatigue. Après hospitalisation ou intervention chirurgicale, la première question qui m'était posée : *Quand est ce que je vais pouvoir recommencer à faire des bêtises ?*

Partout en Afrique j'ai toujours vu l'Africain très préoccupé par son sexe. Lors de mon précédent séjour dans le nord de la Côte d'Ivoire, le Dioula ou le Senoufo, même ne parlant pas Français, n'avait aucune difficulté à faire comprendre son problème. Il sortait de son pantalon l'instrument de sa virilité en le montrant du doigt ; cela signifiait qu'il avait besoin d'un médicament pour lui.

Schweitzer accusait également les indigènes de manquer de dévouement, de succomber facilement à la tentation de s'approprier le bien d'autrui ou de chercher à tromper leurs maîtres. Je ne crois pas qu'il s'agisse là de défauts très spécifiques aux noirs ! Il ne comprenait pas que ces gens sous-nutris ou malnutris, souvent anémiés chroniques, fatigués par un climat débilitant, toujours malades, n'eussent pas l'énergie que l'homme blanc exigeait d'eux. Voici ce qu'il écrivait à son ami Oscar Kraus : *Cher ami ce que j'endure ici de la part des sauvages, on ne peut le comprendre que si on l'a vécu soi-même.*[24]

Pourquoi ne se plaignait-il pas auprès de ses amis américains ? Je trouve Schweitzer intolérant, violent, insupportable. Il s'en prenait aussi à la sous-productivité des travailleurs africains car c'était un obsédé du rendement. Même malade, souffrant d'abcès aux pieds, il était présent sur le chantier « pour tenter tout de même d'améliorer le rendement ». Pourtant, lui médecin savait bien que les noirs n'avaient pas accès à la quinine réservée aux blancs. Il n'ignorait pas que le paludisme, avec ses fièvres récurrentes, n'en finissait pas d'affaiblir les hommes et les femmes et de tuer les enfants. Il en faisait quand même bénéficier ses employés de maison. *Notre cuisinier, notre boy et notre laveur prennent deux fois par semaine un demi-gramme de quinine.* [25]

Les hommes politiques ne manquèrent pas de dénoncer le comportement de Schweitzer qui ne les appréciait guère et même les ignorait. Il se savait mal aimé mais s'en moquait. *Les politiciens africains me traitent de paternaliste, de colonialiste, de raciste, mais l'expérience m'a ouvert les yeux.* [26]

---

24. AS cité in ES n°3, p. 125. Lettre du 02-04-1926 au Pr Oskar Kraus.
25. AS, *A l'orée de la fôret vierge*, p. 116
26. AS, cité par Pierre Lassus, *Albert Schweitzer*, p. 270. Propos tenus par AS à Alain Peyrefittte lors de son voyage à Lambaréré.

Schweitzer colonialiste ?

Il faisait entièrement parti du paysage et de l'époque coloniale, et son entreprise était de type colonial. Pourquoi ses admirateurs ne voulaient-ils pas le reconnaître ?

Dans ses écrits et ses prédications de combat, d'une rare violence, il s'était souvent livré à une critique acerbe du colonialisme. Il en dénonçait les aspects négatifs, le profit, l'alcool vendu par les factoreries, l'esclavage, le mépris de la dignité humaine et des droits de l'homme. C'était en 1905. Il vivait en Alsace, il était allemand, parlait de la colonisation sans avoir jamais quitté sa terre natale, mais participait ainsi à la lutte contre le colonialisme dont se rendait coupable les grandes puissances coloniales. Il avait une haine profonde du colonialisme et accusait les nations civilisées d'envoyer là-bas « des rapaces, » « une meute de vauriens » et de « lâcher sur eux le rebut des hommes de chez nous ». *Belle civilisation, en vérité, qui bafoue et foule aux pieds la dignité humaine et les droits de l'homme.* [*]

Mais sous la révolte et la compassion affichée par le Pasteur alsacien, pointait déjà toutes les contradictions du Docteur Schweitzer de Lambaréné.

Alors Schweitzer importa-t-il les droits de l'homme sur les bords de L'Ogooué et sut-il se faire aimer ? Je ne le crois pas. Si Schweitzer s'est fait respecter, il ne s'est sûrement pas fait adorer des « sauvages » auxquels il prétendait « apporter les bienfaits de notre culture ».

Comment se comportait-il avec les Africains ? Comme un pur produit du colonialisme, et pas différemment de tous les blancs qui, à l'époque, se voulaient porteurs de la vérité : les bourrades et le coup de pied au cul. Se serait-il comporté de la même façon, en Alsace, si ses ouvriers avaient été des nègres blancs ? Conscient de ses excès et des pires anomalies de son comportement, il cherchait à la fois à se justifier et à s'excuser : *Parmi les primitifs il est extrêmement difficile de pleinement conserver sa personnalité morale et ses sentiments humanitaires, condition indispensable pour être un messager de civilisation.* [27]

---

*. AS. *Vivre*, p. 75.
27. AS. *A l'orée de la fôret vierge*, p. 168.

Schweitzer se joua de la grande honte qu'éprouvaient les Gabonais à être noirs et attendait d'eux qu'ils fussent de bons et fidèles serviteurs. Comme il n'avait pas l'occasion de réguler ses humeurs intimes, il les expulsait sous forme de violences verbales ou de brutalités physiques. Il leur bottait l'arrière train ou comme l'écrivit en 1925 le Pasteur Keller : *Il se fâche avec eux, les attrape, les gifle même de temps en temps, mais la minute d'après il rit avec eux.*[28]

Le Père Hubert Masson, aumônier catholique de l'hôpital témoignait également : *Chez Schweitzer, pas de laisser aller et pas d'arbitraire mais une grande rigueur, même obtenue avec rudesse, avec quelques coups de pied dans le cul. Les fameux souliers du Docteur ! Les noirs ont souvent maudit cette discipline qui leur était imposée.*[29]

En 1987, le Maire de Lambaréné, Monsieur Raoul Remanda, ne disait pas autre chose : *(...) Il lui est même arrivé l'une ou l'autre fois, de donner quelques coups, si, si, dans un accès de fureur, mais aussitôt après il proposait, provoquait la réconciliation et le rétablissement des rapports humains.* [30]

Sous l'emprise de ses débordements agressifs, Schweitzer menaçait : Ce que je vous donnerai moi si vous n'avez pas terminé, ce sont des coups de pied. [31]

Si en fin de journée rien n'était fait, il se mettait à hurler : Ne crie pas ainsi Docteur ! C'est ta propre faute. Reste avec nous, alors nous travaillerons. [32]

Ses assistants, eux aussi, prenaient modèle sur le maître. Nessmann écrivait à ses parents à Strasbourg : *Oui maman, j'apprends à bien me fâcher et à me mettre en colère. Et c'est très bon de savoir se fâcher, ne serait-ce que pour avoir l'occasion de combattre la colère.* [33]

Tous les motifs étaient bons à Schweitzer pour s'emporter de façon excessive. Voyait-il que ses cabris étaient atteints par le piétin,

28. In Marco Koskas, *AS ou le démon...* p. 233. Archives personnelles du pasteur Jean Keller.
29. In Walter Munz, *ES n° 5* pp. 103-104.
30. Id., p. 75.
31. AS, cité par Victor Nessmann, *ES n°6* p. 192.
32. AS, *A l'orée...* p. 146.
33. Victor Nessmann, *ES n° 6* p. 91. Lettre du 29-11-1924.

aussitôt il s'en prenait aux petits bergers. *Sa colère est grande contre la dureté des garçons nègres et leur incapacité à les soigner.* [34]

A Lambaréné, comme à Saint Thomas de Strasbourg où il avait été enseignant, il garda l'habitude de punir et de corriger les enfants qui faisaient des bêtises. Ce n'était pas sa punition à lui, c'était celle de Dieu ! Douanda se souvenait. Quelle faute avait-il commis ? Il n'avait fait que capturer un oiseau qu'il tenait dans ses mains. *Il a fallu que je descende mes culottes et il m'administra une véritable fessée. Pour que cela fasse encore « plusse » mal, il avait trempé les bouts de son tablier dans une cuvette d'eau et vlan (...). Je hurlais tant que je pouvais comme si j'étais à la mort et en fait pour hâter la fin du supplice.* [35]

J'ai rencontré en 1965, mademoiselle X., infirmière à l'hôpital de Libreville, qui après avoir fait une assez longue expérience chez Schweitzer avait été obligée de le quitter. Elle témoignait de la brutalité de Schweitzer avec les Africains. Elle était cependant réticente à en parler et se mettait à pleurer. C'était pour elle une très grande déception. J'ai rencontré récemment une Allemande à qui je parlais de Schweitzer. Elle interrompit brutalement notre conversation et me dit : « Oh ! monsieur, c'était un (t)ictateur. ». Tout ceci était connu et peu apprécié des autorités. A sa décharge, tous les témoignages faisaient état « d'une douceur et d'une égalité d'humeur parfaite avec les malades ».

Alors pourquoi ce double discours, celui du pasteur Schweitzer en Alsace en 1905 et celui du Docteur Schweitzer l'africain à Lambaréné ?

Pourquoi cette dissonance entre d'une part une attitude généreuse, douce et d'autre part un comportement raciste et violent ?

Incapable d'adaptation, se sentant comme un étranger, ne tolérant pas la moindre manifestation d'irrespect, il se faisait justicier. Je suis indigné par cet autoritarisme allant jusqu'à la brutalité. Schweitzer connaissait-il ce proverbe qui dit : « Celui qui est battu est faible d'abord, ensuite il devient fort » ?

Schweitzer a-t-il eu un véritable lien d'amour avec l'Afrique et Lambaréné ?

---

34. Id., p. 82. Lettre du 24-11-1924.
35. In Walter Munz, *ES n° 5*, p. 76.

Je ne le crois pas, car il est tout de même curieux, pour un missionnaire comme lui, qui passa plus de cinquante années de sa vie à Lambaréné, d'oublier d'apprendre les langues locales. Ce dont je suis certain, c'est que la foret vierge, les bords de l'Ogooué et les Africains n'ont pas nourri son imagination, et qu'il ne communia jamais avec l'âme africaine. *(...) Il n'a pas tenté de comprendre de l'intérieur la mentalité des indigènes, en se fondant parmi eux ou en se confondant avec eux, en épousant ne serait ce que fictivement ou par méthode leurs valeurs ou leurs conceptions du monde. Il n'a pas essayé de se faire imiter par eux(...) Il ne s'est jamais dépouillé de sa peau d'européen. Il ne s 'est jamais émerveillé devant l'art nègre, il ne s'est pas ébahi de leurs masques, ni n'a admiré leur musique. Il n'a rien collectionné.* [36]

En somme il estimait qu'il n'avait rien à apprendre d'eux, d'une société aussi simple, avec des besoins aussi réduits, mais que par contre ils lui devaient tout. Qu'est-ce que Schweitzer attendait d'eux ? Ils ne manquaient pourtant pas d'intelligence : ces Africains parlaient français même s'ils en estropiaient la langue ; ils construisaient de grandes pirogues avec lesquelles ils se déplaçaient sur le fleuve Ogooué ; ils connaissaient la maçonnerie et la charpente bien mieux que lui ; ils savaient pêcher, chasser, cultiver le manioc et le tarot ; ils avaient une médecine traditionnelle et pansaient leurs plaies ; ils étaient doux, sensibles, timides, filous, et ne connaissaient pas l'ennui ; ils étaient d'habiles sculpteurs et les prix des masques façonnés par leurs mains, même lépreuses, ne cessent de grimper dans les galeries d'art du monde entier ; ils avaient leur musique ; ils savaient traduire dans leurs danses toute la violence de leur superstition, mais aussi de leurs espoirs ; ils étaient capables de tout apprendre à la condition qu'on le leur enseigna. Ils étaient comme tout le monde, rien d'autre que « des blancs à la peau noire » et pas plus sauvages que ne l'ont été les gens de Paris ou de Berlin en 1914 et 1939.

L'œuvre écrite de Schweitzer ne parle que très peu de ces lieux et de ces gens. Enfermé dans ses certitudes culturelles, régentant dans son hôpital les pensées et les choses pour éviter les bouleversements, il était trop occupé par ses écrits théologiques et philosophiques, sa très nombreuse correspondance, la musique,

36. In *ES n°2*, p 53.

l'édification de ses pauvres baraquements. Retiré dans son village, n'en sortant que pour se retrouver en France à Gunsbach ou voyager à l'étranger, Schweitzer ne s'intéressa pas beaucoup à l'Afrique et aux noirs en général. A part une ou deux histoires sur la forêt vierge et son pélican, il ne montra pas une vivacité de plume particulière sur l'Afrique et la médecine dans le bassin de l'Ogooué. Je trouve cela assez étrange, comme si en dehors de ses constructions, rien ne l'avait intéressé et inspiré. Cette indifférence, pour moi qui peut en juger, lui fut fatale car il ne comprit rien au problème des endémies et aux priorités à donner à l'action médicale en Afrique. En se fixant et s'isolant sur sa colline, il ne faisait qu'aggraver l'accès aux soins déjà monstrueusement inégalitaire. Il était venu pour soigner les noirs, ceux qui se présentaient chez lui et rien d'autre, considérant comme un devoir de s'occuper de *ces êtres inférieurs, afin de leur apporter les bienfaits de notre culture.*[37]

Malgré les discours tenus, les non dits, les phrases alambiquées pour camoufler sa pensée et ses actions, Schweitzer humilia bel et bien les noirs tant dans son comportement que son vocabulaire. Il le reconnaissait : *Nous tous nous sommes toujours tentés de les invectiver beaucoup trop et de nous laisser entraîner à les humilier par des remarques méprisantes.*[38]
Sa brutalité, les coups de pieds aux fesses, les gifles, les jurons et les injures en étaient autant de témoignages. Et toujours des vexations. *Les constructions me coûtent énormément de temps et d'énergie. Souvent, sous un soleil de plomb, je suis assis sur la poutre d'une charpente et je vitupère contre les ouvriers.*[39]

Bien avant son arrivée en Afrique, Schweitzer avait hiérarchisé les peuples en supérieurs et inférieurs. Pour lui le noir était une couleur discriminante et les noirs n'étaient donc pas ses semblables. Il les traita comme tels, sans prendre conscience qu'ils ne pourraient accepter indéfiniment d'être menés de façon aussi autoritaire.

Que penser également du sort des accompagnants qu'il retenait plusieurs semaines à l'hôpital pour faire laver le linge, travailler le jardin ou casser les cailloux ?

---

37. AS, Vivre, p. 74.
38. AS, *Histoires de la fôret vierge*, p. 159.
39. AS, cité in *ES n° 3*, p. 117. Lettre du 04-05-1925 au Pr Oskar Kraus.

Schweitzer exploita les noirs. Tous les malades, devaient payer l'hôpital sous prétexte que c'était un hôpital privé. Les poulets cadeaux étaient sollicités et les bananes achetées aux paysans de Lambaréné l'étaient à des prix très négociés. A l'époque, les défenseurs de Schweitzer se lançaient dans des plaidoyers plus ou moins filandreux pour expliquer que son hôpital ne pouvait être gratuit. Ce qu'il faut savoir, c'est que les Gabonais qui le fréquentaient, n'étaient ni les fonctionnaires, ni les blancs des factoreries, qui venaient plutôt à l'hôpital administratif, mais les plus pauvres et les plus démunis venant des villages les plus éloignés.

Bien que les Africains n'aient pas eu le droit de l'appeler autrement que « Grand Docteur », je ne crois pas que le tutoiement qui lui a été reproché fut un argument très convaincant pour en faire un comportement humiliant. Il fallait être un intellectuel de salon ou un farouche anticolonialiste pour trouver là motif à critique, surtout ne rien connaître à l'Afrique et à l'Africain de la brousse. Ce dernier, plutôt rieur, aimait la plaisanterie, et si on voulait se faire des amis, mieux valait entrer dans ce jeu là. Schweitzer qui l'avait bien compris, s'en servit pour tout autre chose. *Celui qui sait rire aura le pouvoir sur les indigènes et pourra les conduire. Qui ne sait pas rire en Afrique est perdu.*[40]

Moi aussi je tutoyais fréquemment. Jamais mon personnel. Sachant à qui je m'adressais, afin de ménager parfois des susceptibilités, je n'eus jamais à regretter ce comportement. Etait-ce simplement pour cela que je pourrais, moi aussi, être taxé de colonialiste ? C'est ridicule ! J'ai aimé les Africains et ils me le rendaient bien. Eux aussi me tutoyaient « Toi mon docteur ». J'ai de beaucoup préféré le naturel de ces gens là à l'hypocrisie de gens d'autres couleurs.

Schweitzer paternaliste ? Certainement.

Mon père est un patriarche. disait Rhena sa fille. C'est ce que pensait également le docteur Pierre Aujoulat dans son ouvrage « Albert Schweitzer, médecin de brousse 1935-1965 »

Respectueux jusqu'à l'excès des traditions sociales et de la liberté individuelle des africains, il n'en a pas moins pratiqué pendant 50 ans au milieu d'eux un paternalisme figé.

---

40. AS, cité par Victor Nessmann, *ES n° 5*, p. 227. Lettre du 08-01-1926.

Schweitzer n'a pas d'excuses. En 1953, année de son prix Nobel, comme en 1965 une demi-décennie après l'indépendance du Gabon, ses manières étaient tout à fait obsolètes. A mon avis, bien plus grave fut le comportement de Schweitzer à travers tout ce qu'il écrivit sur l'homme noir, sur ses capacités à évoluer, sur sa place à coté de l'homme blanc.

Schweitzer raciste ?

A moins d'accepter comme un élément du décor de l'époque, le rejet verbal avec injures et menaces, les agressions physiques avec gifles et coups de pied, le comportement de Schweitzer fut bien un comportement raciste franc et direct. Alors est-il aujourd'hui politiquement incorrect de dire que Schweitzer était raciste ? Non. Et il n'y aura que les mal informés ou les adeptes de la méthode Coué pour penser que c'est exagéré. Schweitzer ne voyait pas les noirs comme des êtres humains à part entière. Etre Homme était une affaire de couleur de peau, et en défendant la prétendue supériorité de la race blanche, il s'affichait comme raciste et colonialiste. Il pensait, comme les esclavagistes, « que tous les hommes avaient des droits égaux, mais qu'évidemment si deux races devaient coexister, l'inférieure devait être soumise à la supérieure. »
Homme de grande culture, il aurait dû se souvenir de cette définition du prélat espagnol Las Casas : *Tous les peuples sont des hommes, et pour chacun d'eux, il y a une seule et même définition.* Il n'y avait donc pas d'un coté les plus ou moins civilisés et de l'autre les plus ou moins sauvages. Les uns comme les autres appartenaient à une seule et même espèce, et tous étaient des citoyens de la Terre. Dans son hôpital, la vie se déroulait au quotidien dans une ambiance de racisme ordinaire. Bien qu'il nous ait expliqué longuement la fascination qu'exerça sur lui la statue du nègre de Bartholdi à Colmar, il ne cessa de traiter les indigènes de primitifs, d'inférieurs, au sens le plus péjoratif du terme. Pour lui, ils n'étaient rien d'autre que de bons sauvages et il les traita avec une inflexible dureté.

En 1925, Nessmann appréciait « le docteur qui s'y connaît en nègres et en constructions». Les mots employés couramment à l'époque à l'hôpital Schweitzer pour qualifier ces êtres humains qui n'avaient pas eu la chance de naître blanc, me choquent beaucoup, car il est des façons de dire et des mots peu louables, des mots qui blessent. C'étaient des « nègres, des négros, des prétentieux, des fainéants, des voleurs, des barbares, des sauvages » et il y avait même les « tout à fait sauvages » qu'il fallait mettre dans des « ghettos ». En plus ils tombaient malades ! Mots d'époque, peut être, mais les mots blessants n'ont pas d'époque. Ces gens n'étaient ni des sous hommes ni du bétail, et en les traitant ainsi on leur enlevait leur droit à la parole. Avant notre arrivée sur leurs terres, personne ne leur avait demandé le moindre effort intellectuel, et jamais ils n'avaient eu à subir la contrainte du travail. Alors, même s'ils étaient parfois incapables de réflexion et d'attention, même si leur esprit était parfois aussi paresseux que leur corps, Schweitzer aurait du montrer plus de tolérance pour ces êtres humains. Car enfin sa vie à Lambaréné allait dépendre d'eux ! Schweitzer, avec ses préjugés ne les regardait pas en curieux qui cherche à comprendre mais en juge qui s'apprête à prononcer une sentence. Pourquoi cette sévérité sans appel ? *Demain il s'agira de retourner au chantier (...) et de reprendre le travail avec mes sauvages.* [41]

Les termes de primitifs, de sauvages, reviennent souvent sous la plume de Schweitzer. Ils étaient d'ailleurs largement répandus à l'époque, mais sont pour moi des concepts tout aussi racistes que la publicité aujourd'hui disparue du « Y a bon banania ». Au cours des décennies, Schweitzer ne changea pas son vocabulaire. D'ailleurs à quoi cela aurait-il servi puisqu'il ne changea pas le regard qu'il posait sur ces hommes.

Schweitzer rebelle à l'idée que l'homme noir puisse évoluer, ne fit rien pour favoriser sa promotion, considérant comme fâcheuse son émancipation. *Ce n'est pas en apprenant à lire et à écrire que les indigènes accèdent à la civilisation, mais par l'agriculture et les métiers.*[42]

En somme il refusait de donner aux enfants du Gabon des armes pour le construire. Alors que la culture, la santé, l'éducation, étaient des enjeux majeurs de société, quelle drôle de conception avait Schweitzer du développement et de la civilisation, lui qui refusait aux noirs l'apprentissage de la lecture et de l'écriture ? En 1905, lors de son sermon du 6 janvier en Alsace, il affichait pour-

41. AS cité in *ES n° 3*, p. 124. Lettre du 02-05-1926 au Pr Oskar Kraus.
42. AS, *Histoires de la fôret vierge*, p. 163. Il disait également : « Plus encore que d'instituteurs...les indigènes ont besoin de cultivateurs et d'artisans. »

tant une toute autre conviction. *Où sont ceux qui consacrent des forces (...) à instruire ces peuples, à les cultiver.* *

C'est tout à fait incompréhensible. Le principal antidote à l'ignorance, n'était-ce pas d'abord l'éducation ? C'était pour eux un puissant moyen de s'affranchir. Cela ne lui plaisait guère car il ne concevait pas les rapports blancs-noirs, autrement que dominants-dominés, même s'il le disait de façon assez subliminale. *Pour comprendre vraiment l'indigène, il est indispensable que nous ayons avec lui non seulement des rapports de maître à serviteur, mais aussi d'homme à homme.* (43)

Il aurait préféré que les peuples primitifs vivent à l'écart du commerce mondial et abandonnent leur vie errante de chasseurs ou de pêcheurs, pour passer lentement de l'état de nomades à celui de cultivateurs et artisans sédentaires. Il se trompait, car le commerce, élargissement des échanges entre les nations, est bien un outil du développement, comme l'est l'alphabétisation qui permet à chacun d'accéder à un plus haut niveau de conscience et d'égalité.

Il croyait en la supériorité de l'homme blanc, et profitant de la couleur de sa peau souhaitait le statu quo maître serviteur. Si en 1913 c'était dans l'air du temps, en 1953 ça ne l'était déjà plus. Le jury Nobel n'en tint pas compte.

Devenu français en 1918, Schweitzer aurait pu, au moment de son installation définitive en Afrique en 1924, s'inspirer de l'exemple de la France qui menait une politique coloniale de collaboration plutôt que de cohabitation ou de séparation. En 1965, et même avant les indépendances, dans nos hôpitaux Outre-Mer, blancs et noirs se côtoyaient et travaillaient ensemble avec les mêmes responsabilités. Lui, ça ne l'intéressa pas. Autoritaire, avec une mentalité de colonialiste, il préféra rester isolé, enfermé avec ses blancs et ses serviteurs dans son village d'Adolinanongo. C'était politiquement abominable, mais parce que c'était « le temps des colonies », le pasteur Schweitzer se permettait de proférer des énormités à caractère raciste. *Quelle sorte de relation établir avec l'homme de couleur ? Dois-je le traiter comme un égal ou comme un inférieur ?* (44)

---

*. Cf, AS, *Vivre*.

43. Id., p. 160.

44. AS, *A l'orée de la fôret vierge*, p. 163.

La question que se posait Schweitzer était déjà une insulte, une vexation, et si cela n'était pas une provocation, c'était à tout le moins une grave maladresse. Mais n'était-ce pas sa conviction profonde, lui qui avait tendance à considérer que sa terre d'origine était le centre du monde ? Et que l'Occident possédait sur le reste de l'humanité une supériorité fondamentale ! *Au fond, il n'a jamais douté de la valeur ni même d'une sorte de primauté de sa culture européenne, chrétienne et philosophique ou rationaliste.*[(45)]

Par ses propos, Schweitzer s'isolait encore plus des africains. Pourtant par leur seule présence, ils existaient et représentaient l'avenir dans un monde où nous les blancs ne faisions que passer. En 1914, alors qu'il était prisonnier des Français, il était soumis à l'autorité de ses gardiens, des soldats noirs. Quelle situation incompréhensible pour eux, et pour lui humiliante et intolérable ! Comment, en effet, supporter l'insupportable inversion de l'ordre racial naturel tel qu'il le concevait. Il considérait également comme humiliant d'avoir à se battre avec l'administration des Douanes et payer des taxes pour ses caisses entreposées à Port Gentil. *Bon, il faut maintenant que j'écrive à la Douane ces humiliantes lettres.* [*]

Que penser également de son refus à donner de vraies responsabilités aux employés noirs de son hôpital, dont certains avaient une très grande compétence ? A l'hôpital administratif, infirmiers, infirmières, sage-femmes étaient tous noirs et diplômés. Depuis 1981 le nouvel hôpital Schweitzer emploie plus de 140 gabonais, dont plus des trois quarts dans des tâches médicales de haut niveau. *Ils ne donnent un rendement satisfaisant qu'à condition de se trouver sous la surveillance d'infirmières européennes* [(46)], disait Schweitzer. C'est faux. Mais comme sa survie ne dépendait que de lui, il lui fallait bien nourrir son appétit d'autorité !

En 1909, avant son arrivée, les dispensaires de Lambaréné et de N'Djolé étaient tous tenus par « d'excellents infirmiers africains » comme en témoignent les rapports des médecins militaires. Chez moi en 1965, infirmiers et infirmières étaient toujours à l'heure et ils n'avaient pas besoin de pointer. Ils n'étaient pas regardés comme des paresseux et des incapables. Blandette était une petite infirmière. Quelle compétence pour les soins et quel courage

---

45. In *ES n°2*, p. 53.

*. AS, cité in *ES n° 3*, p. 130. Lettre du 23-03-1927 au Pr Oskar Kraus.

46. AS, cité in *ES n°7*, p. 36.

malgré son gros ventre, car pendant trois ans je ne la connu pas autrement qu'enceinte. Elle n'avait pas besoin d'être surveillée !

Schweitzer ne supportait pas que les noirs, handicapés, marginalisés par rapport au développement de nos économies occidentales, à la remorque de notre civilisation, puissent être nos égaux. Il fallait donc se faire respecter d'eux, ne pas leur reconnaître une spécificité afin de ne pas leur donner une existence. Pourtant, ils étaient capables de tout apprendre, à condition qu'on le leur enseigna. Joseph et Pierre étaient deux infirmiers de son équipe. Joseph avait été embauché par Schweitzer lors de son premier séjour, essentiellement pour faire des pansements. Après son départ en 1917, Joseph avait trouvé une excellente situation à l'hôpital militaire de Libreville où il avait eu beaucoup de succès grâce à son intelligence et sa dextérité. Joseph y avait acquis une expérience de tout premier ordre pour les examens microscopiques. *Joseph m'est supérieur pour rechercher les trypano, ces petits vers microscopiques qui pullulent dans le sang puis dans le cerveau et donnent la terrible maladie du sommeil. Il n'a fait que cela pendant 6 ans comme infirmier de l'administration* (47) disait le docteur Nessmann.

Joseph y avait également appris la chirurgie. Il était capable d'opérer une hernie, aussi bien, sinon mieux, que n'importe quel jeune chirurgien arrivant à Lambaréné. *C'est un des rares nègres d'ici qui ait une finesse intérieure et une intelligence qui dépasse nettement celle d'un européen moyen.*(48)

Pourquoi Schweitzer ne comprit-il pas que quelle que soit son origine sociale ou raciale, chaque individu peut se faire une juste place dans la société ?

Il y avait également Pierre : *Pierre l'irremplaçable Pierre, dont la science valait bien celle de beaucoup de manuels, et qui donnait souvent une indication péremptoire face à nos hésitations et qui avait toujours raison.* (49)

C'est ce qu'écrivait la doctoresse Van Kriek dans les années 60. Joseph et Pierre avaient été formés à l'école des médecins militaires. Ils n'avaient pas besoin d'être surveillés par des dames blanches dont la plupart n'étaient pas infirmières.

---

47. Victor Nessmann, *ES n° 6*, p. 102. Lettre du 20-12-1924.
48. Id, p. 38. Lettre du 02-03-1925.
49. In *ES n°* 7, p. 173.

Que fit Schweitzer pour la promotion de Joseph, de Pierre et de tous les autres ? Rien. Pour lui la couleur de leur peau déterminait leur avenir. Ils ne pouvaient donc être que des subalternes éternels car il les jugeait au faciès mais pas au mérite. Il fallut à Albert Bouassa, infirmier recruté par Schweitzer, plus de trente ans pour devenir chef du bloc opératoire. Il n'avait pas confiance en eux et c'est dommage car ils étaient capables de faire encore mieux. D'ailleurs ils ne furent pas jugés dignes de porter en permanence une blouse blanche comme le reste du personnel européen. A eux le tablier de travail ! Pourtant ils auraient mérité d'être des infirmiers chefs, des responsables associés à l'œuvre, des remplaçants des dames blanches, autre chose que des serviteurs. Ils auraient mérité qu'on leur serre la main chaque matin comme témoignage de reconnaissance. *Ne remets jamais au lendemain le témoignage de ta reconnaissance (...) acquitte t-en le jour même.**

Ce sont les propos de Schweitzer dans sa prédication du 19 juillet 1919. Le fit-il ? Ils auraient mérité qu'on les réunisse pour leur demander leur avis et leur parler de l'avenir de leur hôpital, car sans eux, il n'y aurait pas eu d'Hôpital Schweitzer. Parce qu'ils étaient noirs, ils étaient victimes de discrimination au travail, et c'est sous de faux prétextes qu'ils étaient éloignés des responsabilités. Comme s'il ne s'agissait pas là de discrimination à caractère raciste ! Alors, pourquoi Schweitzer qui croyait à l'égalité de tous les êtres vivants, ne croyait-il pas à l'égalité de tous les êtres humains, fussent-ils à ses yeux insignifiants ? Schweitzer ne fut pas toujours un homme animé par un sentiment de justice.

Schweitzer, rebelle à l'idée de la décolonisation ?

Quid pour Schweitzer du droit des peuples à disposer d'eux-mêmes ? Il n'extirpa jamais de lui cette idée que l'homme blanc était seul capable d'être un messager de civilisation et s'érigeait en juge de l'humanité. *Maintenant nous devons nous résigner à ne plus nous sentir comme des frères aînés et à ne plus agir comme tel* *.

Reconnaissons qu'il fut quelque peu prophétique en doutant de l'issue heureuse de la décolonisation, car en effet certains pays d'Afrique Noire d'aujourd'hui sont plutôt mal partis. *L'histoire*

---

*. Schweitzer reconnaitra plus tard qu'il s'est trop peu astreint à manifester sa reconnaissance.

*. AS, *A l'orée de la fôret vierge*, préface, p. 13.

prononcera un jour son jugement sur les résultats obtenus par cet abandon du système patriarcal dans les territoires qui autrefois s'appelaient les colonies et qui aujourd'hui ne doivent plus porter ce nom.(50)

Même si nous tous avions des doutes quant à une évolution harmonieuse de l'Afrique, le problème n'était pas là. Les hommes noirs voulaient se libérer de la tutelle des hommes blancs, se débarrasser d'eux, espérant l'avenir prometteur d'une vie meilleure. Ils voulaient une patrie sur la terre de leurs morts. Schweitzer avait beaucoup de peine à admettre qu'aucune culture n'est supérieure aux autres, qu'aucune culture ne peut s'imposer aux autres. C'était plus une mentalité du XIXème que du XXème siècle. S'il percevait comme inéluctable cette mutation qui menait à la décolonisation, il ne l'acceptait pas car elle permettait de relativiser son appartenance au modèle occidental.

Au moment des indépendances, et en particulier de celle du Gabon, on n'entendit pas beaucoup la voix de Schweitzer qui ne fut pas un militant forcené de l'application des principes de la révolution française à des hommes et à des peuples qui auraient mérité d'être éclairés. Il aurait pu lutter sans violence pour l'intégration des noirs. Alors qu'il s'était fait, avant d'arriver à Lambaréné, le défenseur de la liberté contre l'oppression, de la dignité de l'homme noir contre l'exploitation par l'homme blanc, il aurait dû se réjouir de voir l'Afrique se libérer de son carcan colonial. L'accession à l'indépendance de tous ces peuples était pour lui une occasion de s'insurger contre tout manquement aux principes de liberté, égalité, fraternité ; de lutter également contre toutes les formes d'obscurantisme. Pris au piège de ses propres contradictions, sa conduite ne fut pas irréprochable en ce qui concerne sa conception de l'égalité entre noirs et blancs. A tous ceux qui, comme Schweitzer, soupçonnaient l'Afrique Noire d'être plutôt mal partie, Léopold Sedar Senghor répondit : *L'essentiel est qu'elle soit partie.*

Lui, le défenseur de la négritude, « affirmation de la personnalité du noir et de l'authenticité de sa civilisation », avait compris que s'ouvrait pour l'Afrique une page nouvelle et qu'il était bien illusoire

---

50. Id.

de vouloir s'y opposer, même si l'on pouvait avoir d'excellentes raisons de le faire.

Les Africains non plus ne comprenaient rien à Schweitzer, cet homme blanc qui était venu en Afrique pour les soigner, mais aussi pour les faire travailler. Avant notre arrivée, ils ne mouraient pas de faim, comme le fit remarquer en 1990 Rhéna : *Ne me parlez pas des pauvres gabonais de la brousse. Pas un ne meurt de faim. Alors qu'au Sahel ...* [51]

Comme ils ne connaissaient pas le besoin d'agir, il leur suffisait, pour être heureux, d'employer leur journée chasser, pêcher, se nourrir, se reproduire, se reposer. C'est cette nonchalance constitutionnelle qui fâchait Schweitzer. Il ne comprenait pas que l'homme noir ne puisse travailler que pour ses besoins essentiels, sans risque de manquer de ce qu'il ne désirait point. *Oui je suis un pauvre diable qui travaille avec des illettrés, une main d'œuvre non qualifiée et toutes sortes de gens impossibles, en plus je me sens tomber en morceaux peu à peu. Quel imbécile j'ai été de venir m'enterrer dans ce pays sauvage.*[52]

Si rien ne l'avait obligé à venir et à rester à Lambaréné, pourquoi toutes ces jérémiades et tant de hargne envers les Africains ? Il aurait pu nous épargner ses états d'âme ! *Quel sot tout de même je fais que d'être devenu médecin auprès de tels sauvages.*[53]

Schweitzer était très injuste car ce sont bien les maçons et les charpentiers gabonais qui construisirent son hôpital, les accompagnants des malades, les visiteurs et les convalescents qui cultivèrent le verger et le jardin, les infirmiers noirs qui, au bloc opératoire, furent les plus perspicaces en cas de difficultés, et au laboratoire les plus habiles à faire des examens microscopiques. A eux aussi revenait une grande part de mérite et on les a beaucoup trop oubliés !

Manifestement Schweitzer souffrait d'un complexe de martyre. *J'ai dû supporter toute ma vie les gens les plus insupportables, surtout à Lambaréné. Tu ne sais pas quelle vie terrible j'ai mené* [54] écrivit-il à son ami Nies Berger.

---

51. In *ES n°* 2, p. 36.
52. AS, cité par Edouard Nies Berger, *Albert Schweitzer m'a dit*, p. 152.
53. AS cité in *ES n°* 2, p. 51.
54. AS, cité par Edouard Nies Berger, *Albert Schweitzer m'a dit*, p. 120.

Le psychorigide pensait, je crois, à ses serviteurs blancs et à tous ceux qui avaient refusé de se soumettre à son terrible autoritarisme. L'enfer c'est les autres, c'est bien connu ! *Et si c'était à recommencer ?* lui demanda Gilbert Cesbron dans les années cinquante ? *Je serais médecin de banlieue ouvrière.*[55]

Le regrettait-il à la fin de sa vie ? La question qui lui fut posée reçut comme réponse un « non », mais assez timide. Voilà de quoi alimenter un autre débat. Pourtant à la question du journaliste américain Norman Cousins : *Etes-vous heureux d'être venu à Lambaréné ?* , il répondit franchement *oui.*

Schweitzer fut beaucoup plus fragile et vulnérable qu'on ne le pense, au point que selon Nies Berger, ses adversaires le soupçonnèrent d'être atteint de maladie mentale. En 1923, avant de repartir en Afrique, ne se rendit-il pas à Zurich, chez son ami le psychanalyste Pfister, pour y subir des séances d'analyse ? *Il m'offrit des rafraîchissements et l'occasion de m'allonger pour me reposer. Mais pendant cette visite, il me pressa de lui raconter des épisodes de mon enfance, comme il me viendrait à l'esprit.*[56]
C'est pourquoi il faut se livrer à une étude médico-psychologique de Schweitzer, même sommaire, si l'on veut comprendre quelque chose à son comportement.

Y avait-il polémique à ce sujet ? je n'en ai pas connaissance, mais l'étude de quelques biographies, la lecture de quelques-uns uns de ses écrits, permet de dégager certains traits bien particuliers de son caractère. Considérons son amour infini de la solitude, sa fascination pour le silence, son aspiration à une pureté virginale, sa revendication permanente à être l'homme libre même au sein de sa communauté religieuse, son goût excessif pour le pouvoir, son attitude tyrannique et violente, son opposition irréductible à toute règle majoritaire. Rappelons son incapacité à établir des liens affectifs avec les autres, même ses très proches, son jugement médical altéré, son aversion pour toutes les formes de progrès. Cela suffit-il à affirmer que Schweitzer était fou, comme me le dit un jour une personnalité en visite à Lambaréné ? Je ne le crois pas, même s'il est difficile de fixer les limites de la normalité. Qu'il puisse être étiqueté comme rebelle, utopiste, marginal, original, autiste même, ou autres cela ne fait aucun doute.

55. AS, cité in *ES n°4*, p. 129.
56. AS, *Ma vie et ma pensée*, p. 225.

Etait-ce un « autiste de haut niveau ? » Lorsque, en 1948, Asperger décrivit le syndrome de l'« autisme de haut niveau », il notait que sous une apparente normalité, ses patients avaient un coefficient intellectuel bien plus élevé que la moyenne, qu'ils étaient rigides, solitaires, timides ou écorchés vifs, bizarres, mais toujours handicapés du contact humain et des relations sociales. Toute l'existence de Schweitzer, ne porte-t-elle pas la marque de cette incapacité à établir des liens affectifs authentiques avec les autres ? Selon un spécialiste américain du syndrome d'Asperger, appartiendraient à cette catégorie des gens comme Einstein, Bill Gates, ainsi que la moitié des ingénieurs de la Silicon Valley.

Alors que Schweitzer était une personne déjà bien âgée en 1924, très âgée en 1953, et très très âgée en 1963, on peut s'interroger tant sur son état physique que mental. *De toute évidence, la réticence que lui inspirait tout nouveau projet était le fruit de l'épuisement mental et du poids des ans.*[57]

Schweitzer fut durant une grande partie de sa vie africaine en état de déprime et bien souvent en dépression vraie. La fatigue, l'isolement, le repli sur soi, en sont les manifestations les plus marquantes. Il souffrait de la dépression des personnes âgées. *On n'imagine pas la vie que je mène ni l'état d'épuisement physique et mental dans lequel je me trouve si souvent.*[58]

Fatigué, il l'était déjà en 1910 alors qu'il faisait ses études de médecine et disait avoir continué à travailler « malgré la plus forte crise de fatigue que j'ai traversée ». Il est vrai qu'à l'époque il faisait tellement de choses ! Fatigué, il le fut aussi très souvent à Lambaréné, non pas à cause du travail médical qu'il abandonna en novembre 1924, six mois après son retour, mais surtout à cause de son âge déjà trop avancé pour s'adapter au climat équatorial. *Il fait terriblement chaud et j'ai quelque peine à continuer de m'habituer à ce climat.*[59]

Il ne faisait pas plus chaud qu'ailleurs, mais, comme ses forces déclinaient, il se plaignait en permanence. *Ma vie est terrible, je ne sais pas comment j'arriverai à tenir jusqu'au bout.*[60]

57. Edouard Nies Berger, *AS m'a dit*, p. 155.
58. AS, cité in *ES n°3* p. 151. Lettre du 03-11-1938 au Pr Oskar Kraus.
59. Id., p. 146. Lettre du 10-03-1937.
60. AS, cité par Edouard Nies Berger, *AS m'a dit*, p. 153.

Sa femme Hélène avait raison. Il cherchait toujours à se faire plaindre, comme si sa mission prenait une allure sacrificielle. Dans une quarantaine de lettres, écrites pour la plupart d'Europe et adressées à un certain Oskar Kraus, philosophe Pragois, Schweitzer ne cesse de se lamenter. On relève plus de trente fois les mots : « épuisé, fatigué, si fatigué, trop fatigué, grave crise de fatigue, extrême fatigue, mort de fatigue, harassé de fatigue, dernière force... etc... » Fatigué, il l'était surtout à cause de ses activités de bâtisseur, à cause de sa très nombreuse correspondance, et à cause de ses écrits inachevés, ce qui l'obligeait à veiller. *La crampe des écrivains me fait terriblement souffrir et je dois consacrer les nuits qu'il me reste à mes écrits philosophiques.*(61)

Schweitzer souffrait également de problèmes cardiaques qui nous ont été révélés par le Docteur Nessmann dans une correspondance à ses parents : *Pour le cœur fatigué du Docteur, c'est parfois un calvaire.*(62)

Ainsi, on comprend mieux pourquoi Schweitzer était le dernier levé, pas avant 8h00 – 8h30, alors qu'à Lambaréné il faisait jour depuis six heures du matin.

Rien ne laissait donc présager que ce colosse puisse passer par des périodes de découragement et de déprime. Si cela lui arriva assez fréquemment, il trouva toujours la ressource nécessaire dans le travail, et dans de longues périodes de repos qu'il prenait à Port-Gentil chez les missionnaires. *Je suis venu ici, pour quelques jours, respirer l'air marin, afin de me remettre de la moiteur de la foret vierge que j'ai supporté sans interruption pendant quatorze mois.*(63)

Comme au temps de son enfance et de son adolescence, il trouvait sa joie dans la solitude et la passion du silence. Vieil homme seul il connaissait l'ennui. *O solitude de la forêt vierge, comment pourrai-je assez te remercier pour tout ce que tu fus pour moi.*(64)

Voilà l'homme réel, l'homme tout simplement.

---

61. Id.
62. Victor Nessmann, ES n°6, p. 66. Lettre du 31-10-1924.
63. AS, cité in ES n° 3, p. 117. Lettre du 04-07-1925.
64. AS, *A l'orée de la fôret vierge*, p. 185.

Sa femme Hélène avait raison. Il cherchait toujours à se faire plaindre, comme si sa mission prenait une allure sacrificielle. Dans une quarantaine de lettres écrites pour la plupart d'Europe et adressées à un certain Oskar Kraus, philosophe Pragois, Schweitzer ne cesse de se plaindre. On relève plus de trente fois les mots « épuisé, fatigué, si fatigué, trop fatigué, grave crise de fatigue, extrême fatigue, mort de fatigue, harassé de fatigue, dernières forces », etc. La fatigue lui était surtout liée à ses activités de bâtisseur, à cause de sa très nombreuse correspondance et à cause de ses doigts fracturés [illegible]

8

Des médecins avant Schweitzer

Il faut dire pour commencer
que Schweitzer n'était pas le premier
à avoir fait œuvre médicale au Gabon
Docteur Christol

1875
Explorateurs et médecins de la marine

Replaçons Schweitzer dans le contexte historique de la présence médicale à Lambaréné. *Il faut dire pour commencer que Schweitzer n'était pas le premier à avoir fait œuvre médicale au Gabon.*[1]

Ce problème ne fut jamais évoqué, laissant supposer au monde entier que Schweitzer fut toujours seul et que les populations noires de cette région ne durent leur salut qu'à sa seule présence. C'est tout à fait faux. Je m'étonne de voir comment on a sous estimé, sinon tout simplement ignoré, la tâche accomplie par les médecins militaires du corps de Santé de la Marine et des colonies. Ils étaient déjà là au Gabon bien avant Schweitzer, dans des fonctions importantes ; à Libreville dans un hôpital militaire, à Port Gentil dans un institut de bactériologie, et présents avant lui dans la région de Lambaréné et de N'Djolé. Si à Lambaréné il ne fut ni le premier ni le seul, il est bien difficile d'imaginer aujourd'hui, ce que pouvait être en 1900 l'organisation sanitaire et les soins dispensés dans le bassin de l'Ogooué.

1. In *ES n°* 7, p. 182.

Les historiens n'ont pas manqué de faire état de la présence de médecins militaires au Gabon dans la deuxième partie du XIXème siècle. Et dire qu'ils constituèrent presque l'avant garde de la colonisation.

L'installation française en « Gabonie » débuta en effet vers 1843. Des marins, des missionnaires catholiques et des médecins arrivèrent les premiers sur ces rivages de la mort. Albert Calmette, médecin militaire illustre, fut de ceux-là. La marine française faisait la chasse aux négriers et établissait les premiers contacts avec les populations côtières. En 1849, en obligeant le brick négrier « Elizia » à abandonner sa cargaison de 46 esclaves, elle faisait de ces enchaînés des hommes libres. Une parcelle de terre fut cédée à chacun d'eux et le village qui fut fondé s'appela Libreville. C'est là que fut aménagé avec le « Palais du Gouvernement », le premier hôpital militaire au Gabon, car le souci de l'administration était bien sûr la protection des militaires chargés de la conquête.

Les marins ne se contentèrent pas de longer les côtes. Très vite ils se passionnèrent pour les grands fleuves, et ce furent les premières expéditions vers l'intérieur. En 1860, le lieutenant de vaisseau Touchard et le chirurgien Roullet reconnurent les sources de la Como. En 1867, le lieutenant de vaisseau Serval et le docteur Griffon de Bellay remontèrent l'Ogooué, mais durent rebrousser chemin à cause de l'hostilité des populations locales. Ne se laissant pas décourager, de Bellay repartit et remonta l'Ogooué jusqu'à Lambaréné.

Ce n'est qu'en 1875 que commença la véritable aventure sur l'Ogooué avec l'Enseigne de vaisseau Savorgnan de Brazza et son ami l'aide médecin de marine Noël Ballay. Pour ces deux là, il ne s'agissait pas que de conquérir un empire mais d'accomplir en même temps une mission empreinte d'humanité. Ils allaient faire de l'humanitaire bien avant Schweitzer, sans l'arrière pensée d'être envoyés en Afrique pour y sauver le matériel humain. Schweitzer pensait que telle était la mentalité européenne. *On insiste souvent sur la nécessité de fournir l'assistance médicale aux indigènes parce qu'il importe de sauver le « matériel humain » sans lequel les colonies seraient sans valeur.*[2]

---

2. Cf Albert Schweitzer, *Ma vie et ma pensée.*

Cela me choque beaucoup, car laisserait croire que nous, médecins coloniaux, n'avons été que les instruments d'une politique coloniale, comme l'était l'administrateur, le juge ou le soldat. Non, notre éthique n'était pas de sauver du bétail, des outils de travail, mais des êtres humains d'abord.

Ils y réussirent. Lorsqu'en 1879 Brazza remonta pour la deuxième fois le cours de l'Ogooué pour atteindre le Congo, il fut accueilli par des pirogues surchargées d'indigènes qui venaient le voir et le saluer en criant « notre père est revenu. »

La pacification n'était pas pour autant faite. Les autres expéditions, au fur et à mesure de leur progression dans le bassin de l'Ogooué, découvrirent des tribus insoumises aux coutumes barbares. Les médecins devaient donc affronter la misère, la maladie, l'ignorance. Ils étaient eux aussi, à leur façon, conquérant d'un monde vierge et sauvage. Ils avaient tout à craindre des tribus hostiles dont ils pouvaient être à un moment ou à un autre les victimes. Dans ces contrées, pas encore sorties du cannibalisme, où apparemment aucun blanc ne s'était jamais aventuré, apporter la civilisation n'était pour les médecins de la marine ni de la gloire, ni du sacrifice. C'était une mission. Plus que des soins, c'était d'abord à une approche des populations qu'ils devaient se livrer. Il fallait apprivoiser des hommes et des femmes chez ces pahouins venus du Nord, *(...) réfractaires à la présence de l'assistance médicale car ils étaient asservis aux pratiques et à l'influence des féticheurs qui ne cessaient par tous les moyens de combattre notre influence.*[3] *Le pahouin est méfiant, opposé à notre pénétration, soumis aux pratiques fétichistes les plus sauvages, indépendant et refusant tout contact avec nous.*[4]

Certes, l'accompagnement médical des campagnes de conquête était d'une efficacité douteuse, mais il avait d'abord pour but *d'inspirer à l'indigène plus de confiance envers l'européen tout en soulageant ses misères.*[5]

Avant les années 1900, ce sont les médecins de la marine qui, à travers les publications et les rapports, nous permettent de saisir les différentes étapes du savoir médical aux colonies et de l'action

---

3. *Annales de médecine et de pharmacie coloniales*. Extrait du rapport annuel de 1910, Dr Huot, l'Assistance Médicale Indigène au Gabon.
4. Id.
5. Ibid.

sanitaire menée au Gabon. Il s'agissait d'une politique sanitaire visant à protéger la santé des indigènes qui étaient considérés comme le réservoir de virus de toutes les maladies contagieuses. Mais il importait surtout de veiller à la santé des européens, les missionnaires, les militaires, les fonctionnaires et les marchands.

Le rapport médical de 1886 faisait état d'une situation sanitaire catastrophique, relatant les épidémies de paludisme, de fièvre jaune, de variole, ainsi que les conditions d'habitat et d'hospitalisation particulièrement insalubres. Les épidémies, les maladies, l'extrême insalubrité du Gabon et son climat meurtrier privaient ainsi la colonie de nombreux fonctionnaires. Entre les décès et les rapatriements, c'était une véritable hécatombe, au point de menacer l'entreprise coloniale, même si l'épidémie de variole était bien jugulée par la vaccination.

Participaient aux soins des Européens :

- L'hôpital militaire de Libreville où le service était dirigé par le chirurgien de 2ème classe Gaut.
- Le navire ALCESTE, transformé en ponton hôpital et centre de convalescence pour tous les équipages.
- Le navire hôpital MINERVE, « qui ne voulait plus recevoir de malades tout venant et proposait d'installer à terre une ambulance pour les contagieux. » Ce qui fut fait. La situation était tellement préoccupante que les médecins de 1ère classe ORTAL et l'aide médecin BROCHE proposèrent que soient prises immédiatement des mesures : diminution de séjour à bord, même pour les plus robustes ; diminution de séjours des fonctionnaires vivant à terre, si l'on ne voulait pas échouer dans les tentatives d'occupation du Gabon.

Un petit guide « médical et hygiénique » du docteur Guezennec, donnant quelques conseils aux expatriés, fut diffusé dans les ports de la cote d'Afrique. On relevait comme causes les plus habitu elles des fièvres intermittentes.

- les insolations
- les travaux prolongés dans la journée
- les abus de boissons alcoolisés
- les excès de coït (!)
- les refroidissements subits

- la proximité des lieux où se trouvait « la fermentation des miasmes paludéens. »

Le même petit guide expliquait « qu'il est dangereux de travailler la terre au moment de la saison des pluies, parce qu'en exposant à l'action de l'air les couches profondes chargées de détritus organiques, on favorise la fermentation des miasmes paludéens. »

Les médecins de la marine participaient également aux soins des populations, même si le service de l'assistance publique ne s'étendait guère qu'au chef lieu ; la présence dans l'intérieur de la colonie était jusqu'à présent restée très limitée. Les crédits alloués au médecin de 2ème classe chargé des secours aux populations indigènes étaient de 4.400 Francs. Ils servaient à indemniser le dispensaire dirigé par les sœurs de l'Immaculée Conception, le médecin chargé des consultations, et à l'inhumation des indigènes et des indigents.

1900
Les premiers médecins coloniaux dans l'Ogooue

C'est surtout à partir des années 1900 qu'une nouvelle politique, tournée vers la protection des populations se mit en place et que l'assistance médicale indigène commença à fonctionner plus efficacement. Ce sont les médecins en poste à cette époque dans la colonie Congo-Gabon qui nous ont fourni dans leurs rapports quelques éléments sur l'organisation du service médical.

La colonie était divisée en quatre circonscriptions ; Loango, Brazzaville, Libreville et N'Djolé. A Libreville existait déjà à ce moment là un hôpital indigène et un hôpital européen de 24 lits.

En 1898, huit médecins et un pharmacien, officiers du service de Santé des colonies, étaient en service dans ces vastes territoires. Treize infirmiers étaient également présents. C'était bien peu effectivement. Et pourtant, il était déjà question de remplacer ces médecins coloniaux par des médecins civils.

Malgré la création en 1901 de deux corps de santé militaire, celui de la marine et celui des troupes coloniales, ce furent les médecins de la marine, ayant un port d'attache, qui restèrent le plus longtemps dans les conscriptions maritimes du Congo. Ils avaient la réputation d'être des spécialistes de l'Afrique Equatoriale Française, même s'ils étaient cantonnés dans les ports. C'était surtout que les médecins de la marine qui optaient pour la coloniale y trouvaient : *un avancement inespéré, une solde supérieure et une situation dans les territoires de conquête, comme l'Afrique et l'Indochine, bien meilleure.*[6]

La désignation des médecins des troupes coloniales mit fin à cette situation de monopole. Dans les cadres ou hors cadres, ils prirent possession de la brousse, là où les besoins étaient les plus grands.

En 1909, le Gabon avait quatre médecins dont un à N'Djolé.

Entre 1909 et 1912, neuf médecins des troupes coloniales se croisèrent ou se succédèrent. Ils s'appelaient Huot, Hudelet, Bouillet, Jaureguiber ou Ouzilleau etc... Deux travaillaient dans le bassin de l'Ogooué, soit à Lambaréné soit à N'Djolé. Deux salles de consultations fonctionnaient en permanence avec « deux excellents infirmiers indigènes. »

A Lambaréné le dispensaire accueillait des malades qui ne recevaient que des soins et un abri. En 1911, l'infirmier donna des soins à 1041 malades.

A N'Djolé, où résidait le médecin Aide major, le poste disposait d'une salle de visite et d'un petit hébergement. En 1911, 2125 malades furent reçus en consultation, quelques-uns seulement furent hospitalisés pendant cette période.

En l'absence du médecin, les infirmiers continuaient à panser les plaies diverses et les ulcères qui constituaient le fond de la pathologie indigène. C'est ce que fit essentiellement Schweitzer au cours de son premier séjour, pendant les 18 mois ou il donna des soins.

Contre toute attente, les pahouins de la région de Lambaréné s'empressèrent de venir réclamer des soins. Envers ces populations hostiles, les médecins eurent à faire preuve de psychologie, de beaucoup de patience, de compétence dans les soins et les interventions chirurgicales, car leur réussite passait d'abord par les guérisons qu'ils obtenaient chez les femmes. Ces différentes pratiques de la

6. Albert Clarac, *Mémoires d'un médecin de la Marine et des colonies*. Service historique de la Marine. 1994.
Le décret du 11 juin 1901, signé du Président Loubet, organisait définitivement les deux corps.

médecine coloniale entraient en concurrence avec celles des sorciers et des guérisseurs, et la principale difficulté fut bien sûr de les faire accepter.

Vingt cinq ans plus tard, Schweitzer eut les mêmes difficultés comme en témoignait Nessmann. *Je sais d'expérience combien il est difficile de faire accepter nos méthodes de traitement par les plus sauvages. N'ai-je pas eu la table d'opération abîmée, presque démolie par un pahouin auquel je m'efforçais d'extraire une dent.*(7)
La vaccination Jennerienne (antivariolique) était un bon moyen d'approche. *Ils pourront constater que ceux des leurs qui auront été vaccinés, resteront indemnes vis à vis de la variole, et peu à peu ils se laisseront convaincre. Ajoutons que ce serait là un excellent moyen de nous faire connaître et de répandre notre influence parmi les populations de l'intérieur qui n'ont peut-être pas encore eu beaucoup d'occasions de nous apprécier.*(8)
Il importait donc que l'influence des médecins militaires se fasse rapidement sentir dans les villages, grâce à des soins efficaces et des guérisons. *En effet, le décès d'une épouse est une lourde perte pour le pahouin qui doit pour se marier, verser entre les mains de la famille une dot fort élevée. De même le décès d'une jeune fille entraîne pour les parents la disparition d'une source de revenus sur lesquels ils ont l'habitude de tabler longuement.*(9)

Quant aux interventions chirurgicales, pour les plus délicates, mieux valait les réussir, sous peine d'être soupçonné d'euthanasie par les indigènes. « *Même dans ce cas, les féticheurs se basant sur les suppressions des menstrues (il s'agissait d'hystérectomies pour fibromes) ont trouvé matière à dénigrer activement notre œuvre chirurgicale, affirmant couramment dans les villages que le but poursuivi par nous, en pratiquant ces opérations, était uniquement la destruction progressive de la race noire. On voit des lors, d 'après ce seul exemple, quel aurait été le fâcheux retentissement de quelque accident malheureux, de quelque complication survenant chez une de ces opérées. Aussi convient-il de n'agir, en matière d'assistance médicale indigène, qu'avec la plus grande réserve, de ne recourir qu'à des interventions chirurgicales dont les résultats*

7. Victor Nessmann, avec AS, *ES n°6*, p. 169.
8. *Annales de médecine et de pharmacie coloniale*. Extrait du rapport annuel de 1910. Dr Huot.
9. Id.

ne sauraient être douteux, et de ne jamais perdre de vue qu'un décès imputable à notre intervention nous ferait perdre, d'un seul coup, une partie du terrain si péniblement, si laborieusement acquis.[10]

Même des années plus tard, Schweitzer, qui avait bien appris la leçon et compris le problème, ne s'aventura pas trop à faire de la chirurgie.

1909
Jaureguiber chez les cannibales

Il est certain que les médecins militaires n'étaient pas assez nombreux, et si la conquête était terminée, la pacification de ces vastes territoires n'était pas achevée. Ils parcouraient la région, allant de village en village, le long du fleuve, avec dans leurs bagages les cantines médico-chirurgicales. Ils étaient là, ils soignaient, ils opéraient, mais se plaignaient déjà de la lourdeur administrative. Voilà ce que confiait à Schweitzer un médecin militaire de passage à la station de Lambaréné en 1913 : *Vous ne pouvez assez vous rendre compte quel avantage vous avez en outre de n'être pas, comme nous, forcé de perdre un temps infini en écriture, rapports et statistiques* [11].

Parmi tous ceux qui ont œuvré dans le bassin de l'Ogooué avant Schweitzer, et ils sont nombreux, il en est un dont le nom m'est cher. C'est Jean Jaureguiber, médecin aide major de 1ère classe, affecté au bataillon N°1 du Gabon.

Né en 1880 à Alos en Pays Basque, il passa plusieurs années de sa jeunesse en Argentine où ses parents avaient une propriété. *Il vécut en pleine liberté dans la pampa argentine, devint un très habile cavalier et appris à chasser les canards sauvages, les lièvres et autres gibiers qui abondaient à cette époque aux environs de Buenos Aires ; il aimait surtout poursuivre les renards jusque dans leur terrier. Cet amour de la chasse et des grands espaces devait plus tard orienter sa carrière.*[12]

---

10. Ibid.
11. In AS, *A l'orée de la fôret vierge*, p. 103.
12. Correspondance personnelle. Lettre du 01-09-2001 du Dr Arnaud de Jaurreguibery.

Lorsqu'il rentra en France à l'âge de neuf ans, il ne savait pas un mot de français, ce qui ne l'empêcha pas d'être un élève brillant. *Dès la première année, il se classa parmi les deux premiers de la classe et s'y maintint jusqu'à sa sortie du lycée de Pau, remportant presque tous les premiers ou seconds prix de sciences ou de lettres, car il était aussi doué pour les mathématiques que pour les lettres. Il remporta les deux premiers prix d'honneur de rhétorique et de philosophie.*[13]

Jaureguiber était entré à l'Ecole de Santé Navale de Bordeaux en 1901 avec le matricule 672 et en était sorti en 1905, médecin des troupes coloniales. En 1952, cinquante ans plus tard, je rentrais dans la même Ecole de Santé Navale avec le matricule 472, option troupes coloniales. Jaureguiber était un de mes très grands anciens et mon arrière arrière arrière-grand-père de promotion. Je me réjouis d'appartenir à la même lignée que ce pionnier qui avait mis les pieds à Lambaréné avant Schweitzer.

C'est d'abord en A.O.F., en 1905, qu'il débuta sa vie de médecin colonial. *Mon père débarque à Dakar en pleine épidémie de fièvre jaune et la mortalité est élevée dans le Sénégal côtier. Sitôt arrivé, il participe à une opération avisée prophylactique. Dans l'ignorance de l'épidémiologie, on purifie par le feu. Aidé d'une compagnie de tirailleurs, il met le feu au marché de Dakar, situé dans le quartier du Plateau. Puis il quitte rapidement saint Louis, chef lieu particulièrement éprouvé par l'épidémie, à destination du Haut Sénégal où par chance la flambée de la maladie ne s'est pas étendue et où la précieuse existence d'un jeune médecin a plus de chance d'être préservée.*[14]

A cette époque où la pacification allait bon train, avec les premiers éléments des troupes coloniales, la pénétration progressait du Haut Sénégal vers la Boucle du Niger. *Mon père accompagnera ce mouvement durant les années 1906-1907. Il nous parlait souvent de son passage à Tombouctou, ses séjours successifs en poste à Bouram et surtout Gao, enceinte fortifiée au bord du fleuve ; il évoquait ses nuits passées sous la moustiquaire hantées par les rugissements venant de l'abreuvoir des lions. Mais l'aventure qui le marqua le plus fut sa rencontre avec Firoun, grand chef des*

13. Id.
14. Ibid.

Ouliminden, tribu de Touareg encore insoumise. Mon père réussit à le débarrasser sous le litham d'une gomme syphilitique ulcérée grâce à des applications d'onguent mercuriel belladonné. S'en suivit une solide amitié qui ramena fréquemment mon père à Menaka, accueilli comme un hôte de marque, au point de recevoir en présence du chef guerrier, deux magnifiques étalons pur sang. Firoun, en révolte contre la France pendant la guerre de 14, fut tué au combat d'Anderanboukane en avril 1916.[15]

C'est en pensant à lui que je suis fier d'avoir appartenu au corps des médecins coloniaux. C'est également en pensant à lui que me vint l'audace d'expliquer tout haut que Schweitzer ne fut ni le premier, ni le seul à Lambaréné.

Voici les témoignages qu'il a laissé à son fils, le docteur Arnaud de Jaureguibery, chirurgien des hôpitaux, médecin général inspecteur des troupes coloniales qui pourrait écrire « La vie aventureuse de Jean Jaureguiber, mon père ».

Après ce premier séjour en A.O.F., il débarqua à Cap Lopez. (Port Gentil) vers le milieu de 1909. Suivant de près les pacificateurs, il fut envoyé sur le bassin fluvial de l'Ogooué jusqu'à fin juin 1911. *Débarqué à Port Gentil, il est envoyé sur le bassin fluvial de l'Ogooué, où il retrouve sur place son ancien de la promotion 1899, Ouzilleau, médecin major de 2ème classe. Ces deux là ne vont pas tarder à mettre « sur pied et sur pirogue » une pratique ambulatoire de consultation et de soins, par des équipes légères de tournées, visitant les villages échelonnés le long des cours d'eau, de Lambaréné à N'Djolé, Oyem et Boué. Les pagayeurs sont des pahouins anthropophages, les interprètes et cuisiniers, des africains de la côte. Les étapes seront soigneusement équipées ; case de passage à distance respectueuse du village, servant de dortoir à toute l'équipe et de dispensaire.*

Rapidement cette méthode attire une foule de malades et enhardit les deux praticiens jusqu'à oser des gestes chirurgicaux rien moins qu'anodins.

L'histoire de la « planchette » d'Ouzilleau est restée célèbre dans nos mémoires. Comment pratiquer avec l'adresse et la rapidité des chirurgiens de la grande armée, l'exérèse d'une masse aussi volumineuse et encombrante que l'elephantiasis du scrotum ?

15. Ibid.

En l'occurrence, l'œuf de Christophe Colomb fut trouvé par Ouzilleau.

Légère planchette de bois, reposant sur le haut des deux cuisses rapprochées du patient, transversalement, supportant et exposant au chirurgien la masse tumorale, facilitait la rapidité de l'abord circonférence, les gestes d'hémostase et de protection des deux testicules.[16]

Schweitzer ne pouvait pas faire ce genre d'intervention, et ne sut jamais le faire. L'exérèse en était difficile et laborieuse, même pour un chirurgien confirmé, car toujours très hémorragique à cause d'un lacis de veines hypertrophiées. On lui en a pourtant attribué plusieurs !

Jaureguiber remontant le cours de l'Ogooué, seul avec son équipe, arriva vers Boué où Savorgnan de Brazza, quelques années plus tôt, n'avait fait que passer. *Il a été un des premiers européens à approcher les pygmées et les tribus de noirs de très haute taille qui les encerclaient. Il a assisté à leurs transactions dans une clairière, transactions très originales, qui duraient plusieurs jours, pour échanger les défenses d'éléphants contre du sel, des tissus et des verroteries. Les pygmées plaçaient les défenses d'éléphants au milieu de la clairière puis se retiraient sur les arbres. Les grands noirs venaient ensuite déposer à coté leur marchandise d'échange, puis se retiraient à leur tour, répétant leurs allées et venues avant de s'entendre, durant des jours et des jours.*[17]

Jaureguiber était intarissable sur ses aventures, et je ne me lasse pas de relire ces témoignages. Ils me font revivre Lambaréné et le fleuve Ogooué, mieux que ne l'a fait Schweitzer avec ses récits de la foret vierge et l'histoire de son pélican. Jaureguiber avait la réputation d'être un « sorcier blanc », ce qui lui servit à plusieurs reprises pour sauver sa peau.

« *Il resta une fois, presque toute une journée, attaché à un arbre, entouré des chefs d'une tribu cannibale, qui se pourléchaient les lèvres en tâtant ses membres. Sa réputation de grand sorcier blanc, la crainte de représailles et quelques verroteries le sauvèrent* ».[18]

16. Ibid.
17. Ibid.
18. Ibid.

Que s'était-il passé ? *Ce jour là, la raison de sa brutale capture dans ce village de Pahouin était simple : son cuisinier lui avait servi à manger un poulet de sacrifice qu'il avait ramassé sur un sentier voisin. Mon père passa effectivement toute une nuit ligoté à un arbre mais les pleurs inconsolables du cuisinier attaché près de lui l'alertèrent. Au matin, il n'eut pas trop de peine à négocier sa libération avec le chef du village contre la promesse de rançon. Après moult remous et palabres chez les hommes, le chef vint en grand cortège la recevoir... ce fut un Louis d'or de 20 F.* [19]
Jaureguiber laissa au Gabon un souvenir très fort. Même moi, en 1964, j'en entendis parler. En 1945, son deuxième fils, Pierre de Jaureguibery, affecté à Makokou dans le nord du Gabon, *descendant de sa chaloupe, eut la surprise d'être salué par un piroguier noir, qui lui déclara dans son dialecte local ; Toi tu es le fils du frisé.*[20]

Trente cinq ans après le séjour du père, le fils était reconnu. Lors de ma deuxième affectation à Abidjan en Côte d'Ivoire, en 1982, soit trente ans après mon premier séjour à Ferkéssédougou dans le Nord, je fus apostrophé par le gardien de l'hôpital. Assis sur sa natte, peut-être toujours la même, il me regarda et me dit ; *Toi c'est Audoynaud.* Comment ne pas ressentir une émotion rare !

Le terrain ainsi préparé par les médecins coloniaux était fertile pour l'arrivée de Schweitzer. Le moment était propice, les besoins de santé étaient grands, les pahouins consommaient un peu moins leurs congénères, et les populations s'étaient habituées à voir des blancs et des militaires.

1913
Lambaréné « un poste si intéressant »

Schweitzer ne fut pas un explorateur de la région, et en quittant l'Alsace pour Lambaréné, il ne mettait pas sa vie en jeu pour en sauver d'autres. Ce temps là était terminé depuis Savorgnan de Brazza qui avait séjourné à Lambaréné à plusieurs reprises entre 1875 et 1887. C'est de là qu'il partait pour accéder au Congo. Un

19. Ibid.
20. Ibid.

autre explorateur, Frédéric Marche, au cours de deux expéditions en 1872 et 1875 avait également fait halte à Lambaréné.

Schweitzer arrivant en 1913 fut heureux de voir que sa case, située sur la colline, était décorée de fleurs et de branches de palmiers. *La vue du paysage est ravissante ; en bas le bras du fleuve qui par endroits s'élargit en un lac, tout autour la forêt. Au loin on aperçoit un ruban du courant principal ; derrière des montagnes bleues.*[21]

Son premier assistant qui arriva en 1924 fut émerveillé. *Le site est merveilleux. Lambaréné est de ce point de vue un paradis.*[22]

Lorsque Schweitzer revint et s'installa en 1924, après sept années d'absence, Lambaréné n'était pas un trou au fond de la brousse, *où l'on ne trouvait pas un seul médecin à plusieurs milliers de kilomètres à la ronde*[23], comme l'écrivit en 1995, l'organiste américain Nies Berger, ami de Schweitzer. C'était discréditer la France coloniale, laissant croire qu'elle n'envoyait pas de médecins, et donc qu'il n'y avait que Schweitzer au Gabon. Il suffit de regarder une carte de la région pour constater que les frontières du Gabon ne sont pas à plusieurs milliers de kilomètres de Lambaréné. Une telle ânerie me donne envie de crier ma colère, car il s'agit d'une affirmation mensongère, probablement volontaire, une parmi tant d'autres. Il y avait une vie à Lambaréné ! Lambaréné était un très gros village, un chef lieu de district de plusieurs milliers d'habitants.

« Un poste si intéressant » disait Schweitzer, et pas isolé du tout. La grande ligne télégraphique reliant Libreville à l'intérieur apportait les nouvelles que faisait distribuer l'Administrateur. Le vapeur Alembé qui faisait entendre sa sirène, apportait du courrier, du fret et à Noël les colis de victuailles venant d'Alsace. Les envois de Félix Potin, la choucroute et le jambon Olida de l'usine de Strasbourg, ainsi que le lait de Suisse, régalaient tout le monde. Le Jean Bart, magnifique vedette appartenant aux chantiers forestiers Lapébie, sillonnait le fleuve et transportait dans le plus grand confort Schweitzer et ses médecins quand ils devaient se déplacer.

---

21. AS, *A l'orée de la fôret vierge*, pp. 44-45.
22. Victor Nessmann, *Avec AS, ES n°6*, p. 58.
23. Edouard Nies Berger, *AS m'a dit*, p. 10

Il y avait des commandants de cercle, des gardes territoriaux, des missionnaires protestants installés depuis 1874 et la mission catholique qui avait été fondée en 1881. Il y avait des écoles, avec des centaines d'enfants, tenues par les missionnaires protestants et catholiques. *L'école est belle avec 180 élèves qui semblent bien portants, mieux que chez nous.*[24] C'est ce qu'écrivait Nessmann à ses parents à Strasbourg en 1924

Il y avait des dispensaires, des factoreries vendant des choses indispensables, chaussures et vêtements, mais aussi quincaillerie et pacotille dont les Africains étaient friands. Deux firmes encore présentes en 1965 se partageaient le commerce et vivaient en bonne intelligence. Toutes les deux faisaient des affaires. Hatton Cookson et S.H.O. étaient également installés plus au nord à N'Djolé. Le commerce était florissant et les entreprises achetaient pour l'exploitation, l'ivoire, le caoutchouc, l'ébène et un bois semi-précieux, le padouck, utilisé surtout en ébénisterie. Dans la forêt environnante, les blancs et les métis exploitaient l'okoumé et l'acajou. Nombreux étaient les chantiers forestiers.

Situé sur le fleuve Ogooué, ce fleuve navigable qui paraissait incommensurable tant l'autre rive semblait lointaine, Lambaréné était un carrefour qu'empruntaient depuis 1874 les vapeurs remontant de Port Gentil jusqu'à N'Djolé. C'est sur le vapeur Alembé que Schweitzer fit son premier voyage en 1913 en débarquant d'Europe. C'est sur le vapeur à aubes Pionnier, canonnière de la Marine, que le docteur Nassau, premier missionnaire américain, arriva à Lambaréné en 1874 et y séjourna un ou deux ans. Si Lambaréné n'était pas un coin de paradis, ça n'était pas non plus un endroit aux conditions de vie intolérables. Ce n'était pas l'aube du monde, et le plus grand mérite revenait à ces premiers africains, véritables pionniers de l'humanité, qui colonisèrent ces régions hostiles du globe des milliers d'années plus tôt.

Schweitzer y vécut bien, même très bien en 1925, comme en témoignait le docteur Nessmann. *Le grand plaisir de la journée c'est le repas, la gaieté à table, les bons plats, l'eau citronnée, le café, le repos.*[25]

24. Victor Nessmann, *ES n°6*, p. 61. Lettre n°14 de mai 1924.
25. Id., p. 138. Lettre du 2 mars 1925.

Bonne table d'Aloïs le cuisinier, ce qui fit prendre à Schweitzer une bonne vingtaine de kilos, au point de devenir ventru et lourd. Sanglier, singe, chèvre, filet de bœuf. Aloïs était un spécialiste des bonnes sauces ! Et puis Schweitzer se ménageait, ne s'épuisant pas du tout au travail comme on nous l'a toujours fait croire. C'était ses nombreuses activités en dehors de Lambaréné qui le fatiguaient *Les séjours de Schweitzer en Europe étaient devenus de plus en plus épuisants, plus épuisants encore que sa vie à Lambaréné.*(26) Comme les journées étaient longues, il fallait bien se distraire et oublier l'hôpital. C'était les pique-nique et les excursions sur les lacs voisins, où, après de bons repas, chacun oubliait ses soucis quotidiens. *Après le repas, allongés, nous pensions au pays et à ceux qui nous aiment. Nous laissons notre Maître à ses rêves au pied d'un arbre.*(27)

Les invitations chez les pères de la Mission Catholique étaient très attendues. *Ensuite, dîner chez les Pères de la Mission Catholique, si accueillants et d'une hospitalité très cordiale dans leur réfectoire éventé ... nous vidons simplement et cordialement plats et bouteilles.*(28)

Et puis, il y a la messe de minuit chez les pères, suivie d'un si bon repas que personne ne veut le manquer.(29)

Vacances également pour les médecins. Schweitzer en prenait souvent en descendant à Port Gentil et son assistant Nessmann ne resta pas enfermé dans l'hôpital. *Le docteur m'a organisé tout un plan de vacances de chasse autour de Port Gentil... Je dois passer quelques jours avec des pêcheurs de baleine norvégiens, avec d'anciens clients qui doivent m'emmener à la chasse aux buffles et aux éléphants. Je vais visiter le Fernan Vaz et la grande lagune où il y a une mission catholique exemplaire à ce qu'il paraît, où on me recevra très bien !* (30)

Pourquoi pas réunions et ripailles chez les missionnaires protestants ? Parce qu'ils étaient austères, en conflit avec Schweitzer qui se disait : *franchement luthérien et déplorait la monotonie, le manque de sens liturgique et de solennité des cultes.* (31)

26. Ibid.
27. Ibid., p. 153, Lettre du 6 avril 1925.
28. Ibid., p. 199, lettre du 15 novembre 1925.
29. Ibid., p. 220, lettre du 27 décembre 1925.
30. Ibid., p. 180, lettre du 8 août 1925.
31. Ibid., p. 83, lettre du 24 novembre 1923.

Nessmann trouvait d'autre part que : *les Américains qui ont précédé la mission de Paris nous ont légué d'affreux chants, encore dix fois plus baveux que les plus mauvais cantiques français.*[32]

Décidemment rien n'était valable si ça n'était pas allemand. Voilà la brousse dont les idolâtres ne voulaient pas entendre parler. Ça n'était ni bon ni conforme à l'image que l'on voulait donner de Schweitzer et de Lambaréné.

Et le climat ? *N'exagérons pas les risques auxquels s'exposent ceux qui s'expatrient en terre coloniale*[33] disait Schweitzer.

Même chaud et humide, le climat n'était pas si éprouvant que ça pour les Européens. Il l'était surtout pour les Africains débilités par les maladies. *Il est vrai que le climat de Lambaréné est des plus cléments. Presque pas de moustiques, presque toujours une brise agréable qui rend la chaleur absolument supportable (...) le matin à six heures, il fait souvent une fraîcheur exquise, comme une matinée d'été en Alsace.*[34]

Arrêtons de fantasmer sur Lambaréné et l'Afrique car cela ne grandira pas Schweitzer ! Le climat n'était pas plus insupportable là qu'ailleurs en Afrique Noire, et Schweitzer reconnaît avoir subi le charme particulier du Gabon. *En résumé, le climat n'est de loin pas aussi effrayant qu'on veut nous le faire croire en Europe.*[35]

Avec Lambaréné, Nessmann avait trouvé son Paradis. *Les histoires qu'on se raconte en Europe sur les éternelles brumes du Gabon, sont des contes. J'ai rarement vu une transparence de l'air aussi grande qu'ici. On ne se fait aucune idée en Europe de la masse de merveilleux oiseaux qui vous égaient le cœur.*[36]

Il trouvait également *que l'herbe coupée avait l'odeur de la fenaison alsacienne.*[37]

J'y ai vécu trois ans, sans congés, avec femme et enfants âgés de sept ans et trois ans, sans climatisation, et si j'ai été parfois un peu fatigué, je n'ai jamais été vraiment malade, à part une crise de colique néphrétique. L'humidité en 1963 n'y était pas moindre qu'en 1913 et le soleil pas plus éloigné des toits. Je constate d'ailleurs qu'à part quelques bobos, Schweitzer, même avec son

32. Ibid., p. 83, lettre du 24 novembre 1923.
33. AS, cité in *ES n°7*, p. 37.
34. Victor Nessmann, *Avec AS*, *ES n°6*, p. 113. Lettre du 11 janvier 1925.
35. Id., p. 83. Lettre du 24 novembre 1924.
36. Ibid., p. 152.
37. Ibid., p. 96. Lettre du 12 décembre 1924.

cœur fatigué, n'y fut pas malade au point de menacer sa vie, et c'est tant mieux. Je constate également que depuis 1924, date de sa vie effective à Lambaréné, alors que des dizaines de médecins et encore plus d'infirmières se sont succédés, aucun n'a sa tombe au petit cimetière, victime de son devoir, et c'est tant mieux.

Soyons sérieux ! Il n'est pas nécessaire de noircir le tableau pour rendre Schweitzer plus méritant. Plus que le climat, les coutumes barbares, les croyances, l'ignorance, la misère et le manque d'hygiène, la malnutrition et les endémies dévastatrices étaient es vrais responsables de la situation sanitaire. Toutes ces forces négatives s'attiraient et se mêlaient pour altérer l'état de santé des populations noires.

Voila comment en 1924, Victor Nessmann, premier assistant de Schweitzer, nous en donne une idée : *On a souvent de la peine à reconnaître des êtres humains en voyant ces hommes nus, couverts de poussière et noirs d'une crasse ancienne, vautrés, étalés sur le sol, la tête près des pieds des voisins, mangeant de leurs mains sales qu'aucune eau n'a jamais nettoyées, alors que leurs camarades à côté d'eux ont la dysenterie et laissent suinter pus, matières et sang.*[38]

Elle était déplorable, c'est vrai, la situation sanitaire. Le district n'avait pas assez de médecins militaires et ceux qui étaient en poste à N'Djolé et Lambaréné étaient souvent en tournée dans le bassin de l'Ogooué. Aucun doute que partout suintait la maladie et la mort. Alors rendons hommage à Schweitzer d'être venu ici à Lambaréné, même s'il ne fut ni le premier ni le seul à porter secours aux populations déshéritées. Quelques semaines après son arrivée en 1913, il rencontra un médecin militaire, en poste à l'intérieur et de passage à Lambaréné. Si Schweitzer était assisté de sa femme Hélène, infirmière, son confrère militaire n'avait pas cette chance. Pour ses interventions chirurgicales il ne pouvait compter que sur lui-même. *Il était aidé par un forçat noir qui administrait le chloroforme au petit bonheur, tandis qu'un autre forçat lui tendait les instruments. Chacun de leurs mouvements faisait s'entrechoquer les chaînes à leurs pieds. Son infirmier était tombé malade et il n'y avait personne pour le remplacer. L'asepsie fut naturellement imparfaite mais le malade guérit.*[39]

38. Victor Nessmann, *Avec AS*, *ES n° 6*, pp.192-193.
39. AS, *A l'orée de la fôret vierge*, p. 78.

Voilà ce que disait Schweitzer en parlant de son confrère! Et qui était le plus méritant des deux ?

Je connaissais un très vieil africain, ancien militaire de retour au village et qui parlait un très bon français. Il passait beaucoup de temps au débarcadère, le regard rivé sur le fleuve, à observer le va et vient du bac. Il me raconta la chose suivante : *Mon docteur, la première opération sur la femme, de la maladie dite du fibrome, a été faite à Lambaréné par le médecin lieutenant Jaureguiber.*

Il ne se trompait pas. On opérait à Lambaréné avant Schweitzer et ce dernier doit beaucoup aux médecins militaires, même si cela déplait à tous les idolâtres. *J'ignore comment il se fait que les noirs de l'Ogooué se précipitent littéralement sur la table d'opération. Cela vient sans doute de ce qu'un médecin militaire nommé Jaureguiber, qui avait séjourné pendant un certain temps chez l'administrateur de Lambaréné il y a quelques années, a fait ici avec succès bon nombre d'opérations. Je récolte ce qu'il a semé.*[(40)] En 1913, lors de son premier voyage pour rejoindre Lambaréné, il avait fait la connaissance à bord d'un médecin militaire qui chaque matin, sur le pont, lui donnait des conseils et une leçon de médecine tropicale. Il était attentif car il ne savait rien de la pathologie qu'il allait rencontrer. Schweitzer reconnaissait volontiers l'influence des médecins militaires dans la région. Il en parlait en des termes plutôt élogieux. *Ils allaient de villages en villages, ils étaient admirables.* me disait-il.

Il faisait souvent référence à eux, sachant qu'ils avaient plus d'expérience que lui. *Suivant les conseils d'un médecin colonial expérimenté, je traitai l'insolation comme s'il s'agissait en même temps d'un cas de malaria et fit une injection intra musculaire de quinine.*[(41)]

Voilà le vrai Schweitzer ! Il reconnaissait qu'il y avait des médecins militaires avant lui. C'est pourquoi je m'étonne de voir à quel point ses biographes et ses adorateurs ont, volontairement et totalement occulté cet aspect du personnage et du problème.

Des soins, en faisaient également et avec un dévouement exemplaire, les missionnaires catholiques et protestants présents dans la région avant l'arrivée de Schweitzer. Ils le faisaient conformément aux arrêtés en vigueur les autorisant à faire de l'assistance

40. Id., p. 88.
41. Ibid., p. 81.

médicale. Leur but était de traiter les affections bénignes et de renseigner les deux médecins sur la pathologie de la région. C'est dans les missions les plus éloignées que ces petits dispensaires rendaient le plus de services, car le personnel avait à sa disposition un certain nombre de médicaments à l'exception des arsenicaux. Pour soulager la misère, ils se dépensaient sans compter comme le faisait en 1904 madame Lantz à la mission de Talagouga et le missionnaire Robert à la mission de N'Gomo, deux missions proches de Lambaréné.

En 1911, madame Morel, épouse d'un missionnaire, lors de ses congés en Alsace, faisait des stages à l'hôpital de Strasbourg afin d'acquérir des connaissances en petite chirurgie, ainsi que dans le maniement de la pharmacopée à sa disposition.

1930 - 1950
Autres artisans de la santé

Lambaréné et le bassin de l'Ogooué ne furent jamais démunis de personnel de santé. J'ai retrouvé quelques extraits des rapports annuels du service de santé du Gabon concernant l'ambulance européenne de Lambaréné.

Extrait du rapport annuel 1931 :

« Le premier étage du quartier des européens a été amélioré par le percement d'impostes au-dessus des portes et des fenêtres. Les cloisons des chambres du milieu ont été supprimées. L'écoulement des eaux des cabinets de toilette a été assuré ».

« Le médecin capitaine Husson demande le persiennage de la véranda nord avec la pose d'une légère cloison ; un service réservé aux femmes pourrait être ainsi facilement aménagé ».

« Comme en 1930, le docteur réclame, en outre, la construction d'une salle d'opération et d'une salle de stérilisation en dehors de l'hôpital. Monsieur le Lieutenant-Gouverneur Marchessou prévoit cette réalisation pour 1932 ».

« De nouvelles cases en pisé ont été construites en 1931, et actuellement 27 malades indigènes peuvent être hospitalisés dans cette formation sanitaire ».

Extrait du rapport annuel de 1932 :

« La division européenne n'ayant jamais eu à soigner des malades depuis sa création, a été affectée provisoirement, en fin 1932, au logement du médecin. Ainsi, ces locaux désormais habités ne se détériorent plus, et seront près à recevoir des malades, lorsque l'hôpital du docteur Schweitzer cessera de fonctionner ».

« La chefferie du service de santé a réclamé la construction à Lambaréné d'une petite formation sanitaire de cinquante lits. Elle en a étudié le plan, elle en a cherché l'emplacement, et si la situation économique le permet, cette nouvelle division indigène pourra être réalisée en fin 1933 ».

Extrait du rapport annuel 1934 :

Soixante sept médecins des troupes coloniales étaient présents en A.E.F., répartis entre le Moyen Congo, le Gabon, l'Oubangui Chari et le Tchad.

Etaient présents à Lambaréné, avec leurs équipes d'infirmiers, les médecins Lieutenants Rosmorduc affecté à la PMS (prophylaxie la maladie du sommeil) et Filippi affecté à « l'antenne », l'hôpital indigène. Alors que Schweitzer s'était déjà fixé, ignorant ce qui se passait en dehors de son hôpital qu'il venait juste de terminer, ils continuaient le travail commencé par leurs prédécesseurs : les Jaureguiber, Ouzilleau et autres. L'organisation de tournées, secteur par secteur, afin de mieux quadriller le terrain et maîtriser les épidémies, constituait la priorité.

Schweitzer prenait une très grande part dans le domaine des soins individuels, je dois le reconnaître. Mais en limitant son activité à ce type de pratique, il réduisait très largement son champ d'activité, et faisait preuve d'une méconnaissance totale des problèmes sanitaires du pays. Pourtant le destin du Gabon dépendait d'abord de son état sanitaire. Avec son chef et ses trois médecins assistants étrangers, souvent simplement diplômés d'universités, ses deux infirmières blanches et quelques « infirmiers » africains, l'hôpital Schweitzer participait à une ébauche de satisfaction des besoins de santé des populations.

Activité en 1934 :
- 2098 consultations
- 1594 hospitalisations
- 446 interventions chirurgicales.

Les œuvres privées, en particulier les missions protestantes, faisaient à cette époque un travail considérable. *Les indigènes ont une très grande confiance dans la médecine des blancs. Cela est dû pour une bonne part au fait que les missionnaires de l'Ogooué les ont traités depuis une génération avec dévouement et parfois aussi avec une réelle compétence.*[42]

Cinq missions appartenant aux Missions Evangéliques de Paris étaient autorisées, dans le bassin de l'Ogooué, à faire de l'assistance médicale. Infirmières et personnels militaires y étaient placés par l'administration.

• A N'Gomo, existait un dispensaire important dirigé par une infirmière diplômée d'état français (hospitalière et puéricultrice), secondée par deux autres infirmières également diplômées d'état français.
2080 malades furent consultés et 2 accouchements furent pratiqués.

• A Lambaréné, le dispensaire était peu important en raison de la présence de l'hôpital Schweitzer mais y furent tout de même réalisées 5240 consultations.

• A Samkita, le dispensaire était dirigé par une infirmière de la Croix Rouge qui en cours d'année reçut 7810 consultants.

• A Talagouga, le dispensaire était dirigé par un Sergent chef infirmier qui reçut en cours d'année 5880 malades.

• A Ovan, un peu plus au Nord, un dispensaire important était dirigé par une infirmière diplômée d'état français (hospitalière) secondée par une infirmière suisse qui avait fait un stage à la maternité de Lausanne. Y furent pratiqués 11 accouchements et 18420 consultations.

Extrait du rapport annuel 1945 :

« Un pavillon destiné à la maternité et un pavillon pour chirurgicaux sont terminés ».

42. AS, *A l'orée de la fôret vierge*, p. 56.

Extrait du rapport annuel 1950 :

La description du bâtiment principal mentionne : « Au sud, deux pavillons annexe entourés par une petite véranda, l'un est le laboratoire, l'autre la salle d'opération »

Existait également la médecine traditionnelle avec ses guérisseurs, ses sorciers, mais également ses charlatans. Les Africains ne fréquentaient pas que la médecine blanche. Même de nos jours, ils n'ont pas toujours recours à la médecine hospitalière. Selon les croyances, les symptômes dont ils souffrent, les moyens dont ils disposent, ils s'adressent aux uns et aux autres, souvent aux deux à la fois, avec la plupart du temps les conséquences désastreuses que l'on connaît. Existaient également les traitements à base de principes végétaux allant du plus anodin au plus toxique. Nous, médecins blancs, si nous n'avions pas une parfaite compréhension de certains états physiques ou mentaux, nous avions intérêt à les adresser chez le N'Ganga, le « tradithérapeute ». Profondément intriquée dans les modes de vie de la population africaine, la médecine traditionnelle était un moyen de se traiter en première intention. Dans un contexte de pauvreté et de dénuement elle pourrait, aujourd'hui, constituer une alternative aux grands problèmes de santé publique.

1953 - 2000
La santé publique

Alors que le docteur Schweitzer construisait, dans le plus grand désordre, de pauvres baraquements, l'hôpital administratif de Lambaréné devenait, au fil du temps, une formation hospitalière digne de ce nom. S'y succédaient des médecins coloniaux, des sages-femmes européennes ou africaines, des agents sanitaires, et du personnel infirmier africain. Il y a toujours eu des médecins à Lambaréné, d'autres médecins que ceux de Schweitzer. Ne pas l'avoir dit, c'est nous avoir menti.

Quelle était en effet la situation en personnel de Santé à Lambaréné et dans le Moyen Ogooué au cours de la décennie qui précéda l'attribution du Nobel de la Paix à Schweitzer ?

Le tableau suivant n'a besoin d'aucun commentaire. Il montre que Schweitzer n'avait pas le monopole de la santé. Il prenait sa part, tout simplement.

PERSONNEL MEDICAL DE LA CIRCONSCRIPTION DU BAS-OGOOUE, (plus tard REGION DU MOYEN-OGOOUE)

(*En italiques les médecins de l'hôpital SCHWEITZER*

ANNEE	LAMBARENE	N'DJOLE
1931 Circonscription du Bas-Ogooué	Méd Cne HUSSON *Dr. A. SCHWEITZER* *Dr. PUTER VON DEN EIST* *Dr.BAREND BONEMA*	*Rév.Père GRIMEAU* Hôpital Catholique de N'Djolé du 1/1 au 30/9/31
1932	Méd Cne HUSSON Jusqu'au 20/3/32 Méd Lt ROSMORDUC à partir 17/8/32 *Dr. A. SCHWEITZER* *Dr. X Bactério* *Dr.Y Chirurgien* *Mme Z Pharmacienne*	0
1933	Méd Lt ROSMORDUC *Dr. A. SCHWEITZER* *Dr. X** *Dr. Y**	0
1934	Méd Lt ROSMORDUC Jusqu'au 24/3/34, remplacé par Méd Lt FILIPPI *Dr. A. SCHWEITZER* *Dr.BAREND BONEMA* *Dr. L. GOLDSCHMID* *Dr. STIG HOLM* *Dr. R. LE FORESTIER*	0
1939	Méd.Cne MARGAT *Dr. A. SCHWEITZER* *Dr. X*** *Dr. Y***	?
1945	Dr. GOLDSCHMID Sgt Mj THOMAS Agent sanitaire *Dr. A. SCHWEITZER* *Dr. KOPP* *Dr.BRACK*	Méd Lt LITALIEN

ANNEE	LAMBARENE	N'DJOLE
1946	Dr. GOLDSCHMID Sgt Mj THOMAS Agent sanitaire *Dr. A. SCHWEITZER* *Dr. KOPP* *Dr. BRACK*	Méd Lt MOURGUES
1947	? *Dr. A. SCHWEITZER* *Dr. KOPP* *Dr. BRACK*	Méd Cne MOURGUES
1948	Dr. BUSSART *Dr. A. SCHWEITZER* *Dr. ISRAEL*	Méd Cne MOURGUES
1949	Méd Lt BESSUGES Mme TETEGAN Sage-Femme Africaine *Dr. A. SCHWEITZER* *DR. KOPP* (passé au service médical S.P.A.F - Lac Azingo)	Méd.3°cl.RODRIGUE Médecin Africain
1950 (Région du Moyen-Ogooué)	Méd Lt BESSUGES Mme TETEGAN Sage-femme Africaine MME GYSSLER Infirmière Auxiliaire *Dr. A. SCHWEITZER* *Dr. X**** *Dr. Y****	DR. WEISBERG
1951	Méd Lt BESSUGES Mme ZEIMANOVSKI Sage-Femme coloniale *Dr. A. SCHWEITZER* *Dr. X***** *Dr. Y*****	DR. WEISBERG puis Dr. MARTINAZZO
1952	Méd.Lt. BESSUGES puis Méd.Lt. BOURREL Mme ZEIMANOVSKI Sage-F. Colo jusqu'à 28.2.52, puis Mme A. JOHNSON Sage-Femme Africaine *Dr. A. SCHWEITZER* *Dr. de LANGE* (français) *Dr.G. SCHWEITZER* (neveu) *Dr. PERCY* (Hongrois) *Dr. VOYIKOFF* (U.S.A.)	Dr. MARTINAZZO

ANNEE	LAMBARENE	N'DJOLE
1953	Méd.Lt. BOURREL Mme A. JOHNSON Sage-Femme Africaine *Dr. A. SCHWEITZER* *Dr. de LANGE* (Français) *Dr.G. SCHWEITZER* (neveu) *Dr. PERCY* (Hongrois) *Dr. VOYIKOFF* (U S A)	Dr. MARTINAZZO jusqu'au 16.2.53, puis assuré une semaine par Méd.Lt. BOURREL
1954	Méd.Lt. BOURREL Mme A. JOHNSON Sage-F Afr.jusqu'au 22.7.54 *Dr. A. SCHWEITZER* *Dr. de LANGE* (Français) *Dr.G. SCHWEITZER* (neveu) *Dr. PERCY* (Hongrois)	Dr. CERVETTI arrivé le 6.1.54
1955	Méd.Cne.BOURREL jusqu'à 12.6.55 *Dr. A. SCHWEITZER* *Dr. de LANGE* (parti en 1955) *Dr.G. SCHWEITZER* (neveu) *Dr. PERCY* (Hongrois)	Dr. CERVETTI

En 1953, année glorieuse pour Schweitzer, quel était l'état des lieux dans la région de Lambaréné et du Moyen Ogooué ?

A N'DJOLE

- Un centre médical, hôpital africain avec une maternité.
- Capacité d'hospitalisation = 50 lits
- Population recensée = 6844 habitants

A LAMBARENE

Cet hôpital, que j'ai dirigé pendant quelques années, disposait de tous les équipements nécessaires à l'exercice de la médecine dans de bonnes conditions. C'était à Lambaréné le miroir de la Santé publique. Avec ses bâtiments neufs, bien entretenus, il préfigurait l'évolution de la santé dans le Gabon indépendant.
Un descriptif sommaire des locaux et des installations existant permet de mesurer l'exacte place de la santé Publique par rapport aux prestations offertes par Schweitzer. Cet aspect a toujours été passé sous silence, certains membres du personnel de Schweitzer ignorant même l'existence d'une autre formation sanitaire à Lambaréné.

1 – HOPITAL EUROPEEN

- Un pavillon technique avec étage, beau bâtiment, élégant et harmonieux avec bureaux, consultation, chirurgie, laboratoire, pharmacie et radio. A l'étage, hospitalisation européenne avec quatre grandes chambres, WC douches.
- Un logement pour le médecin chef.

2 – HOPITAL AFRICAIN

- Hospitalisation : neuf bâtiments capacité d'hospitalisation = 114 lits
- Maternité : capacité d'hospitalisation = 12 lits
- Dispensaire : pour les consultations.
- Bâtiments annexes (groupes électrogène de dépannage, morgue, magasins à vivres)
- Logement du personnel
  - Une case pour la sage-femme
  - Sept cases pour les infirmiers

- Capacité d'hospitalisation = 154 lits
- Population recensée = 17243 habitants

Quant aux installations, qu'en disait le rapport annuel 1953 destiné à la direction centrale à Libreville ?

Adduction d'eau.

« Une pompe refoule l'eau de l'Ogooué à 60 mètres de haut et sur une distance de 500 mètres dans un château d'eau constitué de trois cuves.

- La 1ère de 7 m³ servant à la décantation
- La 2ème de 5 m³ servant à la filtration
- La 3ème de 5 m³ servant à l'alimentation

Des conduites amenant l'eau à la division européenne, au laboratoire, au bloc opératoire, à la salle de pansements, à la maternité, au nouveau bâtiment d'hospitalisation, à la case du médecin et au four crématoire à pansements. Il existe deux points d'eau pour les malades, l'un à la sortie du réservoir, l'autre à proximité du nouveau bâtiment. »

Une installation d'eau chez Schweitzer en 1953 ?

Non ! Le docteur Trensz, un de ses premiers collaborateurs, voulut faire installer un épurateur, conscient du danger que représentaient pour la collectivité et la santé, les dysenteries, les amibiases, les diarrhées diverses transmises par les eaux polluées. Schweitzer qui souffrait d'une obstination maladive, n'acceptant pas le moindre avis, se cabra, eut le dernier mot. Ce fut donc non ! Trensz, dont la conduite s'opposait en tous points à celle de Schweitzer, ne put faire autrement que de le suivre sur le chemin dangereux de ses élucubrations. Vous prenez un risque terrible, en vous refusant à construire un épurateur. Il ne faut pas tenter le diable lui disait Trensz.

Schweitzer, excédé par une discussion qu'il trouvait inutile, lança à la tête de son assistant : *J'accepte ce risque.*[(43)]

Trensz, qui n'était pas venu pour se soumettre à l'autoritarisme de Schweitzer, ne s'éternisa pas à Lambaréné. *En lui parlant, je me suis demandé qui était fou, lui ou moi. Cet autocrate a une telle force de persuasion que vous en êtes complètement assommé.*[(44)]

43. In Edouard Nies Berger, *AS m'a dit*, p. 154.
44. Id., p. 154.

Quelques années plus tard, un jeune travailleur danois, découvrit de l'eau à six mètres sous la surface. Il eut à peine le temps de commencer à creuser que Schweitzer lui demanda de reboucher le trou. Un riche sud-africain, frère de Miss Clara Urquhart qui passa plusieurs années à Lambaréné, s'offrit pour payer l'installation de douches et WC avec tuyauteries pour l'évacuation. Il se vit fermement refuser cette offre, perçue par Schweitzer comme une insulte. Il refusait donc à sa communauté l'eau potable et l'assainissement, laissant planer sur l'hôpital la menace sanitaire. Comme s'il ne savait pas que l'absence d'eau potable c'est la maladie et souvent la mort ! Est-ce être grand docteur que d'avoir un comportement aussi absurde et qui fait froid dans le dos ? Schweitzer s'opposa toujours à tout, et il fallut attendre sa mort en 1965 pour que l'on fasse les premiers travaux d'installation d'eau.

Electricité

« Electricité à tous les bâtiments y compris les cases des infirmiers ».

Une installation d'électricité chez Schweitzer en 1953 ?

Non ! Il existait pourtant un groupe électrogène capable de fournir du courant dans tout l'hôpital. Il n'était utilisé que très sporadiquement pour la radio et la chirurgie. Alors qu'il était en congé en France, un de ses collaborateurs bien intentionné installa les fils électriques. Schweitzer de retour, furieux, pris des cisailles et sectionna le tout. Il s'y était toujours opposé, et comme pour l'eau, il fallut attendre sa mort en 1965, et même plusieurs années, pour que l'on fasse les premiers travaux d'électrification.

Schweitzer avait une véritable aversion pour tout ce qu'on voulait lui imposer et son grand âge n'est pas une raison suffisante pour lui trouver des excuses.

Je m'inscris également totalement en faux sur ce qui a été dit de la fréquentation de l'hôpital administratif. On ne le désertait pas pour se précipiter chez Schweitzer.

- En 1953, le docteur Bourrel était le médecin chef. Il faisait de la médecine, de la chirurgie et s'intéressait à la recherche, à la médecine préventive, à l'éducation sanitaire.
- En 1954, il publia une étude sur le traitement des parasitoses intestinales à nématodes, susceptible de recevoir une large

application dans les collectivités et surtout dans les écoles ou 80% des élèves étaient parasités.

- En 1953- 1954, il organisa une campagne de complémentation nutritionnelle lactée qui dura 8 mois. Six cents enfants en bénéficièrent et plus de trois tonnes de lait furent distribuées.
- En 1954-1955, en collaboration avec les équipes mobiles, la majorité de la population de Lambaréné fut prospectée et vaccinée contre la fièvre jaune et la variole.

Le Service de Santé administratif de Lambaréné et de la province du Moyen Ogooué disposait donc en l'an 2000 de ressources sanitaires importantes.

AU NORD : DEPARTEMENT ABANGA-BIGNE

- Chef lieu N'Djolé
- Population : 9000 habitants
- Un hôpital secondaire
- Un médecin

AU SUD : DEPARTEMENT OGOOUE ET LACS

- Chef lieu Lambaréné
- Populations : 32000 habitants dont 15000 à Lambaréné
- Un hôpital général provincial, 24 dispensaires et 3 centres de santé
- Des médecins

L'hôpital général fonctionne avec des services de médecine interne, de chirurgie, de pédiatrie, de maternité.

Le principal moyen d'action de l'organisation sanitaire reste cependant le service des grandes endémies, le secteur IV de la Province du Moyen Ogooué, et le service de médecine préventive. Autrefois, il avait à sa tête un médecin colonial, fonction peu valorisante à vrai dire, car c'était un obscur, un besogneux exerçant en milieu rural. Les docteurs Meunier et André, avec quelques infirmiers, une Land Rover, une pirogue et des bicyclettes portaient l'action sanitaire à domicile. C'était en Afrique une idée moderne qui n'avait jamais intéressé Schweitzer.

Aujourd'hui, Lambaréné et sa région ont plus besoin des services de médecine préventive et des actions de santé publique, que de structures à l'européenne et de soins hospitaliers curatifs. La multiplicité des dispensaires et des centres de Santé n'est qu'une illusion dans la satisfaction des besoins, sauf à y mettre un personnel soignant ayant une formation adaptée aux soins de santé primaires, des médecins aux pieds nus. Ce n'est pas le cas, avec la disparition des médecins coloniaux. Médecins et infirmiers africains, peu motivés par la brousse, refusent le plus souvent de servir hors de la capitale. Vu l'extrême dispersion des populations de la Province dans 143 villages, le Gabon a plus besoin des services de médecine préventive que d'hôpitaux.

Avec son PEV (programme élargi de vaccinations), aidé de l'OMS, de L'UNICEF, de la France et du Canada, et une diminution de la mortalité infantile, il signe une volonté politique et une prise de conscience des problèmes sanitaires du développement, permettant d'espérer un avenir meilleur.

Schweitzer : l'absence de projets

J'ai toujours eu la conviction que le docteur Schweitzer avait une compréhension limitée des problèmes de santé de Lambaréné, du Moyen Ogooué, de l'Afrique. Ce qui l'amena à faire de mauvais choix. Mais avec un diagnostic erroné, comment aurait-il pu faire une bonne prescription ? Il est évident qu'avec son hôpital, ses médecins, ses infirmières, ses nombreux serviteurs, il faisait un travail important ; mais un travail statique. Aussi son action ne fut jamais considérée comme probante. Il n'était guère rentable, du point de vue Santé Publique, de ne compter que sur le pouvoir d'attraction des hôpitaux. Il fallait aussi soigner les malades dans les villages ; ce qui impliquait la création d'une médecine itinérante avec ses équipes mobiles chargée des endémies et des vaccinations. De ce point de vue l'hôpital Schweitzer fut toujours sans projets.

La raison essentielle de ce raté Schweitzerien, c'est l'absence d'analyse sur le terrain et le refus de hiérarchiser les vrais problèmes de santé ; ce qui l'amena à se tromper de cible et à détourner ses moyens financiers et humains, pour des objectifs n'ayant rien à voir avec les urgences et les besoins de la région du Moyen Ogooué. Cette politique, menée pendant cinquante ans, fut le plus souvent contre productive, soit parce que faire le choix d'une pratique curative et individuelle était inadaptée et peu efficace, soit parce que la façon de concevoir l'hospitalisation de l'homme noir malade ne cessa de susciter l'hostilité de tous.

Certes, on était loin de ce concept pourtant capital du droit à la santé pour tous, revendiqué haut et fort par les responsables politiques de tous les pays d'Afrique. Le professeur Hamburger, éminent médecin français leur répondit : *Le droit à la santé est une notion purement philosophique. Vous aurez droit à la santé dans la mesure ou le pays dans lequel vous vivez pourra vous l'offrir.*

La santé pour tous n'était donc pas d'actualité et elle l'est encore moins aujourd'hui. Elle passait cependant par une rationalisation des soins, et devait être présentée en termes d'intérêt général, « pour empêcher le plus d'hommes possible de mourir. » Tout ceci Schweitzer ne l'avait pas compris, même en 1965. Ou alors, il n'en voulait pas, car c'était remettre en cause sa propre conception de la santé et surtout le confort dans lequel, tous, médecins et infirmières, s'étaient installés.

L'inconvénient du système Schweitzer c'était d'avoir crée une formation privilégiant une pratique curative et individuelle au lieu d'être préventive et collective. Ce qui étonne beaucoup chez le docteur Schweitzer, c'est son peu de goût pour l'action médicale, son absence de réactivité devant les grands problèmes qui menaçaient la santé publique, et l'immobilisme dont il fit preuve toute sa vie. En 1919, dans son sermon du 4 avril, il énonçait pourtant avec force le principe de l'action : *Et surtout, restez toujours en pleine action (...) que vaudrait un homme qui n'agit pas (...).*[45]

Il fallait se bouger et, pour être efficace et novateur, penser la médecine autrement. Pourquoi Schweitzer ne s'est-il pas intéressé à une médecine plus circonstancielle ? Pour une raison très simple : s'entourer de médecins blancs, de dames blanches, soigner des ulcères, comptabiliser les opérations chirurgicales et le faire savoir, flatter les médias, montrer le Noël des lépreux à la télévision, était plus efficace et plus valorisant que de parcourir le pays pour dépister, ficher, traiter, vacciner, parler d'hygiène ou d'allaitement. C'est pourtant de cette médecine là que le Gabon avait besoin. Y sévissait également la syphilis et toutes les autres maladies sexuellement transmissibles aux conséquences désastreuses sur la fécondité et la démographie de ce pays. Tous les médecins coloniaux étaient

43. AS, *Vivre*. p. 117.

formés à la médecine préventive, *aux effets peut-être moins visibles, moins spectaculaires, mais c'est encore elle qui, à long terme, sauvera le plus de vies humaines.*[44]

Qui tenait ces propos ? Le docteur Munz, collaborateur de Schweitzer

Pourquoi Schweitzer n'a-t-il rien fait pour sauver le plus de vies humaines possible, alors qu'il existait à l'hôpital, en 1961, 5 médecins, 12 infirmières blanches, et 40 infirmiers, infirmières, aides sages-femmes et laborantins africains ? Je rappellerai simplement que c'est bien lui qui, en 1927, 35 ans plus tôt, disait : *Puisque les malades de cette région ont tant de mal à venir à nous, c'est à nous d'aller vers eux.* *

Pourquoi après la mort de Schweitzer, le docteur Munz, qui n'ignorait rien des vrais problèmes de santé du Gabon, ne songe-t-il pas à créer une antenne mobile « Albert Schweitzer » et faire de l'hôpital, non seulement un lieu de soins, mais également un lieu d'éducation et de prévention ? Quel gaspillage d'énergie et de moyens !

C'est pourtant ce qui est fait aujourd'hui avec le nouvel hôpital et ce qu'a fait la santé publique depuis longtemps.

Schweitzer avait importé d'Europe une pratique médicale qu'il croyait être la bonne et détourna son regard des réalités qu'il avait à affronter. Les politiques sanitaires changeaient, s'inscrivant dans une évolution générale de la société. Il fallait avoir une vision d'avenir du fonctionnement global du système de santé et s'adapter. Il ne le fit pas. Isolé dans son coin, refusant toute intégration à une politique sanitaire sur le territoire, il fut tout à fait marginal en Afrique car il ne sut ni précéder ni accompagner les mutations de l'action sanitaire. Schweitzer avait de la santé en Afrique une vision étriquée, avec une absence totale de perspective.

Lambaréné et sa région étaient-ils donc privilégiés ?

Oui, même très privilégiés par rapport au reste du Gabon qui pourtant consacrait de nombreux millions à la santé publique. A Lambaréné, il y avait pléthore de médecins et de personnel de santé, comme nulle part ailleurs en Afrique. Aucun endroit ne bénéficiait

---

2. Walter Munz, ES n°5, p. 45.

*. AS, cité par Marco Koskas, *AS ou le démon du bien*, p. 248.

à cette époque d'un tel avantage. La présence de Schweitzer n'expliquait donc pas tout. Lambaréné avec ses deux hôpitaux, la région du Moyen Ogooué avec ses nombreux dispensaires et le centre médical de N'Djolé étaient sûrement au Gabon et même en Afrique l'endroit où il y avait la plus forte concentration de personnel de santé. Aussi, avoir laissé croire que, sans Schweitzer, les populations noires seraient restées sans soins, est une véritable imposture. Même s'il ne l'a jamais prétendu, il s'est pourtant bien gardé de dire tout haut que cela était sans fondement. Je pense même que le système qu'il avait mis en place dans les années trente, était, d'un point de vue santé publique, parfaitement superfetatoire.

9
Le praticien de Lambaréné

J'ai connu trois Grands de ce monde,
Einstein, Gandhi, Schweitzer: trois fous.
Mme Ika Polpon Présidente
du Centre International de l'Enfance,
de passage à Lambaréné en 1964.

Un médecin ordinaire

De Schweitzer on peut faire bien des portraits. Celui du médecin de Lambaréné n'est pas le plus convaincant.

Que dire alors de sa vie de médecin ?

Il ne la réussit pas très bien car ses qualités d'homme de Dieu ne suffirent pas à en faire un grand docteur. C'est pourquoi, elle suscita, de la part des connaisseurs, beaucoup de critiques et bien peu d'éloges.

Que l'on ne s'y trompe pas ! Schweitzer était un intellectuel, un penseur, missionnaire et prédicateur. Alors qu'on le croyait médecin praticien en Afrique, il fut surtout artisan à Lambaréné. De façon à peine caricaturale, on pourrait dire qu'il fut surtout un manuel, un authentique chef de chantier, maçon et charpentier, et qu'il mena ses ouvriers avec une sévérité et une autorité redoutables. *La nuit je rêve de briques.*[(1)]

Sa conversion tardive, obligée, assez incompréhensible, explique parfaitement le peu d'intérêt du médecin de Lambaréné pour la médecine tropicale qui ne fut pas sa raison de vivre.

1. AS, cité par Marco Koskas, *Albert Schweitzer*, p. 238 Lettres de l'hôpital.

L'action sanitaire, adaptée aux problèmes du moment et du terrain, ne fut pas non plus sa préoccupation première. Il ne publia jamais aucun article médical utile. Il ne participa ni à la recherche ni à la formation des infirmiers et des médecins africains. Il ne prit jamais à son service un seul médecin noir. Alors qu'il s'interrogeait déjà en 1931 et déplorait le manque de personnel de santé, pourquoi ne le fit-il pas ? *Ne pourrait-on pas trouver le personnel nécessaire en formant des infirmiers indigènes ? Il va de soi que l'accès à la carrière médicale doit être ouvert à l'élite des populations coloniales.*[2]

Sa vie de médecin colonial, Schweitzer la commença sur le S/S Europe qui le menait de Bordeaux à Port Gentil. Il s'était embarqué le jour de Pâques 1913 avec sa femme Hélène et 70 caisses de matériels et médicaments dont il aurait besoin pour débuter. Sur le bateau, il rencontra un médecin militaire, preuve qu'il y en avait bien avant lui. Déjà un peu âgé, vrai médecin colonial, qui après son congé en métropole, repartait en Afrique prendre du service. Peut-être avait-il fait une cure thermale à Vichy ou Châtel Guyon, souffrant de paludisme ou de dysenterie ! *Il m'a été très précieux de faire la connaissance d'un médecin militaire qui a vécu douze ans déjà en Afrique Equatoriale et va maintenant diriger l'Institut Bactériologique de Grand Bassam en Côte d'Ivoire. Sur ma demande, il me consacre deux heures chaque matin, passe en revue avec moi la médecine tropicale et me met au courant de toutes ses tentatives et ses expériences. Il considère comme fort nécessaire que des médecins indépendants, en nombre aussi grand que possible, se dévouent volontairement à la population indigène.*[3]

Voilà Schweitzer conforté dans sa décision ! La traversée fut donc une découverte et il en enregistrait tous les détails. Il écouta son confrère et un autre vieil africain lui donner quelques conseils à propos de la vie sous les tropiques ; d'abord ne jamais sortir sans son casque colonial, à cause des insolations. *A partir d'aujourd'hui, jeune ami me dit-il, vous devez considérer le soleil comme votre pire ennemi, même lorsqu'il n'est pas brûlant, que ce soit à son lever, au milieu du jour ou à son coucher, que le soleil soit clair ou couvert.*[4]

---

2. AS, cité in *ES n°7*, p. 30. Extrait d'un conférence de Schweitzer, publié dans la Revue des deux mondes. Sept. 1931.
3. AS, *A l'orée de la forêt vierge*, p. 31.
4. Id., p. 32.

Tous les vieux coloniaux ne le quittaient jamais, car ils avaient plus peur du soleil que des eaux de vie ou du cognac à l'eau.

Plus jamais Schweitzer ne quitta son chapeau de feutre ou son casque colonial et obligea son personnel à le porter, même à l'ombre des grands palmiers de son hôpital. De 1963 à 1966, je ne l'ai jamais rencontré autrement qu'avec son couvre chef. Il tenait beaucoup au casque colonial parce qu'il se croyait encore au temps de la conquête. S'il voulait toujours l'imposer, c'était pour s'imposer lui-même.

Pourtant, sous ce climat équatorial, vivre à l'hôpital Schweitzer en 1913 comme en 1965 ne présentait guère de risques d'insolation. Les rebelles au port du casque, sa fille Rhéna et le Docteur Müller, le faisaient fâcher. Müller me raconta qu'un jour il fut convoqué dans la chambre de Schweitzer pour s'entendre dire : *Tu ne veux pas mettre ton casque, alors tu veux faire de la peine à un vieil homme !*

Pendant 27 ans de ma vie Outre-Mer, dans la brousse ou ailleurs, je n'ai jamais porté le casque colonial, bien trop lourd, inconfortable, et à mon avis plus nuisible qu'utile. J'avais parfois un chapeau de paille léger si je devais me tenir au soleil. En 1975, le Docteur Christol, de passage à Lambaréné, notait « que le port du casque colonial n'est plus de mise et personne ne s'en porte plus mal ».

Après une traversée sans histoires qui permit à Schweitzer d'avoir ses premières impressions sur l'Afrique, il débarqua à Port Gentil le 14 avril 1913. Il remonta ensuite le fleuve Ogooué, à bord du vapeur Alembé, et arriva à Lambaréné. Comme rien n'était prêt pour le recevoir, il s'appropria le poulailler, proche de sa maison. Il lui fallait recruter « un infirmier ». A défaut de l'instituteur qui aurait bien voulu devenir son assistant, ce fut un cuisinier de Port Gentil, Joseph, qui fit l'affaire, servant également d'interprète et transposant à la pathologie des consultants un vocabulaire qui n'avait rien de médical : un tel souffrait de douleurs à la dernière côtelette, tel autre avait un problème à son jambon droit...

Il conseillait également à Schweitzer de *renvoyer les malades qui selon toute apparence ne pouvais pas être guéris* [5]. Si au début il ne pouvait être d'accord, il compris très vite que Joseph avait

5. AS, *Ma vie et ma pensée*, p. 152.

raison. *Pourtant je dus convenir plus tard qu'il avait raison sur un point au moins. Chez les primitifs, il ne faut jamais essayer de donner espoir au malade ni aux siens quand il n'y a plus rien à espérer* [6].

Sa femme Hélène, infirmière, qui s'occupa d'abord du linge et de l'administration, fut également chargée des objets de pansements. L'instituteur qui arriva plus tard fut embauché comme secrétaire.

Au bout de quelques mois de rodage, le train-train s'installait et Schweitzer ne faisait pas de miracles. Il était seul et bien démuni, soignait toujours, soulageait souvent, guérissait quelquefois, et bien souvent restait impuissant devant la maladie, la détresse et la mort. Compte tenu de son inexpérience il faisait cependant face. Dans son poulailler, où il reçut très vite une trentaine de malades chaque jour, et avec des moyens peu importants, il essayait d'organiser sa vie. Il mettait un peu de discipline et les malades étaient tenus de connaître le règlement qu'il institua sur le domaine de la mission. C'était ses commandements. Les articles de ce règlement étaient lus chaque matin devant les malades et traduits en deux langues locales. Il ne fallait ni cracher par terre, ni parler à haute voix, ni passer la nuit sur le territoire de la mission, ni déranger le Docteur lorsqu'il écrivait ! Schweitzer afficha d'emblée sa détermination ; comme il n'avait pas terminé son œuvre théologique et philosophique, il ne pouvait pas consacrer tout son temps aux malades. Au milieu du mois, lorsque le bateau remontait de Port-Gentil, il fallait même « s'abstenir, pendant quatre jours, de venir chez le médecin ». L'article 6 précisait que les lundi et jeudi, de 14h à 16h, étaient réservés aux pansements, alors que les mercredi et vendredi après-midi étaient dédiés aux consultations. Les urgences étant admises bien sûr tous les jours, encore fallait-il être « gravement malade ». Les Africains, peu sensibles à ce calendrier, à cette discipline, considéraient qu'il y avait toujours urgence lorsque le « ver » se manifestait. Il y avait le petit « ver », celui du bas ventre et de la tête, traduisant chez les femmes douleurs pelviennes, et pour tous les céphalées. Le grand « ver », c'était celui des douleurs thoraciques et des pneumonies très fréquentes.

J'ai vécu des décennies plus tard les mêmes situations. Le « ver » était toujours là et les pathologies n'avaient guère changé. Les plaintes des malades, mieux informés, étaient peut être un peu

6. Id., p. 152.

différentes. Même bénignes, il me fallait écouter, avec patience et même parfois avec agacement, compte tenu du verbiage employé et du nouveau contexte politique. Sûrement que Schweitzer ne s'embarrassait guère de telles précautions. Il me fallait en effet accéder à la demande de ceux qui, souffrant de constipation opiniâtre, m'attendaient de pied ferme à la consultation de 8 heures. Ils ne pouvaient pas « chier » ! Un tel n'était pas allé à la selle depuis 6 heures du matin, alors que l'autre ressentait douloureusement ses excréments qui lui faisaient « comme un bâton dans le dos. ». Les troubles du transit étaient en effet très fréquents ; à cause d'une alimentation trop riche en féculents, (riz, taros, patates, ignames) ; à cause d'un polyparasitisme important ; à cause également d'une coutume qui consistait, chez les tout petits portés dans le dos par les mères, à pratiquer de petits lavements pimentés afin de créer une irritation et un resserrement du sphincter anal pour qu'ils soient propres.

L'absentéisme était une des plaies de l'Afrique. Quand on demandait où était l'absent, on avait toujours la même réponse ; il va arriver, ou il est malade, ou « il cabine ». On ne disait jamais « il est à la selle ». « Cabiner » était un verbe que l'on conjuguait à tous les temps et on cabinait beaucoup, ce qui constituait un des motifs essentiels des absences. Je riais de cette langue française mal maîtrisée et gabonisée par l'africain.

Il me fallait supporter l'éthylisme d'Iguendja, mon comptable, qui avant d'arriver au travail avait avalé quelques calebasses de dolo, alcool de mil fermenté. Il me fallait faire front lorsqu'un jeune plein d'arrogance, le regard caché par des lunettes noires, exigeait que je lui fasse en urgence une radioscopie du thorax pour le grand ver qui le piquait. Parce qu'ils avaient fréquenté les écoles, les jeunes, depuis longtemps, ne voulaient plus être traités comme des noirs ordinaires. Ces malades, Schweitzer les chassait sans le moindre ménagement!

Comme je refusais, il campait devant mon bureau et me provoquait. *Je suis autant que toi, je suis certifié !* Il avait le certificat d'études.

Ma réflexion d'aujourd'hui ? C'était peut être sa façon à lui de rompre brutalement, et de façon maladroite, avec une période coloniale qu'il avait bien peu connue.

Il me fallait me garder de la nouvelle politique. Je faisais partie des anciens colonisateurs - ce qui n'était d'ailleurs pas juste car j'avais commencé ma carrière au moment des indépendances - et portais sur mes épaules des ancres de marine. Comme me le dit un jour l'Ambassadeur de France à Libreville en visite à Lambaréné : *Si vous avez une histoire, c'est vous qui serez tenu pour responsable.* C'était clair ! Il fallait faire son mea culpa, et seulement trois ans après l'Indépendance, se flageller et se repentir d'avoir été le colonisateur. Quel courage Monsieur l'Ambassadeur ! C'était sa manière à lui d'exorciser son passé d'ancien Administrateur des colonies.

Je faillis quitter Lambaréné à cause d'une employée de la cuisine de l'hôpital, sous prétexte qu'elle était la maîtresse d'un fonctionnaire noir. Elle n'était jamais présente à son travail, et comme je la menaçais de licenciement, je fus moi-même menacé d'avoir à reprendre le chemin de la Métropole. Le Préfet, métis sympathique, me donna un billet d'avion pour Libreville où je fus obligé d'aller m'expliquer devant le Ministre de la santé.

Après 27 années de vie outre mer au service des populations civiles, j'imagine bien le quotidien de Schweitzer en 1913, dans son poulailler de la mission. Lui qui n'avait, avant son arrivée, pratiquement jamais eu un seul malade entre les mains, était confronté du jour au lendemain à une pathologie dont il n'avait que de bien maigres connaissances. Débarquant de métropole, il devait même être effrayé par les fièvres, les purulences, les lépreux aux mains et pieds rongés, les sommeilleux amaigris et apathiques, et par tous les fous, déments et aliénés auxquels il devait faire face.

Lors de mon séjour, je fus reconnaissant à Schweitzer de me prendre les fous dangereux qui se présentaient chez moi. Même les gendarmes africains n'osaient pas les approcher pour les capturer tant ils avaient une force herculéenne. Que faisait Schweitzer ? Il les enfermait dans de solides cabanons et en guise de contention leur administrait des neuroleptiques à fortes doses. A ses débuts, il avait construit avec de solides poutres et du grillage. Malgré cela, ils arrivaient à s'évader en creusant le sol avec leurs mains. Lorsque ces fous faisaient un peu trop de tapage, il les exilait loin de son hôpital. *Pendant la saison sèche, il est facile de trouver une solution à ce problème. Je fais camper mes aliénés et ceux qui les accompagnent à 600 métres environ.*

7. AS, *A l'orée de la forêt vierge*, p. 67.

La psychiatrie africaine était un vrai mystère. Même la médecine blanche n'y pouvait pas grand chose. Mieux valait laisser les sorciers s'en occuper.

Je repensais aussi à tous les enfants anémiés, au gros ventre plein d'ascaris. Pour assouvir leur faim, ils mangeaient de la terre et la géophagie était très fréquente chez les plus jeunes. Il me fallut un jour en opérer un qui était en occlusion. Je sortis de son abdomen une bassine de ces parasites. Que pouvait Schweitzer à ses débuts contre tout cela ? Avec son infirmier, il soignait les blessures et les ulcères très nombreux. *Les deux tiers des pensionnaires de mon hôpital sont là pour des ulcères.*[8]
C'était son activité principale, estimant qu'il était gratifiant de soulager son prochain, simplement en faisant des pansements. Les bandages, pas seulement souillés par les purulences mais aussi par la terre et la boue, les Africains marchant pieds nus, étaient récupérés et lavés par les accompagnants. Dans les années 50 et 60, le problème était toujours le même. Schweitzer persistait à faire ses pansements plutôt que de prévenir la formation de ces vilains bobos. Le Docteur Penn, éminent chirurgien sud-africain, en visite à Lambaréné, avait bien compris le problème. *A mon point de vue, le problème ne sera résolu que lorsque l'on aura fourni à chaque indigène une paire de sandales. Mille paires de sandales en cuir feraient peut-être plus de bien à l'hôpital Schweitzer que tous les antibiotiques dont il est abreuvé.*[9]

Le stock qu'il avait amené avec lui n'étant pas inépuisable, il fallait économiser. Il continua d'ailleurs à le faire jusqu'à sa mort. Le pansement jetable n'existant pas, je faisais la même chose, si les accompagnants de mes malades acceptaient de le faire. Schweitzer pouvait utiliser des méthodes coercitives que je ne pouvais pas me permettre, vu le contexte politique du moment.

La pharmacopée était si pauvre à l'époque de son arrivée, qu'il ne pouvait rien faire d'autre que distribuer potions et comprimés. Les produits pharmaceutiques, pour autant qu'ils s'y prêtent, s'y trouvent sous forme de comprimés ou de granules, pour que les médecins ne perdent pas de temps à se servir de la balance.[10]

---

8. AS, cité in *ES n°7*, p. 112. Lettres de l'hôpital. Oct. 1922.
9. Dr Penn, cité par Gérald Mac Night, *Le docteur Albert Schweitzer*, p. 257.
10. AS, cité in *ES n° 7* p. 38. Schweitzer prétendait pourtant que « La pharmacie de mon hôpital est aussi bien fournie que celle de maints hôpitaux d'Europe ».

Les médecines injectables étaient rares. Même plus tard, lorsqu'il recevait des médicaments par milliers et par caisses, il se méfiait beaucoup de ces formules modernes dont il redoutait, chez les gens à la constitution fragile, les effets secondaires. *J'utilise les médicaments avec prudence, et aussi peu que possible... Je crois aux méthodes naturelles dans le traitement des maladies – C'est le Docteur Gerson qui me disait ; restez proche de la nature et ses lois éternelles vous protégeront.*[11]

Il se trompait, car en Afrique c'était la nature et l'environnement hostile qui étaient responsables des agressions et des maladies. Avec ses méthodes naturelles, il ne fut pas toujours très efficace. Il encourageait même parfois des pratiques peu recommandables, comme l'administration d'un produit du Docteur Solomidès à une européenne de Lambaréné atteinte d'un cancer. On se souvient de cette escroquerie.

Pour s'assurer que ses prescriptions seraient bien avalées, il avait imaginé un système de carton numéroté, suspendu au cou de chaque malade, avec le même numéro que celui consigné sur son cahier de soins. *La plupart des malades portent suspendu au coup le disque de carton numéroté, en compagnie de la plaque métallique percée, attestant qu'ils ont payé au gouvernement pour l'année courante, leur impôt de capitation de cinq francs.*[12]
Les malades étaient attentifs à la présence de ce collier, le considérant comme un grigri, ce qui lui facilitait grandement le travail. Au cours de la décennie 60, j'ai connu le même fonctionnement de la consultation à l'hôpital Schweitzer. Pas d'innovations !

Si on ne peut lui reprocher d'avoir fait différemment à ses débuts, ne s'occupant que des malades, les années passant et ses moyens devenant de plus en plus importants, il aurait dû s'intéresser aux maladies, aux endémies qui ravageaient le pays, à la malpropreté, à l'ignorance. Dans cette région où proliféraient vermines, bactéries et parasites, il continua, malgré les changements auxquels il fallait s'adapter, à faire ses petits soins. Il était venu simplement assister les noirs. Voilà donc son activité essentielle.

---

11. AS, cité par Edouard Nies Berger, *AS m'a dit*, pp. 139-140. Comme Schweitzer estimait que les milliers de médicaments qu'il recevait chaque année avaient des effets secondaires dangereux, il ne les utilisait pas.
12. AS, *A l'orée de la forêt vierge*, p. 53.

A la chirurgie il fut confronté pour la première fois avec une hernie étranglée. Il ne s'en tira pas mal, grâce à sa femme infirmière, et peut-être grâce à Dieu. Voici ce que rapporte un témoin : *Schweitzer devant toute l'assemblée noire et blanche a joint les mains et fait une prière simple et sincère pour implorer la bénédiction de Dieu.*(13)

J'ai fait de la chirurgie en brousse. J'ai été chirurgien en milieu hospitalier, Adjoint en service chirurgie à l'hôpital de Brazzaville, - plus de 300 lits de chirurgie - Chef du service de maternité et de chirurgie gynécologique à l'hôpital de Papeete. Je ne peux pas croire tout ce qu'on a raconté à propos de Schweitzer et de la chirurgie. Même s'il faut parfois « y aller » pour sauver le malade, on ne s'improvise pas chirurgien comme ça ! Schweitzer était d'ailleurs peu loquace à ce sujet. Il faisait des interventions, des hernies, un point c'est tout. On ne sait rien de sa technique, de ses angoisses, des différentes autres sortes d'interventions qu'il pratiquait. Si ses biographes ont cherché à nous abuser sur ses activités chirurgicales, je crois que lui fut dès le départ conscient de ses capacités plutôt bien modestes. *En fait d'opérations, on n'entreprend naturellement dans la forêt vierge que celles qui sont urgentes et promettent un succès certain. Les plus fréquentes sont les hernies.*(14)

Autrement dit, il ne prenait pas de risques et je le comprends. Alors qu'on ne nous raconte pas des balivernes ! Lorsqu'il relate son intervention sur la hernie étranglée, il ne dit pas s'il eut à lever simplement l'obstacle, ou s'il lui fallut faire une résection intestinale, le malade ayant, avant de venir, consulté le sorcier qui s'était livré à toutes sortes de manœuvres. Généralement les malades arrivaient trop tard, au stade de perforation et même de péritonite. A mon avis, il ne fit que lever l'obstacle, car s'il avait eu à faire une résection, il aurait longuement disserté à ce sujet, et le dire n'est pas la preuve que l'on est contre Schweitzer. La mortalité était très élevée. Aussi, lorsque je lis, « Il convient de souligner le taux particulièrement faible d'infections opératoires, ainsi que celui de la mortalité en général », si je ne doute pas du bon équilibre psychologique de l'auteur, je suis certain de sa volonté de désinformation. Ses jeunes médecins savaient, bien qu'en 1924, son

13. Victor Nessmann, *Avec AS*, p. 68. lettre du 31 Oct. 1924.
14. AS, *A l'orée de la forêt vierge*, p. 117.

premier assistant Victor Nessmann, seul à l'hôpital, laissa mourir un malade pour ne pas avoir su faire -ou voulu faire- une anastomose intestinale termino-terminale -raccordement de l'intestin bout à bout- pourtant bien simple. *Seul, je ne veux pas la tenter. Ce serait trop risqué. Nous préférons laisser mourir les gens de mort naturelle, plutôt que de rater celle ci par une aventureuse intervention. Nous attendons d'avoir une série de réussites qui assureront notre réputation ! C'est une bonne politique, la seule juste ici, et Schweitzer à le mérite de l'avoir adoptée dès son premier séjour.*[15] C'est un calcul assez étonnant, mais je pense qu'il s'agissait de la part de Schweitzer d'une politique mûrement calculée. Il cherchait, en faisant du sensationnel, à d'abord asseoir sa réputation, délaissant sur le terrain la lèpre, la variole, la maladie du sommeil.

Pour la première fois, sa femme Hélène avait administré le chloroforme afin de « tuer » le malade, ce qui impressionnait beaucoup les noirs. Un missionnaire lui servait d'assistant et par chance son malade survécut. Pourquoi ne se servait-il pas de Joseph, son infirmier, probablement plus compétent que le missionnaire pour tenir pinces et ciseaux ? Cet acte était déjà sans doute réservé aux blancs, comme ce fut toujours le cas dans son hôpital ; les Africains n'intervenant que pour faire bouillir l'eau de la stérilisation et faire le ménage de la salle d'opération.

On a attribué à Schweitzer, dès le début, d'autres interventions, comme les tumeurs éléphantiasiques, les goitres. C'est faux ! Il s'agit d'interventions lourdes et mutilantes, risquées, demandant une technicité que Schweitzer n'avait pas. Si, dans ses ouvrages, il en décrit la technique opératoire, c'est parce qu'il reproduit celle mise au point en 1909, dans le bassin de l'Ogooué, par deux médecins militaires les docteurs Ouzilleau et Jaureguiber. Il ne nous dit rien également des césariennes. Pourtant très fréquentes, et qu'il fallait faire en urgence le plus souvent, si on ne voulait pas voir mourir la mère ou l'enfant ou parfois les deux. Jamais le mot césarienne n'est prononcé dans ses écrits. A mon avis, il ne savait pas la pratiquer. Par manque de connaissances, de moyens, de personnel, comment Schweitzer aurait-il pu se fourvoyer dans de telles aventures ?

---

15. Victor Nessmann, *Avec AS*, p. 169. Lettre du 07-01-1925.

Pour moi qui connaissais les lieux, les matériels, le personnel, l'absence de réanimation, l'Afrique, et surtout les conditions de l'hébergement post-opératoire, je finissais par me poser la question de savoir si effectivement on ne faisait pas des « expériences » à l'hôpital Schweitzer. Ses jeunes médecins se livraient-ils à des « expériences » sur les malades ? C'est peut-être vrai, car une réflexion de Schweitzer semblerait accréditer cette hypothèse. *Je peux me permettre d'innover. J'ai les épaules assez larges pour cela.*(16)

Pendant ma présence à Lambaréné je n'eus pas à connaître de faits semblables, à part des traitements fort mal conduits. Les Africains pensaient qu'effectivement il se passait des choses à l'hôpital Schweitzer. J'y crois également car j'avais entendu parler d'interventions chirurgicales qui manifestement n'étaient pas de la compétence des chirurgiens de l'hôpital. Voilà ce qu'en dit aujourd'hui le Directeur de l'Hôpital Régional, Médecin Chef de la Région du Moyen Ogooué : *S'il est vrai que par moments il a fait de certains malades des cobayes, cela reste à vérifier car je ne suis pas un témoin oculaire et si cette hypothèse est vraie, c'est peut-être pour les besoins de la science médicale.*(17) *(! ! !)*
Je pense que Schweitzer ne fit donc que le strict nécessaire. Il n'avait pas de formation car il n'avait que très peu fréquenté les services hospitaliers de Strasbourg, ne connaissant à son arrivée que peu de choses de la pathologie exotique et encore moins de la chirurgie.

De ses erreurs, de ses échecs, des décès, je ne savais rien. De peur de le mettre en difficulté, je ne l'interrogeais jamais sur ses débuts dont je savais bien qu'ils avaient dû être très difficiles, car il était bien peu instruit de ce qu'il entreprenait..

Cette période, concernant son activité médicale, reste donc assez mystérieuse. Alors qu'il s'expliquait beaucoup sur ce qu'il faisait en théologie, en philosophie, et sur les livres qu'il était en train d'écrire, il ne communiquait rien en dehors de ses petits soins.

---

16. AS, cité in ES n°7, p. 174. Le Dr Margaret Van Kreek, hollandaise, se rendit à Lambaréré pour répondre à l'appel de voix interieures. Malgrès une insuffisance de formation, elle fût, grace à sa beauté et sa bonne humeur permanente, promue chirurgien chef.
17. Correspondance personnelle. Lettre du 02-08-2001 de Mr le Médecin chef, directeur de l'hôpital régional de Lambaréné.

Même si cela peut paraître un raccourci, c'est pourtant sa seule activité médicale réelle pendant les 18 mois qui précédèrent la déclaration de la guerre de 1914.

Il n'est pas inutile de s'attarder encore quelque peu sur ce premier séjour de Schweitzer à Lambaréné d'avril 1913 à septembre 1917. Coupé de ses ressources financières, son stock de médicaments épuisé depuis longtemps, très souvent absent de Lambaréné pour raisons de santé, il est facile d'imaginer que son activité médicale fut réduite au plus strict minimum. Comme son hôpital se réduisait également à un poulailler et un petit local annexe qu'il avait fait construire, je pense pouvoir dire que ce premier séjour ne fut que le prélude à son installation définitive en 1924.

On peut regretter qu'il ait été un peu maltraité, mais est-ce anormal ? Il était citoyen allemand, trublion et suspect pour l'administration française.

Contre son gré, Schweitzer fut donc bien peu efficient pendant cette période. Comme il était allemand, sa nationalité lui valut bien des déboires. Suspecté de comploter contre la France, dès le début des hostilités, il fut arrêté et emprisonné jusqu'en novembre 1914. Relâché quelques mois plus tard, et mis sous surveillance, il fut autorisé à pratiquer les soins les plus urgents.

En 1917, comme l'Administration française voulait en finir avec lui, il reçut l'ordre de plier bagages. Embarqué sur « l'Afrique », on le plaça en quarantaine. Débarqué à Bordeaux il fut d'abord déporté à Garaison dans les Pyrénées puis enfermé à Saint Rémy de Provence où, à défaut de médecin, il était autorisé à délivrer des soins. Ce fut son châtiment.

Libéré en 1918, par échange de prisonniers avec l'Allemagne, il était, du fait de la victoire de la France sur l'Allemagne, devenu français et rentra chez lui en Alsace jusqu'en 1924.

Pendant ces sept années d'absence, les populations de Lambaréné et du Moyen Ogooué, même si elles eurent à souffrir de l'absence du Docteur Schweitzer, ne restèrent pas sans assistance. Les nombreux dispensaires catholiques et protestants faisaient des soins. Les deux médecins militaires du corps de santé colonial, même s'ils n'étaient pas assez nombreux, étaient là à Lambaréné et à N' Djolé.

Intermède

Au cours des XIXème et XXème siècle, l'Alsace Lorraine ayant changé plusieurs fois de propriétaire, on aurait pu penser que Schweitzer serait devenu un hybride franco allemand. Non ! Il était de tempérament germanique, très germanophile. Sa vraie langue était l'allemand ou l'alsacien dont il usait au quotidien. Le français était utilisé à Lambaréné comme langue de courtoisie pour les visiteurs et comme langue de commandement pour les Africains. J'avais d'ailleurs remarqué que Schweitzer passait facilement, selon le moment et l'humeur, d'une langue à l'autre.

Durant les années 20-24, la France méfiante, se montra peu accueillante et s'il donnait des concerts en Belgique, en Angleterre, en Suisse, en Allemagne, il ne se produisait pas dans l'Hexagone. Même les missionnaires parisiens ne lui faisaient pas les yeux doux, cherchant pour Lambaréné un autre médecin au cas où il aurait l'intention de revenir. Il le savait. L'administration coloniale, également, ne voulait pas de lui. Elle envisagea même, en guise de parade, de démonter un ensemble de bois qui se trouvait à N'Djolé, à 100 km au nord, de le transporter sur le fleuve, et de le remonter à Lambaréné, pour en faire un hôpital afin de concurrencer Schweitzer. Le projet échoua, et l'hôpital Schweitzer resta encore pendant un ou deux ans la seule formation sanitaire présente à Lambaréné.

Dépressif et découragé, il se soignait des fatigues, des vexations, des humiliations accumulées pendant les quatre années de guerre. Compte tenu de ses antécédents, il fut même menacé d'être reconduit à la frontière et expulsé vers l'Allemagne, car il figurait sur une liste d'alsaciens indésirables en France. Sans l'intervention du Ministre Français des Colonies et de Charles Marie Widor, c'était le sort qui lui aurait été réservé. Craignant des remous aux yeux de la Communauté Internationale, la France ne prit pas de risques.

Comme Schweitzer savait qu'un jour il repartirait, que fit-il de son temps pendant cette période de 1918 à 1924 ? Elle fut, c'est sûr, la plus noire de sa vie, car il allait se trouver au cœur d'évènements qui ne pouvaient le laisser indifférent. En effet, en application du traité de Versailles, les territoires rhénans devaient être occupés par les troupes des nations Alliées. La France envoya donc, sur la rive gauche du Rhin, plusieurs régiments des troupes coloniales, des soldats noirs, ce qui ne manqua pas de faire éclater une violente campagne contre les troupes d'occupation. Ainsi Schweitzer vécut, de 1918 à 1924, dans une ambiance de délire raciste, pendant laquelle l'Allemagne, l'Angleterre, la Suède, et bien d'autres pays s'élèveront d'une seule voie contre la « Honte Noire » pour condamner l'outrage fait à la civilisation allemande. Même en France, l'Allemagne avait trouvé des appuis. Déjà en 1915, en plein conflit, Romain Rolland, pacifiste et ami de Schweitzer, ne manquai pas de s'indigner de l'utilisation de « hordes sauvages » contre un « grand peuple d'Europe »

De quoi s'agit-il ? Pour les Allemands, utilisant un discours de haine, les soldats noirs terrorisaient les femmes rhénanes par leur « bestialité sexuelle », et étaient qualifiés « d'hommes singes du continent noir », « d'indicibles monstres », « de hyènes noires », de « bêtes en uniforme ». Ils étaient la « Honte Noire ». Que pensait de ces propos le docteur Schweitzer, lui qui, pendant quatre ans, à Lambaréné avait eu l'occasion de connaître les noirs ? Il aurait du s'insurger, et de façon véhémente, contre tous les propagandistes de la Honte Noire, car il savait bien que les noirs ne commettaient pas d'atrocités sexuelles dans son pays, et que les faits qui leur étaient reprochés n'étaient que calomnie. Le fit-il ? Les noirs n'étaient ni des monstres, ni des bêtes, ni des singes, ni des hyènes. C'étaient peut-être de grands enfants, mais ils étaient avant tout des êtres humains, des hommes rieurs, doux et inoffensifs, incapables de la moindre atrocité. Schweitzer savait bien qu'ils étaient de bons maçons et d'excellents charpentiers car ce sont bien eux qui avaient construit le premier hôpital de Lambaréné. Le docteur Schweitzer, qualifié par les noirs de « paternaliste, raciste et colonialiste », ne se manifesta sans doute pas. Il est vrai qu'il devait adopter un profil bas, ayant été menacé d'être reconduit à la frontière, et expulsé vers l'Allemagne, comme l'avait été sa belle-famille.

Et le médecin ? De sa première expérience auprès des populations de Lambaréné, il avait, à mon avis, retenu deux choses :

- La première c'est qu'il ne pourrait continuer à se désintéresser de la maladie du sommeil comme il l'avait fait. Pour cela il prit contact avec l'Institut de médecine tropicale de Hambourg. *Je viens de Copenhague et me rends à Hambourg où je m'arrêterai à l'Institut de médecine tropicale pour me renseigner sur ce merveilleux remède qu'on a inventé récemment contre la maladie du sommeil.*[18]

Il s'agissait du tryparsamide. Les médecins coloniaux, Jamot en particulier, au Cameroun, en disposaient déjà.
Pourquoi Schweitzer ne se renseignait-il pas à Paris ou à l'Institut de médecine tropicale du Pharo à Marseille ? Tout simplement parce qu'il dédaignait la France qui, pourtant, avait un grand passé colonial avec un corps de médecins militaires spécialistes. La médecine tropicale était, à mon avis, bien mieux connue à Paris ou Marseille qu'à Hambourg.

- La deuxième chose dont Schweitzer eut à se souvenir, c'est bien sûr de son incompétence notoire en chirurgie. Comme en dehors des hernies il ne savait rien faire, il décida de compléter sa formation. Dans une lettre du 12/11/23 il confiait au professeur Oskar Kraus : *Je veux devenir – et il faut que je devienne – un chirurgien capable de réussir presque tous les genres d'opérations. Ce n'est pas rien !*[19]

Le fit-il ? Non. De retour à Lambaréné il cessa presque tout de suite ses activités médicales.
En 1922, à Strasbourg, il s'initia également à la dentisterie. *Pendant mes heures de liberté je travaille à la clinique dentaire où je perfectionne ma technique du plombage.*[20]

Pour moi, médecin colonial, cela prête à sourire et montre à quel point Schweitzer se refusa à hiérarchiser les problèmes de santé et les priorités en Afrique, préférant en rester à sa petite pratique de la médecine individuelle et curative. Des plombages en brousse en 1924, mais pour quoi faire ? La maladie du sommeil décimait les populations, la lèpre rongeait les mains et les pieds de pauvres hères, le paludisme et les parasitoses déformaient les abdomens des enfants, et des foyers de variole existaient encore par-ci par-là.

---

18. AS, cité in *ES n°3*, p. 99. lettre du 22-11-1922 au Pr Oskar Kraus.
19. Id., p. 111. Lettre du 12-11-1923 au Pr Oskar Kraus. Schweitzer précise également qu'il lui faut apprendre l'anglais.
20. Ibid., p. 104.

Le retour

Vingt quatre février 1924. Le retour. *Impossible de s'opposer au retour d'Albert Schweitzer, devenu français après le Traité de Versailles.*[21]

C'était la réponse de Paris au Gouverneur de l'A.E.F. qui lui n'en voulait pas. Schweitzer quitta donc Strasbourg, voyagea à bord du cargo « Oreste » et arriva à Lambaréné le 19 avril 1924.

Pourquoi tout ce temps, même si le cargo faisait du cabotage ? Schweitzer, encore en conflit avec les missionnaires de Lambaréné et l'Administration française, ne savait pas au juste s'il resterait au Gabon. Comme avec les Français il « n'avait eu que des ennuis, » il avait en tête d'autres projets.

Etrange ! A mi voyage il débarqua à Douala, et se rendit au Cameroun anglais et non dans sa partie française. Que comptait-il faire ? Non seulement il rendait visite aux stations délaissées par les Missions suisses, mais voulait voir s'il n'était pas possible de fonder un hôpital dans le nord, Région de montagnes et de Hauts Plateaux. *Si j'ai les fonds et les moyens de fonder un second hôpital, il sera au Cameroun anglais où on vient au devant de moi de la part du gouvernement, et non chez les pahouins.*[22]

Il n'avait pas débarqué à l'improviste. Il était accompagné de l'anglais Noël Gillepsie, un boyscout étudiant en chimie, qui lui servait d'interprète et lui permettait de perfectionner un peu son anglais. Il y trouva des plantations de citronniers, d'orangers, de cacaoyers, des élevages de moutons, des vaches, et à 800 mètres d'altitude le climat y était agréable. *Quelle différence avec Lambaréné s'écria schweitzer !*

Il s'y voyait déjà, mais il fallait l'officialiser avec les autorités anglaises. Déception ! L'orgueilleux Schweitzer n'obtenant pas ce qu'il voulait, repartit à Lambaréné dans sa brousse. Tout ça est assez étonnant !

- En 1913, il était allemand et se battit pour aller dans une colonie française.

---

21. In Marco Koskas, *AS ou le démon* ..., p. 189. Dossier Schweitzer, archives coloniales.
22. AS, cité par Pierre Lassus, AS, p. 188. lettre du 24-06-1929 au Pasteur Allegret des missions de Paris.

- En 1924, il était français et voulait aller dans une colonie anglaise.

- En 1930, après avoir achevé son hôpital de Lambaréné, il songeait même à partir au Kenya dans une mission allemande.

A son arrivée à Lambaréné tout était à recommencer car après sept années d'absence il ne restait rien. Les herbes avaient tout envahi, les cases qu'il avait construites étaient à moitié pourries et dévorées par les termites. Il se mit au travail, et l'anglais Noël Gillepsie allait l'aider. Il lui tardait cependant de voir arriver son premier assistant et disciple, Victor Nessmann. Fils de Pasteur alsacien, n'ayant pas encore passé sa thèse et fait son service militaire, il venait à Lambaréné pour faire ses premières expériences. Il débarqua le 19 octobre 1924. Schweitzer avait déjà dépassé le mitan de sa vie. *Cette aide arrive au bon moment. Je n'aurai pas pu plus longtemps assurer la double charge de chef de chantier et de médecin.*[23]

Il lui tardait aussi d'en finir avec la médecine. Dès novembre 1924, seulement quelques mois après son retour, il arrêta donc toute activité médicale pour la confier au docteur Nessmann qui décrit le partage des tâches. *Je fais de la médecine tandis que le docteur fait l'architecte et le contremaître... Le docteur s'y adonne complètement et moi j'assure personnellement seul le service médical.*[24]

S'il abandonna définitivement la médecine des hommes, c'était pour mieux se consacrer à celle des animaux. *En fait de médecine, le docteur s'est juste réservé la médecine vétérinaire*[25] disait Nessmann.

Il montra ainsi beaucoup de patience avec les animaux de la station. *Le docteur leur consacre, avec beaucoup de patience à les panser et à leur conserver la vie.*[26]

Comme le nombre des malades augmentait très vite et qu'il était très occupé à la construction de son village, un deuxième assistant, Lauterbourg, arriva à Lambaréné. Deux infirmières, Mathilde Kottman et Emma Hausknecht, recrutées avant son départ de France, arrivèrent à leur tour. Ainsi l'équipe médicale s'étoffait, et lui ne pensait plus qu'à une seule chose, construire ses

23. AS, cité in Victor Nessmann, *ES n°6*, p. 19. Lettre de Schweitzer à un ami.
24. Id., pp. 19-142. Lettre du 18-03-1925.
25. Ibid., p. 20. Lettre du 24-11-1924.
26. Ibid., p. 82. Lettre du 29-11-1924.

baraquements, se réservant quand même les commandes de médicaments dans lesquelles il semblait trouver l'extase. *Aujourd'hui, j'en suis au point que la belle composition d'une commande me donne une satisfaction artistique.*[27]

Comme il passait son temps à construire, il oubliait ses patients. *Schweitzer se voue, se dévoue, se sacrifie comme il dit, mais c'est souvent un sacrifice aux constructions.*[28]

Il tissait également dans toute la région un réseau de relations avec les blancs, les missionnaires et les forestiers, dont il attendait qu'ils lui rendent des services.

Oubliée donc la médecine ! Il exigeait cependant qu'on l'informe de ce qui se passait dans son hôpital, et parfois venait assister aux opérations. *Ce n'est qu'aux tous grands jours que Schweitzer (...) assiste aux opérations, lorsque, par exemple, nous avons enlevé une tumeur éléphantiasique de quarante kilos.*[29]

Passait-il au laboratoire ? C'était assez rare. Puis il repartait à sa seule passion et préoccupation, construire de pauvres baraquements. Et Schweitzer poursuivit toute sa vie ses constructions, avec une obstination frénétique dont personne ne put tempérer les excès. *Puis il retourne à son hangar planter des piquets pour les lits, va donner des ordres pour construire une sorte de ghetto pour les tout à fait sauvages.*[30]

Les tout à fait sauvages, c'était les Kotzolo, « tribu barbare et rapace », les voleurs de poules. Comme tous ceux qui ne marchaient pas droit sur la station, les chapardeurs de poules étaient rossés, punis et marqués comme du bétail. *Pour trouver les chapardeurs, on fait le soir des tournées d'inspection dans le hangar. On regarde discrètement dans les marmites et on découvre la poule. Le délinquant reçoit sa correction et on lui peint le lendemain matin, en bleu, une image de poule sur le front. Même cette méthode pédagogique ne suffit pas (...) et comme on ne peut pas enfermer les poules, on enferme ces braves Kotzolo.*[31]

---

27. AS, *Ma vie et ma pensée*, p. 123.
28. Victor Nessmann, *Avec AS*, ES n°6, p. 198.
29. Id., p. 206. Lettre du 01-12-1925.
30. Ibid., p. 82. Lettre du 24-11-1924.
31. Ibid., p. 82.

Pourquoi ces fantaisies sadiques, gratuites, brutales, saugrenues ?

Schweitzer se désintéressant totalement de la médecine, n'hésitait même plus à s'absenter, pour Port-Gentil, plusieurs fois pas an, et pour de longues périodes. *J'ai admirablement supporté les longues semaines d'absence du docteur où je suis resté tout seul.*[32]

Schweitzer ne fut pas un vrai praticien.

L'image du bon docteur de Lambaréné, connue dans le monde entier, ne correspond pas à la réalité, au point que l'on peut penser que le docteur Schweitzer ne se vécut pas véritablement comme médecin.

- Son choix pour la médecine : très tardif, il avait plus de trente ans, et ce n'est pas par vocation mais par obligation, car il n'avait pas d'autre possibilité s'il voulait échapper à la France hostile et aux milieux protestants Strasbourgeois qu'il jugeait trop orthodoxes, et qui n'avaient que faire d'un prédicateur libéral.
- Sa thèse : choisie au nom du moindre effort, elle témoignait du bien peu d'intérêt qu'il portait à ses activités futures.
- Sa pratique médicale : elle de dura guère plus de dix huit mois et ses compétences, tant en médecine qu'en chirurgie, étaient réduites au plus strict minimum.
- Sa correspondance : alors qu'il écrivait plus de 2000 lettres par an, je n'ai trouvé aucune missive adressée à un médecin, simple collègue ou professeur. Toutes vont à des philosophes, des théologiens, des hommes d'Etat.
- Son activité principale : authentique chef de chantier, il passa sa vie à construire de misérables baraquements. Il rêvait de briques, et dans sa correspondance, ne parle que de maçonnerie, de charpente, de tôles ondulées, de pilotis, de lait de chaux, de matériaux, de bois, de clous et de rondelles, de la poussière qu'il faut avaler. Il y a en plus le puits qu'il faut creuser et façonner, les chaussées qu'il faut rehausser, le petit pont qu'il faut construire. Et puis il y a toujours ses ouvriers noirs, ses « sauvages » contre lesquels il vitupère afin d'obtenir du rendement.

32. Ibid., p. 175. Lettre du 12 –07-1925.

Est-ce que la médecine l'intéressait ? Pas vraiment, mais il lui reconnaissait un aspect pratique qui lui plaisait bien, préférant cependant le côté intellectuel. Dans les quelques petits ouvrages qu'il écrivit sur Lambaréné, il parla peu de ses malades, dissertant plutôt longuement sur les pathologies qu'il rencontrait au quotidien, nous infligeant parfois une véritable leçon magistrale à laquelle le lecteur non initié ne comprenait rien.

Schweitzer n'était pas un homme à faire de la médecine. Personnage anxieux, c'était un homme d'émotion qui ne put jamais se blinder contre la souffrance des malades. Il le reconnaissait. *J'appartiens malheureusement à cette sorte de médecins qui ne possède pas la robustesse d'âme qu'exige le métier (...) j'ai vainement essayé d'acquérir le sang froid qui permet au médecin, tout en compatissant aux souffrances de ses patients, de ménager comme il est nécessaire ses propres forces.*[33]

La maladie et la souffrance des hommes l'agressaient. Il n'aurait pas du être médecin mais vétérinaire, tellement il aimait les animaux, qui eux, étaient capables d'accepter leur souffrance. En Afrique, il fallait avoir une carapace pour tenir le coup. Lui il trouvait cette responsabilité trop lourde, bien plus lourde à supporter que le travail lui-même. *C'était moins le travail – si considérable fut-il – qui me pesait que l'anxiété et la responsabilité.*[34]

Alors que sa primitive passion n'était pas la médecine, une fois de plus on peut s'interroger sur les raisons qui le firent changer d'orientation. On les comprend mieux ! La médecine ne fut qu'un prétexte très fort lui permettant une fuite stratégique aux fins de mieux servir son ambition, la réalisation « d'une action personnelle et indépendante ».

Voilà mes réflexions sur le Docteur Schweitzer, médecin à Lambaréné. Quant aux prises d'opinion, sauf celles venant de la bouche d'idolâtres, je n'ai jamais trouvé nulle part d'appréciations positives. C'est qu'en dehors du cercle étroit de ses admirateurs, son action médicale n'était pas reconnue. Elle ne pouvait l'être. *Schweitzer se moque autant des africains que de la médecine* * disait un écrivain de passage à Lambaréné.

33 – AS, *Ma vie et ma pensée*, p. 153.
34 – Id.
* – In Gérald Mac Nignt, *Le Dr AS*, p. 280.

Qu'en pensait le missionnaire Ellenberger en poste dans l'Ogooué en 1913 ? *Le Docteur Schweitzer ne nous a pas écrasé sous le poids de sa connaissance.*[35]

Même Marion Preminger le trouvait ordinaire. *Je crois qu'il est un simple médecin de campagne qui fait autorité en matière de bonté humaine.*[36]

Dans son ouvrage « Albert Schweitzer », Gagnebin parle des mains du prédicateur et du chirurgien. Je crois qu'elles furent surtout celles du charpentier et de l'artisan maçon tant elles étaient larges. C'est ce que disait également le Docteur Penn, venu à Lambaréné. *Le Docteur Schweitzer est indubitablement un excellent charpentier.*[37]

Même son neveu Jean-Paul Sartre ne le ménageait guère, le traitant de « vieux grigou » et de « vieux filou ». *... il fait trimer les noirs et a dans son hôpital à la gomme trois ou quatre toubibs exilés qui ne pourraient pas travailler ailleurs et qu'il mène à la baguette* [38].

Le plus violent des critiques fut cependant le philosophe allemand Jung. Certes, il lui rendait hommage comme à tous les médecins coloniaux qui risquaient leur vie, mais disait-il : *Schweitzer n'a rien fait de plus que tous ces humbles méconnus. Il a simplement su utiliser ses conférences et ses concerts pour se rendre célèbre et ramasser de l'argent.*[39]

Alors pourquoi fut-il récompensé pour une œuvre banale, alors qu'il faisait autorité en théologie ? Voilà ce qu'en disait encore Jung : *Albert Schweitzer aurait d'ailleurs mérité un prix pour son œuvre considérable et courageuse concernant les recherches sur la vie de Jésus, et non pas pour sa romance africaine, que chaque petit médecin pourrait vivre tout aussi bien que lui, sans être élevé pour autant au rang de saint.*[40]

35. Le missionnaire Ellen Berger, cité par Marco Koskas, AS, p. 14. Archives des Missions Evangéliques de Paris.
36. Marion Preminger, cité par Gérald Mac Night, *Le Dr AS*, p. 138.
37. Dr Penn, cité par Gérald Mac Night, p. 255.
38. Jean Paul Sartre, cité par Pierre Lassus, AS, p. 68.
39. Carl Jung, cité par Pierre Lassus, AS, p. 169.
40. Id., pp. 167-168. Extrait d'une lettre du 09-09-1953 au Pasteur Carlton Smith.

Le docteur Schweitzer a t-il été l'inventeur de l'humanitaire

Je ne le crois pas.
Par définition, toute médecine, par ses moyens d'action qui visent à apporter un mieux être physique, social et mental, est déstinée à remplir dans l'humanité souffrante un rôle magique au sens le plus général.

Il fut certes le premier médecin sans frontières, au sens où on l'entend aujourd'hui. Mais qu'est ce que cela signifiait au juste en 1913 ? Après des démarches sans fin, plus de sept ans, et avec une audace incroyable, il s'arrogea en effet, lui l'Allemand, le droit ou le devoir d'ingérence dans un territoire français ! Ce n'était pas vraiment désintéressé, car c'est bien de ce côté ingérence humanitaire, ce néo-colonialisme de la pitié, comme on l'appelle aujourd'hui, dont Schweitzer se servit pour se faire accepter au Gabon afin de réaliser cette fameuse « œuvre personnelle et indépendante. »

Pourquoi privilégier les populations de Lambaréné plutôt que celles du Cameroun ? C'est pourtant là que sévissait la plus terrible des endémies dévastatrices, la maladie du sommeil. Est-ce que Lambaréné était humanitairement plus correct ?

Bien avant Schweitzer, les médecins de la marine et des colonies ont été présents partout lorsque « la situation sanitaire l'exigeait et que les Etats les réclamaient ». Ils ont largement payé de leur vie sur tous les continents pour pouvoir prétendre à être les premiers humanitaires.

Dans les années trente, Duris mourut de la fièvre jaune à Zinder. C'était son premier séjour en Afrique, il avait 29 ans.

Mesny mourut de la peste à Tien Sin et n'abandonna ses malades que pour mourir lui-même. Sa mort héroïque fut relatée dans tous les journaux du monde.

En 1878, au Sénégal, alors que Schweitzer était encore au berceau, plus de vingt médecins de la marine et des colonies, atteints de la peste, payèrent de leur vie leur dévouement aux malades. Une stèle commémorative s'élève aujourd'hui dans l'Ile de Gorée. N'était ce pas une action humanitaire ?

Certaines tombes abandonnées émergent à peine des hautes herbes des cimetières de Dakar, de Konakry ou de Grand Bassam en Côte d'Ivoire. J'ai parcouru en 1982 les allées de ce dernier.

J'y ai trouvé en épitaphes les noms de militaires et de médecins Lieutenants. Ceux là, dont les noms étaient presque effacés, ne laisseront pas de trace dans l'histoire car ils n'eurent jamais droit à la moindre reconnaissance. *Aucun de ces morts, qui reposent en terre africaine, n'est cependant entouré du halo d'un saint protestant. Personne ne parle d'eux. Schweitzer ne fait rien de plus que son devoir professionnel, comme le fait tout missionnaire.* [(41)]
Ils faisaient de l'humanitaire, avant Schweitzer, souvent bien avant que leur mission exacte ne fut déterminée dans l'arrêté du 8/02/1905. *L'assistance médicale aux indigènes est une œuvre politique, sociale et humanitaire. Elle tend à inspirer à l'indigène plus de confiance envers l'Européen tout en soulageant ses douleurs physiques.*[(42)]

Je ne nie pas la sincérité des sentiments de Schweitzer, mais je ne connais toujours pas les véritables raisons qui le poussèrent à partir. Toutes ne sont que des hypothèses. C'est pourquoi je conteste que Schweitzer ait put être considéré comme premier humanitaire, d'autant qu'au moment de son départ son intention ne fut pas de se rendre à Lambaréné pour y conduire une action humanitaire au sens où on l'entend aujourd'hui. D'ailleurs en 1913 et 1924, en ne s'attaquant pas aux endémies dévastatrices, il ne comprit pas que la grande cause humanitaire consistait en la prise en charge globale d'une population pour la défense du plus grand nombre.

Le docteur Schweitzer n'a pas combattu la lèpre et la maladie du sommeil. Schweitzer s'est contenté de soigner, de soulager les souffrances des lépreux et des sommeilleux hospitalisés chez lui, ce qui est fondamentalement différent. Par sa présence à leur côté, avec les bonnes paroles et les antalgiques qu'il leur administrait, il faisait de l'humanisme médical et pas de l'humanitaire. Alors ne commettons pas l'erreur qui consiste à assimiler l'humanisme médical de Schweitzer avec les humanitaires d'aujourd'hui. A cette époque, seuls des gens comme le docteur Jamot et les médecins

41. Carl Jung, cité in *ES n°2*, p. 134. Extrait d'une lettre du 11-12-1953, adressée au Pasteur suisse Willi Bremi.

42. In Paul Brau, *Trois siècles de médecine coloniale*, p. 197. Si le Dr Schweitzer était réellement le premier à avoir découvert " l'humanité " c'est à dire une pratique humaine de la médecine, cela signifierait qu'avant lui, les médecins coloniaux auraient été des gens sans cœur et sans âme.

coloniaux des services des grandes endémies ont pensé et pratiqué l'humanitaire. *Empêcher le plus d'hommes possible de mourir**, telle était leur devise.

Pour cela il fallait avoir une attitude courageuse, et faire un choix bannissant toute hypocrisie : médecine individuelle ou médecine de masse ? Ce que ne fit pas Schweitzer. L'humanisme médical de Schweitzer s'inscrit dans le droit fil de sa foi chrétienne. En ce sens, le médecin de Lambaréné « n'aurait rien fait de plus que son devoir professionnel, comme le fait tout missionnaire ». L'humanisme médical de Schweitzer, comme son respect exagéré de la vie, si louables fussent-ils, n'étaient pas des principes d'action très adaptés aux problèmes médicaux de l'Afrique.

Les médecins coloniaux ont été copiés sans jamais être égalés. Depuis quelques années on a pris leur relève. Voilà ce qu'en disait en 1981, avec talent, Henri Queffelec dans « Sillages et feux de brousse. » *La contribution qu'ils ont apportée à la défense de l'humanité universelle par la science française a été et demeure de premier ordre. En des époques où la climatisation n'existait pas et où certaines villes d'Afrique par exemple recevaient le nom de tombeau des Européens, ils ont affronté les climats les plus rudes. Ils n'ont jamais refusé leurs soins à quiconque, pour quelques motifs de race ou d'idéologie que ce fut. L'OMS leur doit beaucoup. Exerçant souvent dans les pires conditions, ils pratiquaient à leur manière une médecine de pointe, juchés comme à des avant postes de la pitié humaine (...) quand personne d'autre ne se présentait, eux et la Croix Rouge Française étaient là.*[43]

Pourtant les médecins coloniaux n'ont eu que rarement droit aux micros, aux articles de journaux, aux récompenses, à la télévision.

Jamot, proposé pour le Prix Nobel de la Paix en 1931, fut oublié. Quelle ingratitude à l'égard de celui qui offrit à l'Afrique la plus belle des armes pour sa survie : la santé.

L'Institut de Médecine Tropicale à Marseille, proposé en 1951, fut également oublié et dépossédé de son travail au profit de Schweitzer. Il lui manquait des sponsors !

---

* - Allusion à La Peste de Camus. Dans l'histoire imaginée pas Camus, pour le Dr Rieux, « il s'agissait d'empécher le plus d'hommes possible de mourir. Cette vérité n'était pas admirable, elle n'était que conséquente. » Dans le bassin de l'Ogooué, il y avait des situations d'urgence à traiter. Schweitzer ne sût jamais promouvoir une politique sanitaire capable de porter secours au plus grand nombre. Le Dr Schweitzer n'était pas le Dr Rieux !

43. In Sillages et feux de brousse. Ouvrage collectif ASNOM. Préface d'Henri Quefellec.

Si le Prix attribué en 1999 à Médecins Sans Frontières était sans aucun doute justifié, voici ce qu'en pense le Professeur Klotz dans un article paru dans la revue « Le Concours Médical ». *Le mérite des French Doctors est grand. Il ne doit pas occulter celui de leurs prédécesseurs et de ceux qui travaillent dans l'anonymat sur le continent noir.*[44]

Il pensait bien sûr à tous les médecins militaires du corps de Santé Colonial, ces cinq mille médecins, qui depuis 1905 sont partis se mettre au service des populations du tiers monde.

Le docteur Schweitzer a t-il fait progresser la médecine tropicale ?

Non. Son itinéraire médical est d'une grande banalité. Il n'a pas fait bouger les choses et ne produisit aucun document avec des idées intéressantes sur la santé en Afrique. Combien de mémoires, communications, articles, Schweitzer a-t-il consacré à la lèpre ? Aucun.

Alors que son aura lui a été conférée non par son œuvre théologique ou philosophique, mais bien par l'image très forte du grand Docteur et du médecin des lépreux, il n'a rien laissé qui puisse intéresser la médecine tropicale et la science. Les médecins militaires des troupes coloniales avaient, contrairement à Schweitzer, une solide formation, une expérience, un savoir et une spécialisation en médecine tropicale. Lui et ses jeunes médecins ne pouvaient prétendre avoir rien de cela.

Ce sont les médecins coloniaux qui, sur le terrain, dans les laboratoires et les centres de Recherches, élaborèrent pour l'Afrique les politiques de santé et les protocoles de traitement.

En 1902, avait été fondée à Bordeaux la Chaire de Médecine Coloniale et de Chirurgie des maladies exotiques. Une coopération étroite cimentait la Faculté et l'Ecole de Santé Navale. L'expérience qu'emportaient outre mer les camarades, au début du XXème, et même en fin du XIXème siècle, était déjà lourde de l'expérience héritée des chirurgiens et des prosecteurs de la marine.

44. In Le concours médical du 13-11-1999.

Pourtant, avec son Prix Nobel, le Docteur Schweitzer s'était retrouvé en 1953 comme étant pionnier dans l'histoire de la médecine coloniale. On avait réussi à faire prévaloir l'idée que le système qu'il avait mis en place représentait l'excellence de la médecine en Afrique. Cela frise le ridicule, car, à mon avis, le praticien de Lambaréné fut bien le plus obscurantiste de tous les médecins ayant en charge la santé dans nos ex-« colonies ». Sans la présence du Corps de Santé Colonial, la médecine Outre-Mer aurait fait bien peu de progrès. Sa vie peut être comparée à un arbre généalogique à quatre branches souches représentant la musique, la philosophie, la théologie, la médecine. Alors que les trois premières se sont bien développées et ont fleuri, la dernière s'est arrêtée dans sa croissance et n'a donné ni feuilles, ni fruits.

Le Docteur Schweitzer a sans doute brillé en tout, sauf en médecine. Il n'a contribué ni à l'étude ni aux traitements des maladies tropicales. Il avait pourtant les moyens et la matière, et cinquante années de présence à Lambaréné constituait une occasion exceptionnelle pour lui et son équipe médicale qui avaient tout à apprendre de l'épidémiologie et de la prophylaxie. Ce n'est pas en se fixant à Adolinanongo, et en construisant de pauvres baraquements, que Schweitzer fit preuve d'une vision très réaliste et originale des problèmes sanitaires auxquels étaient confrontés le Gabon et l'Afrique en général.

Quelle politique sanitaire fallait-il mener, car tout était à inventer ? Elle devait aller dans le sens d'une action sanitaire d'envergure plus que d'une action médicale circonscrite.

- S'occuper plus de la collectivité que de l'individu.
- S'occuper plus de médecine préventive que de médecine curative. Ne vaut-il pas mieux prévenir que guérir ?
- Privilégier la médecine rurale sur la médecine hospitalière par des tournées en brousse.
- S'attaquer sur le terrain aux endémies dévastatrices.
- S'occuper d'hygiène.
- Promouvoir une éducation sanitaire, car on a constaté un lien direct entre la qualité effective de l'éducation sanitaire et le haut niveau de développement des peuples.

Schweitzer fit tout le contraire durant toute sa vie. S'épargnant sur le terrain le diagnostic, il s'attaqua d'abord aux symptômes et non pas aux causes. Il fit d'une finalité ce qui n'aurait dû n'être qu'un préalable. C'est pourquoi il rata complètement son intégration dans la médecine de masse et la médecine préventive.

Les médecins coloniaux, par le choix d'une politique sanitaire cohérente, lucide, par leur présence permanente sur le terrain, créèrent les conditions de l'existence du Gabon et donnèrent à ce pays un avenir.

Pourtant en 1951, à l'occasion de la cérémonie au cours de laquelle on remit à Schweitzer la médaille de l'Université de Strasbourg, on ne manqua pas de le flatter ainsi que son hôpital. *L'hôpital de Lambaréné est une pièce essentielle de l'armement sanitaire en Afrique Equatoriale Française.*[45]
Que diable ! Encore une affirmation bien inexacte, excessive et fantaisiste. Mais pardonnons à son auteur cette envolée, car les circonstances l'imposaient. On était à Strasbourg et Schweitzer était alsacien.

En 1951, les infrastructures médicales en AEF, et au Gabon en particulier, étaient de bon niveau. A l'hôpital général de Libreville servaient huit médecins militaires spécialistes des hôpitaux. Combien de spécialistes chez Schweitzer ? Aucun. Il n'y en eut d'ailleurs jamais aucun.

L'intérêt de Schweitzer pour la médecine a été fabriqué pour les circonstances. Nous le montrer, à 78 ans, examinant un malade avec son stéthoscope, passant de long moments de travail en salle de chirurgie, se penchant sur un microscope pour débusquer la malaria tropica, se promenant en blouse blanche dans son bidonville, au milieu de ses malades et des accompagnants, c'est de la mise en scène. C'est une grossière manipulation dont témoignait un médecin qui avait longtemps travaillé à Lambaréné. *Très rares sont ceux qui ont eu l'occasion de voir Schweitzer exercer sa profession de médecin. Pour parler franc, ses travaux dans ce domaine ont toujours été réduits au plus strict minimum.*[46]

45. In *ES n°2*, p. 73. Discours du Pr Laigret.
46. In Gérald Mac Night, *Le AS*, p. 251.

Les médecins coloniaux ont-ils fait progresser la médecine tropicale ?

Oui. Sans aucun doute. Le service de santé des troupes coloniales a été un modèle pour l'Afrique. *Il existait avant la guerre une grande médecine coloniale française. Peut-être est ce même, ce qu'il y a eu de plus positif dans la politique coloniale*[47], disait le Professeur Minkowski, célèbre pédiatre bien connu en France.
C'est à cette médecine qu'il fallait se référer et non au modèle Schweitzer, passéiste et délibérément archaïsant de l'action sanitaire !

Les médecins coloniaux, bien avant lui, étaient partout « sur mer et au-delà des mers », dans la brousse, dans les savanes et pas seulement dans les Centres et les Hôpitaux. Ce « bataillon d'excentriques », comme les appelait l'épidémiologiste Anglais Waddy, a fourni également des bactériologistes, des épidémiologistes, des pasteuriens, des chercheurs, des Professeurs d'Université. Ce sont eux qui ont écrit la pathologie tropicale et non Schweitzer. Je crois qu'il n'est pas inutile de le rappeler. Le Corps de Santé de la Marine et des Colonies, foisonne d'anciens camarades qui, après avoir vagabondé, sont devenus un jour célèbres. Peut-être moins connus pour certains, mais combien de fois plus utiles que Schweitzer. Certains furent aussi de grands médecins.

- Eugène Süe et Victor Ségalen étaient des nôtres. Le premier nous a laissé « les Mystères de Paris » et le second « les Immémoriaux ».
- Calmette et Yersin portaient un uniforme. Le premier fut l'inventeur de la vaccination B.C.G. contre la tuberculose, et le second le découvreur du bacille de la peste.
- Marchoux, chercheur de renommée mondiale, créa en 1935, à Bamako, un centre de référence sur la lèpre de renommée internationale.
- Académicien et prix Nobel de médecine, Alphonse Laveran, découvrit en 1878 l'hématozoaire responsable du paludisme.
- C'est à Girard et Robic, dont un grand hôpital de Madagascar porte les noms, que l'on doit la découverte du vaccin antipesteux.

47. In *ES n°2*, p. 63. Entretien de Jean Paul Sorg, rédacteur en chef, avec le Pr Alexandre Minkowski.

- Jamot et Richet se distinguèrent. Le premier fut avec la lutte contre la maladie du sommeil et la création des services mobiles, le véritable sauveur de l'Afrique. Le second organisa dans nos colonies, la lutte contre la lèpre.
- Vaucel fut Directeur Général des Instituts Pasteur dans le monde.
- Collomb et Laigret nous ont fait connaître respectivement la psychiatrie africaine et le vaccin contre la fièvre jaune.

En voilà quelques-uns uns. Il y en eut bien d'autres, et de très nombreux, dont les articles médicaux sont encore aujourd'hui des références. Ils constituaient le fer de lance de l'action civilisatrice et humanitaire de la France en Afrique. Même pour les Américains, Jamot fut un modèle, pas Schweitzer. L'hommage qui lui fut rendu par l'OMS et le Professeur Gay Priéto en 1958, lors du congrès sur la lèpre, était sans appel. *Il n'y a qu'une seule méthode de lutte dans les pays sous développés, c'est celle du Docteur Jamot, que les médecins militaires français continuent d'appliquer magnifiquement en Afrique.*[48]

En 1992, une délégation du Control Diseases Center des USA, à Atlanta, se déplaçait au Pharo à Marseille pour rendre hommage aux médecins militaires du Corps de Santé Colonial. La plaque apposée dans la salle d'honneur porte cette magnifique inscription : *Qui a fait mieux, et où ?*

C'est pourquoi les médecins coloniaux doivent affirmer haut et fort, l'honneur qu'ils ont eu d'appartenir à l'aventure coloniale dont on a oublié le caractère profondément humanitaire. Lutte contre la lèpre et la maladie du sommeil, lutte contre toutes les endémies ravageuses et les épidémies ; l'action menée par les médecins militaires fut exemplaire, car ils furent capables de promouvoir sur le terrain des méthodes d'action qu'ils estimaient justes et efficaces. Dans des contextes de grandes menaces épidémiologiques, les médecins militaires savaient exercer une médecine de collectivité.

Le Professeur Minkowski, après une carrière de médecin scientifique, comprit que l'humanitaire façon Schweitzer, ou autres O.N.G. n'était parfois, hélas, malgré les bonnes volontés, pas toujours bien adapté aux situations. C'est pourquoi il appréciait

48. In Fernand Merle, *Te souviens-tu de Brazzaville ?* ASNOM, p. 76.

l'action médicale des médecins coloniaux, en Afrique surtout, véritable médecine de terrain, médecine rurale avec ses dispensaires, médecine de masse avec ses équipes mobiles, médecine préventive avec les campagnes de vaccination, qu'ils n'ont eu de cesse de pratiquer. C'est cette médecine là qui accompagnait et même précédait le développement. Pas celle de Schweitzer, car c'est bien à l'aune des problèmes sanitaires que se mesure le développement d'un pays.

Si l'engagement de Schweitzer lui conféra une autorité morale certaine, si l'œuvre fut une entreprise généreuse et utile pour Lambaréné, son action pour l'Afrique fut nulle.

Des centaines de médecins des troupes coloniales l'ont surpassé. S'ils avaient des conceptions différentes des siennes, in fine ce sont eux qui eurent raison et lui qui eut tort. Des médecins missionnaires ont fait beaucoup mieux que lui. Le Père Goarnisson en Haute Volta, créa des hôpitaux, des dispensaires, et surtout forma des collaborateurs africains, capables de s'attaquer, par une action médicale adaptée, aux véritables maux de l'Afrique Sahélienne.

Autres vérités

Peut-on se satisfaire encore aujourd'hui de l'image très largement répandue du « bon docteur » qui passa sa vie à soigner des « pauvres noirs », des lépreux, et des longues files d'attente devant son bureau ?

Non ! Ce n'est plus tolérable parce que nous sommes très éloignés de la réalité. Schweitzer ne s'occupa jamais beaucoup ni des uns ni des autres et consacra tout son temps à ses constructions et à ses animaux. Il est regrettable qu'il n'ait rien fait pour corriger l'idée qu'on se faisait de lui partout dans le monde. L'histoire vraie s'arrête là, tout le reste n'est que propagande, clichés et imageries !

Le docteur Schweitzer et les siens auraient soigné, nous dit-on, plus de 300.000 gabonais. Ce chiffre est impressionnant, car c'était plus de la moitié de la population du territoire en1963. Dérisoire également, car un calcul rapide montre qu'en cinquante années de présence à Lambaréné, cela ne représente qu'une quinzaine de malades par jour.

A l'hôpital administratif, de 1963 à 1966, plus de trente malades s'inscrivaient quotidiennement sur le registre des consultations. Différence d'approche des problèmes de santé : à l'hôpital administratif médecine de masse, chez Schweitzer hospitalisation de quelques cas servant à attirer accompagnants et visiteurs afin de les faire travailler.

D'ailleurs, comparer l'hôpital administratif et l'hôpital Schweitzer, comme le faisaient régulièrement les inconditionnels, n'avait pas de sens. D'abord la clientèle n'était pas la même. Beaucoup mieux informés, donc beaucoup plus exigeants, ceux qui fréquentaient l'hôpital administratif savaient qu'ils pouvaient compter sur la compétence des médecins coloniaux et la qualité des soins dispensés. Il était normal que l'hôpital Schweitzer fasse plus ! Avec son état major, ses trois ou quatre médecins, sa dizaine d'« infirmières », sa kyrielle de serviteurs noirs, et sa capacité d'hospitalisation, le contraire eut été surprenant. A une demande d'emploi, Schweitzer répondit : *Tous les postes sont pourvus et le personnel déjà en surnombre.*[*]

S'il faisait plus, il ne faisait sûrement pas mieux. Certains évènements le montrèrent, et si tous les mécontents, qui chaque jour traversaient le fleuve, avaient pu être comptabilisés, Schweitzer aurait compris qu'il y avait sûrement mieux que son hôpital.

Le Docteur Schweitzer se tenait-il au courant des nouveautés en médecine ?

Même si je ne le crois pas, il paraît que oui. Pendant 50 ans il aurait fait une formation continue. A mon avis la réalité est toute autre, mais comme il fallait bien ajuster les faits aux conclusions que l'on voulait en tirer, il a été dit que Schweitzer se tenait au courant. Effectivement il en avait bien besoin, car sa formation universitaire et hospitalière était plutôt légère compte tenu du choix qu'il avait fait : partir en Afrique pour s'occuper de maladies tropicales et de chirurgie. Il est vrai qu'il n'avait pas eu la chance de passer un vrai diplôme de médecine tropicale et de fréquenter des services hospitaliers spécialisés.

---

*. AS, cité in *ES n°3*, p. 152. Lettre du 13-11-1938 au Pr Oskar Kraus.

De quelle façon se tenait-il au courant ? Comme ce n'était certainement pas auprès de ses jeunes médecins, pour la plupart inexpérimentés, j'aimerais bien que l'on me dise où, lors de ses séjours en métropole, et dans quel service de médecine tropicale et de chirurgie il allait se recycler ? J'aimerais savoir également à quel périodique médical il était abonné. Ce n'est certainement pas aux « Annales de médecine et de pharmacie coloniales », publication du corps de santé des médecins militaires outre mer, qui paraissait pourtant depuis 1898. Il correspondait paraît-il régulièrement avec des laboratoires pharmaceutiques. Cela suffisait-il ? Non.

Il fallait consulter des revues spécialisées mais surtout être un vrai praticien, ce que le docteur Schweitzer ne fut pas.

Comment ne pas perdre très rapidement son savoir-faire si l'on ne voit des malades que par-ci par-là ?

Comment faire face à une difficulté, une complication, si l'on a aucune expérience ?

Comment faire de la médecine de qualité quand on a à son service des infirmières qui n'en sont pas ?

Il n'y eut jamais chez Schweitzer aucun médecin spécialiste en médecine tropicale, alors qu'aujourd'hui, dans le nouvel hôpital de Lambaréné, « une bonne connaissance de la médecine tropicale est exigée ».

Schweitzer avait trop à faire à Lambaréné et lors de ses séjours en Europe, pour se tenir au courant.

Schweitzer chercha t-il à corriger les fautes capitales du désordre alimentaire et du manque d'hygiène dans son hôpital ?

Non. Mais puisqu'on a fait de lui un précurseur en tout, il aurait du comprendre avant tout le monde les problèmes sanitaires du développement. Ce ne fut pas le cas. Son art médical se réduisait à la médecine individuelle, distribuant des comprimés bleus, blancs ou oranges supposés agir et guérir par leur seule efficacité, sans qu'il soit nécessaire de réformer les conduites individuelles. Il avait conservé les habitudes de ses malades, pourtant carencés en protéines, en ne distribuant que des féculents et un peu de poisson de temps en temps. *Le menu de ces braves gens n'est guère varié, riz, bananes, manioc. Le poisson c'est le grand extra.*[49]

Même s'il n'existait pas de modèle alimentaire, Schweitzer et ses médecins ne pouvaient ignorer la dimension santé de l'alimentation. Alors pourquoi ne pas s'être intéressé aux enfants carencés et dénutris par d'épouvantables polyparasitismes ? A la même époque, la santé publique faisait dans les écoles des campagnes de supplémentation protéinique.

Quant à l'hygiène, il ne s'en était jamais soucié. Il fallait laisser l'Africain vivre à l'hôpital comme dans son village, pour ne pas lui faire subir un « choc de civilisation ». *Il convient que l'indigène souffre, guérisse ou meurt dans son habitat naturel* [(50)] disait Schweitzer.

Il se trompait ! L'épidémiologie ne lui avait sans doute pas été enseignée ! Comment en effet pouvait-on soigner une parasitose, une amibiase, une dysenterie, si on laissait le malade se réinfester dans les cloaques de l'hôpital ? Comment se contenter de traiter des fièvres paludéennes, alors que l'eau croupissait au sein même de sa formation dans des caniveaux à ciel ouvert ? C'étaient de véritables réservoirs à anophèles, vecteur du paludisme.

Schweitzer n'aurait pas du ignorer les textes applicables à l'Afrique. En 1911, divers arrêtés avaient été pris pour « modifier, compléter ou étendre les dispositions concernant les eaux stagnantes et les maladies transmissibles, la construction et la salubrité des maisons. » Ce n'était pas son problème. Pour mériter sa notoriété, il aurait dû inventer un autre Lambaréné, ou faire évoluer le sien, lorsqu'il en était encore temps, afin d'offrir aux malades, non pas un « bidonville », « une porcherie », mais une formation même modeste, digne d'accueillir des êtres humains, fussent-ils primitifs dans son esprit.

Schweitzer fut-il l'inventeur de la médecine globale, mariant amour et acte médical, corps, esprit et âme ?

C'est ce qu'on affirme. Mais lorsque je relève qu'on lui attribue la paternité de cette forme de médecine, tout à fait à la mode dans notre société d'aujourd'hui, je ne peux m'empêcher de revoir les lépreux aux mains et pieds rongés, les méningitiques à qui

49. Victor Nessmann, *Avec AS*, ES n°6, p. 103. Lettre du 20-12-1924.
50. AS, cité par Gérald Mac Night, *Le Dr AS*, p. 40.

les crises de tétanie arrachaient des gémissements, les enragés hallucinés, qui dans des souffrances terribles étouffaient leur vie par paralysie des muscles respiratoires. J'enrage moi aussi et je rétorque à cela ; mais qu'est-ce que le malade qui arrivait de sa brousse en 1913, et même en 1965, avait bien à faire avec la globalité de l'être ? Le moment n'était pas de traiter de l'être en général. Il arrivait à l'hôpital et venait chercher des soins très urgents et pas de bonnes paroles!

Médecine globale, ce sont des propos de thérapeute pour l'homme vivant dans une société moderne avec des individus malades de leur psychisme. Ce sont des propos d'aujourd'hui, en inadéquation totale avec les problèmes d'hier et sûrement pas d'actualité en Afrique. C'est bien d'être davantage à l'écoute des malades. C'est bien de se consacrer au relationnel, de tisser d'autres liens, de savoir communiquer.

Cependant, je veux dire à tous ceux qui croient, que faire de la médecine de l'homme, s'occuper de la souffrance de chacun, était en 1913 à Lambaréné des critères de bonne pratique médicale, qu'ils se trompent lourdement !

Se servir de ces arguments aujourd'hui, comme on le fait, pour nous expliquer que Schweitzer était en avance sur son temps, est une imposture. Schweitzer n'avait pas compris la situation sanitaire. Les médecins coloniaux arrivant dans l'Ogooué à la fin du XIXème siècle, bien avant Schweitzer, découvraient en quelque sorte les débuts de l'humanité. Il s'agissait de situations d'urgence qu'il fallait traiter, et ne pas s'installer comme un médecin de quartier, comme le fit Schweitzer.

10

Un curieux hôpital

Un hôpital à la gomme...
Jean-Paul Sartre
neveu de Schweitzer

Création de l'hôpital

Schweitzer débarquant à Lambaréné en 1913, avait-il une idée précise de la façon dont il allait s'installer ? Non. Il arrivait sur le territoire de la Mission Protestante à Andendé, et ce qui devait être le début de l'aventure allait se transformer en une série de mésaventures.

Sur la colline, sa maison d'habitation, une case sur pilotis, était prête pour le recevoir. Rien d'autre à côté, car les missionnaires n'avaient pas pu trouver de main d'œuvre. Mauvaise volonté également, car ils ne le voyaient pas arriver d'un très bon œil ! Qu'à cela ne tienne ! Deux semaines après son arrivée, il commença sa consultation et ses pansements dehors en plein air.

Le premier hôpital

Ce fut le poulailler qui était tout proche. Il se l'appropria, le nettoya, y cloüa quelques étagères, blanchit les murs en planches à la chaux. Voilà sa salle de consultation prête. Très vite, le poulailler ne lui suffisant pas, il bouscula les missionnaires et s'installa en bas du fleuve, presque au détriment des écoles. Il avait annoncé la couleur, il voulait consacrer sa vie à son œuvre médicale. Rien ne l'arrêterait ! Comme il appréhendait l'arrivée de la grande saison des pluies et la chaleur étouffante, il fit édifier une baraque couverte de tôle ondulée comprenant trois pièces ; une salle de consultation, une salle d'opération et sa pharmacie. Autour, quelques cases en bambou, construites à la hâte, servaient à abriter les malades africains. Les blancs étaient pris en charge par les missionnaires.

Dans son livre « A l'orée de la forêt vierge », Schweitzer décrit, avec force détails, l'aménagement de ces quelques baraquements. Ce qu'il ne dit pas, c'est qu'il ne participa nullement à leur construction, ne sachant au début même pas planter un clou. Tout au plus mania-t-il la pelle et dirigea-t-il un peu les travaux. *Quand il s'agit d'aplanir le terrain je mets moi-même la main à la pelle.*[1]

Le mérite de cette tâche revenait à deux missionnaires et quelques ouvriers africains. Ces derniers connaissaient déjà la maçonnerie et la charpente, et ce sont eux qui firent bénéficier Schweitzer d'une formation pratique et non l'inverse.

Alors Schweitzer bâtisseur ? Oui, mais ne l'imaginons pas autrement qu'en chef de chantier, le plus souvent grimpé sur une échelle, et toujours prêt à se faire photographier.

En 1963, lorsque je me rendis pour la première fois à la Mission Protestante, je pus apercevoir ce qu'il restait du poulailler au milieu de la brousse. Voilà son premier hôpital ou plutôt ce qu'il baptisa « hôpital ». C'était très rudimentaire, et c'est là que pendant quelques dix huit mois environ il exerça ses premières activités.

Ce premier séjour fut si bref et si peu efficient, que l'on peut avancer sans peine que sa vie à Lambaréné ne commença effectivement qu'en 1924. Pouvait-on appeler hôpital cette baraque en bois, au milieu de la brousse ? Non, mais convenons que vu ses moyens et ses connaissances médicales il ne pouvait espérer mieux.

Puis ce fut la guerre. Schweitzer, allemand, fut emprisonné, déporté, et en 1918 renvoyé chez lui en Alsace dans ses foyers.

Le deuxième hôpital

Lorsqu'il revint en 1924, après sept années d'absence, il lui fallut tout recommencer.

Les missionnaires, avec qui il n'avait guère d'affinités, voulaient bien de lui, mais auraient préféré cette fois le voir s'installer un peu plus loin de chez eux. Il aurait pu, par exemple, « reconstruire son hôpital en dehors de la station, de sorte que chacun ait son embarcadère » Cette proposition rendit Schweitzer furieux. *J'arriverai*

1. AS, cité in *ES n°3*, p. 117. Lettre du 04-07-1925 au Pr Oskar Kraus.

dans l'Ogooué et logerai où ? Chez les catholiques ou dans une case indigène ? Je soignerai mes malades où ? Sous le ciel bleu [2] *!*

Il ne se heurtait pas qu'aux Missions. L'Administration Coloniale également ne voyait pas son retour avec un grand enthousiasme, même s'il était devenu français en 1918. Il était « persona non grata ».

Schweitzer se réinstalla, et avec l'aide de Noël Gillepsie, il répara tout ce qui pouvait l'être car tout était pourri, dévoré par les termites ou vidé par les pillards.

Se moquant même, une nouvelle fois, de l'avis des missionnaires, il construisit une nouvelle baraque ainsi qu'un local pour les fous. Comme ce n'était pas prévu au contrat, c'en était trop ! Il n'avait même pas averti les missionnaires de l'arrivée imminente du Docteur Nessmann et de l'infirmière Mathilde Kottman, recrutés avant son départ de France. Le torchon brûlait entre les missionnaires et lui. Nessmann le comprit très vite. *Je me demande vraiment si à la longue, les deux œuvres pourraient coexister, d'autant que Keller (le pasteur) le jeune, l'avenir en quelque sorte de la mission, a peu, si peu de compréhension pour Schweitzer. L'air est souvent chargé de malentendu, de méfiances, et c'est quelques fois malheureux et paralysant d'y vivre.* [3]

Si Schweitzer ne fit pas preuve de beaucoup de courtoisie envers les missionnaires, c'est parce que son tempérament ne le portait guère à partager.

Le troisième hôpital

Tout d'abord et afin de dissiper tout malentendu, l'hôpital Schweitzer, l'hôpital définitif ne fut pas construit à Lambaréné mais dans les alentours à Adolinanongo. Séparés l'un de l'autre de plusieurs kilomètres, l'hôpital était situé sur la rive droite du fleuve, en amont, tandis que la ville de Lambaréné se trouvait à la pointe de l'île qu'enserraient les deux bras de l'Ogooué.

Les intentions de Schweitzer n'étaient donc pas de rester sur le territoire de la Mission. Il ne supportait pas la promiscuité. Il ne voulait dépendre de personne, et surtout pas des missionnaires.

---

2. AS, cité in Marco Koskas, AS, p. 183. Extrait d'une lettre au siège des missions de Paris.
3. Victor Nessmann, Avec AS, ES n°6, p. 185. Lettre du 24-10-1925.

Il avait repéré, à trois kilomètres en amont du fleuve, sur l'autre berge, un terrain d'une vingtaine d'hectares *un endroit féerique où nous avons installé une plantation*[4]. C'est là qu'il décida de s'installer, à Adolinanongo. Pourquoi choisit-il cet endroit ? Ce n'était pas un hasard car cette colline était un lieu historique. Savorgnan de Brazza y avait séjourné plusieurs fois, y couchait, et c'est de là qu'il partit pour chercher une voie de pénétration vers le Congo. C'est également à cet endroit, que demeurait autrefois le roi des Galoas, ethnie dont les femmes étaient très belles, grandes, minces, la paume des mains blanches, le teint plutôt clair bien que noir avec de beaux yeux bridés. Ces femmes mettaient un point d'honneur à se métisser. L'une de mes sages femmes était Galoa, parlait un très bon français, était très gentille mais un peu trop nonchalante. C'est donc à cet endroit que Schweitzer s'installa et édifia l'œuvre de sa vie, ce qu'il appela son hôpital et que l'on dénommait communément : « Hôpital Schweitzer ». Comme ce projet fut élaboré sans aucune rigueur, il ne pouvait être une réussite. Cette fois ci il fut aidé dans la construction par Noël Gillepsie, le jeune étudiant en chimie, qu'il avait ramené en 1924, et qui maniait fort bien la scie et le marteau. Il lui servait également d'interprète, mais aussi d'aide car il savait faire les intraveineuses et le dépannait en cas d'affluence des malades.

Après quelques années de labeur acharné, l'hôpital devint opérationnel. Comment avait-il pu mener à bien une telle tâche ? C'est parce qu'il eut « La chance d'avoir une robuste santé, ne dormant que quatre heures par nuit, faisant de la musique le soir et de la philosophie la nuit ».

Point question de médecine ! Tout cela était du passé. Il avait entièrement confié le service médical à ses jeunes confrères Nessmann et Lauterbourg.

Schweitzer, lui, surveillait ses constructions : *Je devins moi-même pendant 18 mois le surveillant des ouvriers qui abattaient les arbres sur l'emplacement choisi et travaillant à la construction.... Sans l'aide du fidèle Nonenzali, un charpentier noir, le seul qui resta auprès de moi pendant toute la durée des travaux, je n'aurai jamais pu mener l'œuvre à bonne fin . A lui le travail du bois, mais à moi la maçonnerie ».*[5]

4. Id., p. 224.

C'est parce qu'à l'époque, le travail en forêt et le commerce de l'okoumé offrait aux indigènes un travail bien rétribué, mieux que celui qu'ils pouvaient trouver à la mission, que Schweitzer eut bien des difficultés à trouver une main d'œuvre suffisante. Cela aussi le fâchait. Puis ce fut un charpentier suisse qui arriva à Lambaréné et enfin un exploitant forestier de l'Ogooué qui se mit à sa disposition. De son achèvement dans les années 30, jusqu'à la mort de son créateur, peu de choses changèrent.

A mon arrivée en 1963, les mêmes baraquements que ceux construits de 1924 à 1927 étaient en place, témoins immobiles du renoncement de Schweitzer à changer et innover. Même s'il continua à construire jusqu'en 1965, ce n'est pas sous les auspices de la modernité que s'effectua cette dernière tranche de travaux. On a été très bavard sur le Schweitzer architecte, mais trop peu sur ses réalisations. Son hôpital africain n'était qu'un grand bidonville ou s'entassait dans des impasses étroites et malsaines, animaux, malades et accompagnants.

Ainsi Schweitzer se fit une réputation de charpentier et de maçon plutôt que de médecin. *Je t'écris après une journée épuisante, pendant laquelle j'ai surtout travaillé comme maçon et comme charpentier, dans un air lourd et moite, sous un soleil pénible.*(6) Construire, agrandir sans innover fut son idée fixe, et curieux fut cet étrange besoin qu'il eut toute sa vie. C'est vrai qu'il aimait ses chantiers. Il y passait ses journées, trimballant des planches, grimpant sur une échelle, discutant ou plutôt donnant des ordres à son charpentier sur la façon de clouer ou de fixer tel ou tel chevron. Six mois avant sa mort il n'avait en rien changé ses habitudes.

Un curieux hôpital

C'était un bien curieux hôpital et une bonne dose d'imagination était nécessaire pour croire qu'il était le fruit d'une volonté humaine. Les bâtiments du bord du fleuve, ceux de la partie basse, étaient construits sur pilotis, à cause des inondations, mais également pour se protéger de la vermine et des serpents. Les autres, en retrait, au

5. AS, *Ma vie et ma pensée*, pp. 230-231.
6. AS, cité in *ES n°3*, p. 49. Lettre du 12-09-1932 au Pr Oskar Kraus.

milieu des arbres, étaient disposés dans le plus grand désordre, confectionnés en fonction des besoins et de l'espace. Tout était chevillé et non cloué, car Schweitzer avait tout prévu au cas où, pour une raison quelconque, il serait obligé de démonter et déménager. *Je devins un homme préhistorique moderne, et construisis des baraques en tôle ondulée sur pilotis.*[7]

La partie basse de son hôpital était réservée aux africains malades et aux accompagnants. C'était une véritable cours des miracles, un peu à l'écart de la montée des eaux. Dans des hangars miteux, couverts de tôle, ouverts à tous vents, s'entassaient sur un espace restreint, dans des lits superposés, les malades couchés sur des bas flancs en planche avec, pour matelas, de l'herbe ou de la paille et un pagne par-dessus. Ils étaient au début encore bien plus rudimentaires : *Ils sont faits de quatre pieux solides, terminés en fourche, sur lesquels reposent des rondins de bois entrecroisés, le tout lié au moyen de lianes. De l'herbe sèche sert de matelas.*[8]

Dessous on entreposait le bois, les ustensiles de cuisine, le manioc et les bananes.

Vision tout à fait psychédélique que ce mélange où se côtoyaient les malades, les familles, les promeneurs, les chiens, les poules, les moutons et les cabris ! Ça grouillait de pieds pansés, d'estropiés. Dispersés un peu partout, des ustensiles de cuisine. Dans certains « lits », des traumatisés couchés et mis en extension pour fracture de jambe ou de cuisse, avec des bobines servant de poulies. Cela n'avait rien d'extraordinaire, relevant de la débrouille, car moi aussi j'utilisais des bobines vides en guise de poulies. Ce qui coupait le souffle c'était la promiscuité, la fumée, les mauvaises odeurs, les moustiquaires sales, la malpropreté ambiante. C'était infect et laid ! Et puis il y avait eu au début, des cases sans air ni lumière : *le ghetto pour les tout à fait sauvages et le grenier auquel on accédait par une échelle pour les célibataires.*[9]

Malgré ces conditions d'hébergement intolérables, Schweitzer disait : *Pour la première fois depuis que je travaillais en Afrique, mes malades avaient un logement digne d'êtres humains.*[10]

---

7. AS, *Ma vie et ma pensée*, p. 230.
8. AS, *A l'orée de la forêt vierge*, p. 84.
9. In Victor Nessmann, *Avec AS, ES n°6*, p. 82. Lettre du 24-11-1924.

Entre les bâtiments, dans des fossés de drainage, s'écoulaient les eaux de pluie, les eaux de lavage, les déchets de cuisine et tous les immondices que produisaient les gens et les animaux. Par terre ou sur les toits en tôle rouillée séchait en permanence le linge des malades, les pagnes, les bandages et les pansements que Schweitzer faisait laver par les accompagnants. Nous étions sensés nous trouver dans un hôpital !

Si, à mon arrivée, je parcourais toutes ces allées malpropres, chaussé de samaras, je compris vite qu'il valait mieux mettre aux pieds des chaussures fermées. Le port de ces chaussures légères me causa au départ quelques désagréments. Les puces chiques n'étaient pas étrangères aux boursouflures de mes talons et orteils. Tout traitement médical était inutile, car mon cuisinier, muni d'un bambou effilé arrivait à extraire les bestioles. Il fallait sortir la poche dans laquelle la puce s'était enfermée et éviter de la crever si on ne voulait pas infecter la plaie. Schweitzer portait toujours de grosses chaussures et ne se sentait pas du tout gêné de voir ses malades, et ses semblables, marcher nu-pieds dans la merde. Rien ne le choquait. Ni la malpropreté, ni la puanteur, ni la promiscuité.

Devant les « chambres », les femmes s'affairaient, avec les gamelles sur un feu de bois, à la cuisson des repas des malades car Schweitzer distribuait chaque jour les denrées alimentaires, bananes, riz ou tarots. Il avait fait ce choix, laissant à chaque famille le soin de préparer le repas à sa façon. Il se promenait souvent dans ces venelles sales, au milieu des tas de bois, des feux de cuisine, et des gamelles renversées. Il éprouvait, je crois, une réelle joie mais n'échangeait pas un mot avec les gens qu'il croisait.

Les baraquements de Schweitzer étaient tous en bois. Il n'en manquait pas dans la forêt avoisinante. Pas question de traiter au créosote les parties enterrées du bois ! Le respect de la vie avant tout ! Comme seules les fondations étaient en dur, Schweitzer eu bien des déconvenues avec les termites. Les bâtiments étaient construits selon une logique toute personnelle et s'imbriquaient les uns dans les autres. Il se voulait le concepteur et même le réalisateur, trimballant parfois lui-même planches et chevrons sur ses épaules, car, même à un âge avancé, il avait conservé sa robuste nature. Ses constructions étaient toutes en longueur « comme des vers de

10. AS, *Ma vie et ma pensée*, p. 233.

terre » disaient les Africains. Schweitzer me précisait : ... *jamais d'étages et pas d'escaliers pour ne pas fatiguer vos infirmières et tout votre personnel.*

Son autre obsession c'était de « construire est-ouest, afin que le soleil soit toujours amené à rester sur la faîtière » et avec la partie supérieure des parois externes grillagées, « afin de laisser s'évacuer la chaleur qui monte ». Tout ça était bien vu ! Sur les toits, il mettait de la tôle ondulée, s'épargnant d'avoir à renouveler la paille tous les trois ou quatre ans.

Chaque fois que je le rencontrais et faisais une promenade avec lui, car il était souvent sur ses sentiers, s'en allant voûté et les mains derrière le dos, il me posait toujours la même question. « Est-ce que vous construisez ? » Non, je faisais de la médecine, et comme je lui expliquais que je ne construisais pas, il me précisait : « si vous construisez, ne prenez jamais un architecte car il vous fera attraper une jaunisse ». *Si en Afrique dans une maison il fait chaud, il faut mettre l'architecte au cachot* * me disait-il.

A quoi ressemblait cet hôpital ? Je suis presque incapable de le dire, tellement il était surpeuplé et ne ressemblait à rien sinon à un bidonville : un tas de planches noircies par la fumée et le temps, et des tôles ondulées rouillées qu'un miracle faisait tenir ensemble. C'était une insulte à la raison et au bon sens. Il avait l'aspect de ces vieilles photos ou cartes postales en noir et blanc ou tout était gris et d'apparence sale. L'Hôpital, enfoui sous les grands arbres et les palmiers, était dans une semi-pénombre permanente entretenant l'humidité et la moisissure. Il est vrai également que sous l'équateur, avec la forêt tropicale, contrairement à ce que l'on pourrait penser, le ciel était souvent gris et bas, et il planait au-dessus du village un épais nuage de fumée montant des cuisines africaines.

Le débarcadère africain, tout proche, était toujours encombré de hors-bord, de pinasses et de pirogues que la vague faite par les bateaux qui passaient au loin venait chahuter. Des flopées d'enfants pataugeaient, s'éclaboussaient, et les femmes lavaient leur linge dans des eaux charriant en permanence des détritus de la forêt équatoriale.

Tout à côté se trouvaient la poubelle de l'hôpital et le cabinet de tous les malades car il n'y avait pas de W.C. pour les Africains. Une vraie fosse d'aisance. De là se dégageait une odeur de

---

* - AS, cité in ES n°7, p 199.

marécage, de poisson séché, de manioc fermenté, de déjections. Rien n'avait changé par rapport au premier hôpital. *Le Docteur, pour se créer une petite rade d'accostage qui servirait en même temps de cabinet des plus pratiques et des plus hygiéniques pour les malades de l'hôpital (tout se déversant dans le fleuve), tâche d'attraper et de repêcher toutes les billes qui s'égarent dans notre petit bras*.[11]

Il y avait un seul W.C. pour les blancs qui n'avaient rien d'autre pour se soulager ; proche de la chambre du « Grand Docteur », fermé à clé, une simple planche trouée sur une fosse grouillante d'asticots, laquelle se déversait dans le jardin potager. J'ai utilisé cette cahute une seule fois car j'avais la dysenterie, et il m'a fallu demander la clé à la Direction. Une nuée de mouches me tenait compagnie ainsi que quelques volatiles fort affairés à trouver leur pitance. On racontait que le Président Adelaï Stevenson, en visite à Lambaréné, demandant à se rendre aux « toilettes hommes », y fut conduit et y aurait eu un malaise. S'il est vrai qu'à une certaine époque nos campagnes, et même certains quartiers de nos villes n'étaient pas équipés différemment, je ne comprenais pas pourquoi en 1963 rien de plus hygiénique n'ait été aménagé. C'était primitif, insolite, choquant, malodorant, mais admis par l'entourage. Comme il n'y avait pas d'eau courante, pas d'électricité, pas de confort, il n'y avait pas de toilettes et tout le monde semblait s'en accommoder fort bien. C'était le refus de la modernité, volonté d'un vieillard irascible et tyrannique qui avait toujours imposé sa volonté et compris que la provocation était une façon de se singulariser et d'exister.

Au débarcadère, endroit puant et pestilentiel, où s'accumulaient pendant toute la saison sèche les nuisances d'une population dont personne ne connaissait exactement le nombre, il fallait attendre la saison des pluies et la montée des eaux pour que le fleuve se transforme en vaste égout à ciel ouvert : *...malgré les conditions d'hygiène plus que médiocre..., le taux de mortalité à l'hôpital Schweitzer était le plus faible de tous les établissements africains*.[12]

J'ai de la peine à cacher ma colère et suis exaspéré par cette énormité... Schweitzer aurait eu : *des pouvoirs curatifs presque divins* et *l'écran d'amour et de soins du personnel dévoué, aurait*

---

11. Victor Nessmann, *Avec AS*, *ES n°6*, p. 65. Lettre du 31-10-1924.
12. Edouard Nies Berger, *AS m'a dit*, p. 141.

protégé les malades et impotents , comme *la bonté qui émanait de sa personnalité magnétique traversait les murs fragiles des pavillons et rendait aux patients confiance dans leurs chances de guérison.*[13]

Ces deux extraits illustrent non seulement l'outrance d'une littérature de feuilleton, mais également la force avec laquelle s'imposa le mythe Schweitzer. Si stupéfiantes que puissent être ces absurdités, la propagande réussit pendant des années, à faire croire à des centaines de milliers de personnes, que Schweitzer était un Grand Docteur et son hôpital un modèle en Afrique.

Raillons ensemble ces mensonges, ces falsifications, ces affabulations. Quelle imbécillité de la part d'un américain célèbre d'avoir écrit des choses pareilles ! Voilà ce dont les idolâtres étaient capables pour faire la promotion de Schweitzer ! Je crois qu'il faudrait être vraiment faible d'esprit pour partager de pareilles affirmations.

Lorsque je lis également que son hôpital : ... *fut incontestablement son ouvrage le plus important dont la renommée était mondiale* [14], je ne peux que me poser bien des questions devant une telle ineptie, et me demande comment l'Administration française d'abord, et la République gabonaise ensuite purent tolérer aussi longtemps cette poubelle.

L'autre partie de l'hôpital, celle réservée aux blancs, était située un peu plus haut sur la colline, avec une grande cour centrale, à l'abri des eaux montantes. Il y avait là pèle mêle, les blanchisseuses, les repasseuses, le tailleur, une antilope dans un enclos, un petit singe au bout de sa chaîne et toute une multitude d'animaux en liberté.

Un peu à l'écart, un bâtiment particulier de trois chambres avec terrasse abritait Schweitzer et ses anges gardiens. C'était sa maison. Un peu différente des taudis en contre bas. De là on pouvait apercevoir les toits en cascade des baraquements enchevêtrés.

Les visiteurs et le personnel européens étaient logés dans cinq ou six baraques, également construites sur pilotis avec toits en tôle ondulée. Bordées par de grandes vérandas couvertes d'auvents,

---

13. Id.

14. Laurent Gagnebin, AS, p. 56. Il est vrai que la propagande reussit à occulter, dans l'esprit du public, toust le reste de son œuvre, seule connue des spécialistes.

elles abritaient les chambres du soleil et des pluies tropicales. Ce n'était pas un confort à l'occidentale, tout juste acceptable et plutôt modeste. Infirmières et médecins logeaient dans ces chambres, simples box séparés par des cloisons ne montant pas jusqu'au plafond, afin de rendre toute intimité impossible. Les ébats amoureux ne pouvaient se passer qu'à l'extérieur, éventuellement le soir après le travail, sur un banc de sable. C'était là une marque de la discipline que Schweitzer avait imposée dans son hôpital, car il était aussi très exigeant quant à la moralité de ses troupes. La pensée que des membres de son personnel puissent avoir des relations charnelles avec des femmes ou des hommes noirs lui était insoutenable ; il y voyait le prestige perdu de la race blanche. Pourtant n'était-ce pas au hasard de ces innombrables rencontres charnelles que la race humaine s'est enrichie et diversifiée ? La beauté noire des femmes gabonaises appartenant aux ethnies locales était incomparable. Il fallait les voir au marché ! Avec une épaule négligemment dénudée, une peau de velours, de grands yeux bridés, elles traînaient leur gracieuse langueur parmi les bassines et les tas de manioc. Plus jeunes, elles s'habillaient de peu de chose. Parfois un caraco, rarement une petite culotte, souvent un pagne ceint autour de la taille.

J'ai visité ces chambres aux parois grillagées et à l'ameublement simple ; un lit, une table, une chaise, une lampe à pétrole pour pouvoir lire et écrire, et pour la toilette, une cuvette émaillée et un broc. Jusque là c'était acceptable, et le visiteur averti ne s'en étonnait même plus en 1965. *Le vague vacillement de la lampe à kérosène, la cuvette et le broc où surnagent quelques punaises, la dureté du matelas et l'oreiller de paille sur mon lit de camp, le pot de chambre en dessous, une araignée noire grimpant le long du mur – ni la misère ni l'inconfort du décor ne me dépriment.*[15]

La surprise venait au moment de la toilette quand il fallait vider sa cuvette, sous la véranda, dans un fossé qui devait normalement conduire les eaux sales vers le fleuve. De cet endroit, pourtant le plus propre de l'hôpital, voilà ce qu'en disait un ami très intime de Schweitzer qui avait visité Lambaréné et passé plusieurs jours à l'hôpital. *Le sentier sablonneux où courait un filet d'eau et les rejets d'égouts qui se déversaient à l'air libre me rappelaient*

15. Edouard Nies Berger, *AS m'a dit*, p. 149.

Gunsbach ; il ne manquait que le tas de fumier et l'air pur de la montagne. Ici une odeur fétide imprégnait l'atmosphère.[16]

Pour en finir avec les installations de l'hôpital, reste à dire qu'il n'y avait ni eau courante, ni électricité. L'eau de boisson était puisée dans l'Ogooué et bouillie. Le puits était équipé d'une pompe à main où malades et personnels venaient puiser une eau polluée, plus ou moins limoneuse, et qui servait aussi bien à la lessive qu'à la douche. Quant à l'électricité, malgré la présence d'un générateur capable d'éclairer tout le village, la lumière n'était distribuée qu'à la salle d'opération, et rarement au laboratoire et à la salle de radio.

Voilà l'hôpital du Docteur Schweitzer.

En 1963, il comptait une cinquantaine de bâtiments, cases, cabanes et hangars auxquels il fallait rajouter la vingtaine de cases du village des lépreux. Dans sa frénésie, Schweitzer avait construit d'autres baraques, un peu n'importe où et n'importe comment. Elles ne furent jamais achevées. S'y rajoutait la plantation d'arbres fruitiers et le jardin potager. Son goût le portait vers la construction mais aussi vers le jardinage, et il fut sans aucun doute aussi bon jardinier que charpentier. Il avait la passion des arbres, des animaux, de tout ce qui poussait, de tout ce qui vivait. En cela son hôpital fut bien le Centre d'Expérimentation de sa pensée éthique, le respect de la vie. Respect de la vie des hommes mais aussi des animaux et des plantes. *Le Docteur soignait absolument tout le monde, les Galoas, les Fangs, (...) les catholiques, les protestants et les animistes et même les bêtes et les plantes. Il ne faisait aucune différence.* [17]

Sa colline d'Adolinanongo, il l'imagina comme un Eden où poussait un fatras végétal de centaines d'arbres fruitiers. Avec ses fantaisies végétales, il avait crée un jardin extraordinaire, une ode à la nature. De nombreuses fois j'ai déambulé dans ce monde végétal où fleurs et fruits emplissaient l'atmosphère de senteurs exquises. Sur plusieurs hectares, ce n'était que bananiers, pamplemoussiers, caramboliers, corossols et délicieux mangoustans que de temps en temps m'envoyait Mathilde. Un cadeau royal tant la délicatesse de ce fruit flattait le palais. Tous ces arbres fruitiers avaient été

16. Id., pp. 140-141.
17. In Walter Munz, ES n°5, p. 84.

ramenés des grandes Antilles à la fin du XVème siècle par les Portugais, marchands d'esclaves.

Il fallait panser les arbres blessés, recouvrir les extrémités des branches cassées avec du ciment, comme on panse le moignon d'un amputé. Il demandait à son cuisinier de l'aider : *Massandi, le manguier est malade, il faut le soigner.*

Alors Schweitzer grimpait sur une échelle. *Il a d'abord mis un peu de terre dans le trou du bois, puis il a appliqué une couche de ciment qu'il pressait et modelait de ses doigts (...) Le Grand docteur voulait aider Dieu à garder toutes les choses de la création.* [(18)]

Avec le compost et le fumier de ses moutons, le travail des accompagnants et des convalescents, il avait créé un potager où poussait de nombreux légumes ; salades, tomates, cinq espèces de choux et des taros. « Le paysan de la vallée de Munster » nourrissait sa communauté qui vivait presque en autarcie.

Dans ce monde rêvé, les animaux n'étaient pas oubliés. Pour lui, tous les êtres vivants avaient le même destin biologique ; ils naissaient, vivaient, mourraient et pouvaient avoir faim, souffrir et aimer. Aussi, considérant qu'une grande solidarité liait entre eux hommes et bêtes, il avait un vrai sentiment fraternel pour ses animaux. Il regrettait même de ne pouvoir s'occuper d'eux : *A cause de mon travail et de ma fatigue je ne puis m'occuper de l'éducation des bêtes. Mais je suis convaincu qu'elles possèdent une vie intérieure.*[(19)]

Sans doute trouvait-il qu'il était plus facile de parler aux animaux qu'aux hommes ?

Outre les animaux malades qu'il soignait dans une vingtaine de petits enclos – des dizaines de moutons, de chèvres, de chiens, de pélicans, d'antilopes et de singes – il y avait tous les autres et les animaux de compagnie. Malades ou bien portants, libres ou enfermés, ils étaient des créatures de Dieu et avaient dans l'hôpital une place identique à n'importe quel autre être vivant. Je connaissais Joséphine le sanglier, Julot le chimpanzé, Parsifal le pélican et un affreux dindon.

Ce dernier n'avait la faveur de personne. Orgueilleux, criard et agressif, il s'était installé non loin de la chambre de Schweitzer. Il

18. Id., p. 86.
19. AS, cité in ES n°7, p. 202. Lettre de 1954.

avait son territoire. C'était le gardien des cabinets et à tous ceux qui n'avaient pas de besoin pressant il en dissuadait l'approche. Un jour que je passais par-là il avait bien failli, de son bec, m'éplucher une cheville. Un violent coup de savate dans le jabot de cette horrible bête l'avait éloigné. Il aurait mérité qu'on lui torde le cou. Il ne dût son salut et sa longévité qu'au grand principe de son maître, le respect de la vie!

Et il y avait Parsifal, le pélican de Schweitzer ! Il se comportait comme un seigneur, chapardant les poissons dans les pirogues des pêcheurs ou dans les bassines des femmes qui les écaillaient. Là encore, même s'il recevait quelques coups de bâton ou de machette, il était assuré du pardon de son maître. En définitive régnaient sur cette communauté le grand Docteur, Mathilde, Ali, le dindon et le pélican.

Les animaux capturés, antilopes et porcs-épics devaient être relâchés, les crocodiles et les tortues devaient être ramenés en pirogue au milieu du fleuve.

Interdit de tuer les moustiques même s'ils étaient vecteurs de nuisances ou de paludisme. Massandi se fit réprimander, car animé d'un mauvais instinct : *Une fois j'ai vu un moustique sur son épaule et j'allais le frapper quand il a arrêté ma main. Halte qu'est ce que tu fais là Massandi ? Ce moustique veut vivre comme toi ! Il a besoin de manger et de boire comme toi ! Laisse le en paix.*[20]

Massandi ne s'y risqua plus par la suite, ayant compris que toute vie, même nuisible, devait être traitée avec respect.

Chaque blanc de l'hôpital, infirmière ou médecin, devait s'occuper d'un ou plusieurs des animaux domestiques. Schweitzer s'occupait de tous. *Il a une tendresse touchante pour ses bêtes, deux petites chèvres, deux chats et un petit chien. Et il trouve l'occasion de leur dire un petit mot gentil...* [21]

Il nourrissait ses chats des restes du repas de midi et les flattait en leur parlant allemand. Les poules et les poussins, à qui il distribuait quelques graines, étaient plutôt apostrophées en français. Il parlait également aux oiseaux, comme François d'Assise. C'était une des bizarreries de Schweitzer.

20. In Walter Munz, ES n°5, p. 84.
21. Victor Nessmann, ES n°6, p. 59. Lettre du 21-10-1924.

Cet hôpital était donc une ménagerie et une basse-cour et, à moins d'être comme Schweitzer équipé de bons gros souliers, mieux valait savoir jouer à la marelle si on ne voulait pas mettre les pieds dans toutes sortes de détritus, restes de cuisine, peaux de bananes, cacas de poules ou crottes de mouton.

Obsédé par la souffrance animale, Schweitzer ne supportait pas que l'on maltraite les bêtes, et s'insurgeait contre le sort qui leur était réservé. Il se souvenait de sa jeunesse à Gunsbach, des lourds attelages et des mauvais charretiers. Il se rappelait aussi du cheval battu, alors qu'il faisait escale à Dakar. *Dakar ne me laisse pas un bon souvenir. Je me rappellerai toujours la brutalité avec laquelle on y traite les animaux.*[22]

Il les aurait voulus tous embarqués sur son arche de Noé, et lorsque les pluies tropicales s'abattaient sur le village et que les eaux du fleuve montaient dangereusement, leur épargner tout désagrément.

Comment pouvait-on appeler cet ensemble qui constituait « l'Hôpital Schweitzer » ?

C'est évident il n'était comparable à rien d'autre au Gabon ou en Afrique. Cette communauté fonctionnait comme une secte ayant à sa tête une sorte de gourou tout auréolé de son combat contre la souffrance des pauvres noirs.

• Un village ?

Avec les personnels blancs et noirs, les familles, les malades, les accompagnants, les visiteurs, les campements annexes, les 250 moutons et cabris, les centaines de chiens, d'antilopes et de singes, les nombreuses volailles, le jardin et le potager, c'était effectivement un grand village, avec ses activités, avec sa vie. Un grand village que Schweitzer faisait vivre au rythme européen mais qui ne ressemblait à aucun autre, car au cours de mes tournées en brousse je n'avais jamais rien vu de semblable. Les villages africains étaient plus ordonnés, plus propres, et en ce qui concernait la zone d'hébergement, les Africains n'en auraient même pas voulu chez eux. Sans exagération, c'était la favela de Lambaréné. En fait, c'était plus un village qu'un hôpital, car s'il y avait beaucoup de monde et d'activités, il y avait en définitive assez peu de malades.

---

22. AS, *A l'orée de la forêt vierge*, p. 32.

Le village servait également d'hospice pour des familles qui ne savaient que faire des mourants, des invalides, des vieillards.

• Un lieu d'expérimentation pour l'éthique du respect de la vie ?

Certainement, car si l'on y soignait des hommes et des femmes, des animaux et des plantes, on y respectait la vie des mouches, des moustiques et de toutes les nuisances, fussent-elles tout en bas de l'échelle de l'évolution. *Schweitzer, un jour, parla de son hôpital comme un lieu d'expérimentation de son éthique du respect de la vie. Il voulait au fond vérifier l'idée d'une communauté où vivraient en confiance les hommes de toutes nations et des créatures de toutes espèces.*[23]

• Un village thérapeutique ?

Pourquoi pas ! Schweitzer le définissait lui-même en se confiant à l'Abbé Pierre en 1961. *Ceux qui me critiquent n'ont pas compris ce que j'ai voulu faire ; ce n'est pas un hôpital, c'est un village où l'on soigne.*

L'appellation « village-Hôpital » était devenu une tarte à la crème, et ce vocable permettait à tous les adulateurs, conscients ou inconscients de la pauvreté du village, de nier une vérité simple : l'hôpital était une infâme porcherie.

En 1913,1924 ou même en 1930, Lambaréné et l'Afrique n'avait pas besoin de village hôpital. C'était tout à fait inadapté. Les médecins du corps de santé des colonies ne commencèrent pas par créer des hôpitaux ou des villages thérapeutiques. Ils partirent sur le fleuve avec des pirogues, et à travers la brousse à pied avec des porteurs et des équipes d'infirmiers noirs. Il y avait des urgences, des priorités, il fallait s'occuper du plus grand nombre. C'était cela la grande cause humanitaire.

Je ne crois pas que cette idée de village ait un grand avenir, car peu de responsables africains n'ont envie de voir se créer ou se recréer chez eux un bidonville, un « village où l'on soigne ». L'originalité de l'hôpital Schweitzer appartient à l'histoire du Gabon et à aucune autre, et ce n'est sûrement pas un modèle pour l'Afrique de demain. Il n'a d'ailleurs pas inspiré beaucoup d'autres initiatives. C'est pourquoi j'ai toujours eu envie de mettre le terme « Hôpital Schweitzer » entre guillemets, car appeler hôpital ce qui n'était qu'une banale formation sanitaire, moins bien que beaucoup

23. In Walter Munz, *ES n°5*, p 36.

d'autres et un vrai taudis, me paraît être tout à fait inadapté, voire incongru. Le fait est qu'avoir entendu parler pendant plusieurs décennies de Schweitzer et de son hôpital à Lambaréné ne pouvait qu'être une source de confusion. On y admettait tout et n'importe quoi, car pour Schweitzer il s'agissait de faire du remplissage afin d'avoir à sa disposition le plus possible d'accompagnants et de convalescents. Les hommes étaient engagés à la construction, à l'entretien des chemins et à la plantation. Les femmes étant employées à la lingerie, à la cuisine ou au jardin.

Au fond, il faut avoir le courage de dire que le désir d'indépendance dont rêvait le docteur Schweitzer ne se concrétisa à Lambaréné, du point de vue médical, que par la réalisation d'un petit projet avec une absence totale de perspective. Voilà ce qu'en pensait le Docteur Fergus Pope : ... *appeler la communauté de Lambaréné un hôpital, revient à commettre une légère erreur; il est plus conforme à la réalité de considérer cette communauté comme une infirmerie, dotée d'une installation chirurgicale avec trois internes... Mais il est impossible de délimiter exactement l'infirmerie et la communauté qui en est le support : elles ne forment qu'une seule et même chose. A Lambaréné, les chèvres ne semblent pas être plus déplacées que les docteurs.* [(24)]

Comment était équipé cet hôpital ?

Pas mieux que je ne l'étais. A l'hôpital administratif, la stérilisation se faisait en autoclave ou en poupinel et non comme je l'ai vu maintes fois chez Schweitzer, à même le sol, à l'arrière du bâtiment, sur un feu de bois dans une grande bassine d'eau bouillante. En Afrique et en brousse en particulier, point n'était besoin d'appareils compliqués, il fallait d'abord être bon clinicien, et dans la plupart des cas cela suffisait. Savoir palper, écouter, regarder, voilà les principaux instruments du diagnostic. Comme encore de nos jours d'ailleurs, les bonnes volontés, les sages femmes, les médecins aux pieds nus, rendaient plus de service que scanners et échographes. Il ne fallait pas grand chose pour fonctionner correctement. Un appareil de radioscopie permettait de vérifier une pathologie pulmonaire déjà soupçonnée. Pas de prétention à vouloir anticiper et

24. In Gérald Mac Night, *Le Dr AS*, p. 128. Extrait d'un article du journal tenu par le Dr Fergus Pope après son premier séjour à Lambaréné.

faire du dépistage. Le vieil appareil que je possédais distribuait généreusement ses rayons X. Un microscope, le plus simple possible, et une centrifugeuse à main constituaient peut-être les deux appareils les plus indispensables. Avec une cellule de Malassez, ils permettaient d'avoir une formule sanguine, une goutte épaisse et un liquide céphalo-rachidien. Si l'on possédait en plus quelques réactifs pour les examens d'urines, on avait entre ses mains une véritable fortune. Etre bon accoucheur et savoir manier un forceps servait plus que n'importe quelle ventouse ou monitoring même le plus moderne. Etre un chirurgien de base, sachant faire une hernie, une résection intestinale, une césarienne, un fibrome, parer et panser les plaies, mettre en extension les fractures, voilà qui valait la notoriété.

Schweitzer n'était pas équipé différemment et ne fonctionnait pas autrement. Si ! Il s'était initié à la dentisterie et faisait des plombages quand la maladie du sommeil et la rage humaine menaçaient !

En rajouter n'est que mensonge.

Une caserne

Comment fonctionnait l'hôpital ?

Fort différemment de tous les autres en Afrique. La gestion en était rigoureuse car l'entreprise était entre les mains d'un souverain absolu, Schweitzer, qui de 1913 à 1965, n'envisagea pas la moindre réforme susceptible de lui procurer ce dont elle avait besoin.

Schweitzer, Grand Docteur, non seulement redouté des africains mais également de son personnel blanc, fut dans son hôpital le seul maître à bord et gouverna d'une main de fer. Habitué à faire marcher tout le monde à la baguette, ce n'est pas en vieillissant qu'il changea ses habitudes. *Tout le monde doit accepter ma façon d'agir, je suis le seul maître ici. Le début de la sagesse est de ne pas discuter.*[25]

Dès son arrivée en 1913, il fit acte d'autorité en dictant ses commandements, puis dès 1924, ayant totalement abandonné la médecine, se consacra entièrement à l'édification, la direction et la gestion de cet hôpital.

25. AS, cité par Edouard Nies Berger, *AS m'a dit*, p. 58.

Autoritaire, rigoureux et rugueux, n'ayant même pas supporté la cohabitation avec les missionnaires, il dirigea son hôpital, selon son bon vouloir, édictant pour tous, noirs et blancs, des règles à respecter impérativement. Il était clair à ce sujet. *Du matin au soir, jour après jour, je suis en bas à l'hôpital, pour m'occuper de tout et veiller à ce qu'on n'introduise pas d'innovation, c'est toujours le danger qui menace de fausser le fonctionnement*. [26]

Homme de discipline, regard toujours aux aguets, il fit fonctionner son hôpital comme une caserne. C'était selon l'heure et le jour, le gong ou la cloche qui réglait la vie de chacun. Comme à Gunsbach !

Chaque matin, Ali Silver jouait à l'adjudant de quartier, et c'est par une sonnerie de clairon qu'elle annonçait le rassemblement. Cela plaisait beaucoup à Schweitzer qui avait gardé de son service militaire en 1904, sous la férule allemande, un goût certain de la discipline et du commandement. L'autoritaire Ali, avait un talent que lui reconnaissait Schweitzer quand il la voyait frapper du poing sur la balustrade de la véranda. Pour lui celle-ci n'était pas une femme ordinaire : elle avait des droits. *Cette femme là serait capable de commander à un régiment.*[27]

Après le rassemblement avait lieu l'appel, et Schweitzer du haut de sa terrasse, debout, appuyé à la rambarde, criait : « Fixe ». Après seulement commençait la distribution des outils et chacun partait à son travail. On rapporte que lorsqu'il se leva le 23 août 1965, pour la dernière fois, et apparut sur sa terrasse quelques jours avant de mourir, il se raidit et d'un ton martial prononça trois mots : « Attention fixe », se découvrit et dit « merci ».

Le samedi après-midi réquisition et corvée de quartier. Tout le monde devait travailler pour bien peu de résultats d'ailleurs. *Le commandement de la troupe est confié à la plus jeune infirmière avec comme adjoint Dominique un des plus anciens infirmiers indigènes.* [28]

Pour Schweitzer c'était du bétail. *Comme un chien de berger Dominique tourne autour du troupeau de femmes, faute de quoi l'infirmière qui commande le grand nettoyage les verrait disparaître l'un après l'autre.*[29]

---

26. AS, cité par Pierre Lassus, AS, p. 42. Lettre du 12-05-1950 à Suzanne Oswald.
27. AS, cité par Edouard Nies Berger, *AS m'a dit*, p. 115.
28. AS, *Histoires de la forêt vierge*, p. 119.

Certaines femmes n'appréciaient guère le comportement de Schweitzer et se passaient le mot entre elles. *Non, ne va plus chez le Docteur à Lambaréné, il est devenu méchant, il force les gens à travailler.* [(30)]

D'autres, le matin, refusaient les outils avant de se rendre aux travaux qu'imposait Schweitzer. Ils voulaient déjà échapper à la servitude et à l'arbitraire.

Après l'intérieur et l'extérieur des cases, c'était les ruelles de l'hôpital et les alentours qu'il fallait nettoyer, et ce jusqu'à la tombée de la nuit.

Le dernier jour du mois, branle bas de combat et revue générale pour tout le monde. Vers 14 heures avait lieu l'appel des malades et des accompagnants afin de recenser les personnes effectivement présentes. Ensuite, pendant plus de trois heures, avait lieu en présence de Schweitzer le défilé de tout ce monde entrant par une porte de la salle de consultation et sortant par une autre. *L'heure de l'appel est aussi celle du jugement. Comme telle, elle est redoutée particulièrement des convalescents ainsi que des accompagnants des malades.* [(31)]

Le programme de la journée était lui aussi très rigoureux, réglé comme du papier à musique et calqué sur le rythme européen.

- 7 h 30 petit déjeuner
- 12 h 30 lunch
- 18 h 30 fin du travail
- 19 h 30 dîner
- 20 h 30 extinction des feux pour les Africains et c'était un véritable couvre feu. D'ailleurs dès 18h –18h30 quand la nuit arrivait, le village était plongé dans le noir et Schweitzer lui-même, avec sa lampe tempête, regagnait sa chambre avant tout le monde pour lire et écrire. Ses médecins et ses infirmières, fatigués de leur journée, n'avaient guère d'autres choix que de rejoindre également leur chambre, balançant pour s'éclairer leur lampe tempête à la lueur vacillante.

Il m'est arrivé d'assister à l'office du dimanche matin. C'était plutôt bon enfant. Les Africains allaient et venaient, vaquaient à

29. Id., p. 120.
30. In Walter Munz, ES n°5, p. 115.
31. AS Histoires de la forêt vierge, p. 122.

leurs occupations habituelles, mais au moment de la prière, tous s'arrêtaient et s'immobilisaient dans un moment de silence. Certains avaient traversé le fleuve en pirogue, venant de la mission catholique où ils avaient assisté à la messe. Le Docteur Munz, qui leur demandait pourquoi ils étaient venus écouter le sermon qu'il avait prêché, reçut comme réponse : *Ah ! Docteuri, nous ne sommes pas tellement sûrs que le Bon Dieu il est catholiqui ou bien prostetant, alors nous le visitons dans ses deux cases* [32].

Comment pouvaient-ils savoir si Dieu était blanc ou noir ?

Comment pouvaient-ils savoir s'il était « Catholiqui » ou « prostétant ? » Avant l'arrivée des missionnaires, les habitants de l'Afrique étaient des Africains, ils avaient leurs croyances, et ils étaient animistes.

Schweitzer avait fait de son hôpital un véritable champ clos et je considérais comme un vrai privilège le fait d'y être reçu et de pouvoir m'y déplacer à mon gré, sans guide et sans avoir à m'annoncer.

L'hôpital Schweitzer était-il gratuit ?

Non ! *Mon hôpital est une œuvre philanthropique, les malades y sont soignés gratuitement.*[33]

C'était ses propos du début, mais comme avec Schweitzer il y avait souvent un abime entre les mots et la réalité, très vite il estima que ce n'était pas possible, et que pour fonctionner son hôpital avait besoin de subsides de quelque nature que ce soit. *Il serait faux d'établir d'emblée le principe de l'entière gratuité des remèdes, de la nourriture et des soins médicaux.*[34]

En réalité tout y était payant, d'une façon ou d'une autre, et ses admirateurs se gardaient bien d'en parler, préférant essayer de le justifier par des raisons plus ou moins fallacieuses. Ils le faisaient de deux façons. D'abord ils disaient que c'était un hôpital privé, que les patients avaient le choix, ce qui n'était pas du tout vrai au début. Ensuite ils prétendaient que les soins, dispensés par du

32. In Walter Munz, *ES n°5*, p. 173.
33. Cf : Albert Schweitzer, *A l'orée de la forêt vierge.*
34. AS, cité in *ES n°7*, p. 39.

personnel blanc, y étaient meilleurs que partout ailleurs, ce qui valait bien contrepartie.

Schweitzer, en homme avisé, inventa le « don réclamé », une façon pour ses malades noirs de lui témoigner leur reconnaissance. Il trouvait que cette obligation avait « une forte valeur éducative. » *Je demandais à mes malades de me témoigner leur reconnaissance, autant que faire se pouvait, par un acte.*[35]

Les médicaments étaient payants. C'est ainsi que j'obtins peu à peu, en échange des médicaments, des dons en argent, des bananes, des poulets et des œufs.[36]

Le stovarsol, médicament contre les ulcères, et les comprimés de chaulmoogra contre la lèpre donnaient lieu à des transactions plus importantes, comprimés contre feuilles tuiles pour couvrir les toits de ses constructions. *J'ai déjà pu, grâce au stovarsol, couvrir plusieurs mètres carrés de toit .* [37]

Les interventions chirurgicales étaient payantes. *Pour une opération, je demande qu'on m'apporte vingt régimes de bananes et que deux parents de l'opéré servent l'hôpital comme travailleurs, à partir du jour de l'opération jusqu'au départ de l'opéré .* [38]

Pour une hernie, il en coûtait 1000 CFA (20 Frs). Elles étaient si nombreuses que c'était un vrai pactole pour l'hôpital. Ces sommes, même si elles paraissaient dérisoires, représentaient pour les africains démunis une véritable fortune et il leur fallait parfois s'endetter. Je savais également qu'un accouchement coûtait 2000 CFA (40 Frs) et qu'il fallait porter le cadeau au grand Docteur.

Si les très pauvres étaient épargnés du paiement ou congédiés faute de nourriture, Schweitzer admettait dans son hôpital les malades venant de loin. *Quant à ceux qui sont gravement malades ou qui viennent de loin, je les soigne même s'ils n'ont pas apporté leur modeste tribut.*[39]

---

35. AS, *Ma vie et ma pensée*, p. 154.
36. Id.
37. AS, cité in *ES n°7*, p. 113. Lettre de l'hôpital de Lambaréné.
38. Id., p. 40.
39. AS, *A l'orée de la forêt vierge*, p. 153.

Mon arrivée bouleversa les choses, et c'est la raison pour laquelle la maternité de l'hôpital Schweitzer ne tarda pas à se dégarnir.

Le temps d'hospitalisation, qui n'était pas gratuit non plus, était réglé différemment. Si les malades étaient nombreux, les accompagnants l'étaient encore plus. Quinze jours à un mois d'hospitalisation coûtaient cher à Schweitzer et le chiffre exact des présents à l'hôpital n'était d'ailleurs jamais réellement connu. Il faisait l'objet d'un recensement mensuel.

Comme il fallait bien nourrir tout ce monde, au début se tenait à l'hôpital un petit marché où les africains venaient vendre manioc et bananes. Cela donnait lieu à un marchandage qui n'en finissait pas, car Schweitzer était un vieux roublard qui ne distribuait que des bananes et des tarots, jamais de viande et rarement du poisson.

Comment les malades s'acquittaient-ils de leurs frais d'hospitalisation ?

Par les « travaux forcés » qu'imposait Schweitzer. *Il leur faut mettre la main à la pâte, il leur faut payer de leur personne, c'est comme ça qu'ils peuvent mieux guérir.*[40]

Ainsi avec les accompagnants, les visiteurs et les convalescents, l'hôpital se transformait en un réservoir de main d'œuvre « nègre » à bon marché qui était contrainte de participer à la construction des baraques et à l'aménagement des infrastructures du village. Sans cet abus de pouvoir sur la population présente dans l'hôpital, ces corvées rendues au Seigneur, comme on l'a dit, Schweitzer n'aurait pu vivre et progresser .

Les accompagnants devaient travailler. *J'exige d'eux qu'ils fournissent du travail, dès que celui ci (le malade) se trouve en bonne voie et peut se passer de leur présence continuelle.*[41]

Après avoir distribué pelles, pioches ou haches, Schweitzer les faisaient se diriger sur les lieux de travail. Ils n'appréciaient guère et certains se rebiffaient, mais le malin Schweitzer avait confié la surveillance de ces gens à une maîtresse femme « mademoiselle contremaître ». Elle était supervisée elle même par Ali Silver, celle dont Schweitzer disait *qu'elle était capable de faire marcher un régiment.*

40. Pierre Lassus, AS, p. 46.
41. AS, *Histoires de la forêt vierge*, p. 117.

Les visiteurs devaient travailler. *J'exige également que les indigènes qui viennent rendre visite aux malades soient à ma disposition au cas où j'ai besoin d'eux.*[42]
Ils étaient pris en otages, et s'ils refusaient, ils étaient chassés de l'hôpital ! *Dans un coin on trouve une équipe qui découpe des bambous pour faire la toiture. D'autres font de la paille dont sont faits les murs et les toits, d'autres fabriquent des lits, d'autres transportent en hurlant des piquets de bois très lourds pour une nouvelle construction.* [43]

Les convalescents devaient travailler.
Plus que d'exploitation, on parlait de réabilitation thérapeutique ou de participation. *De même on décide que tel ou tel convalescent peut être désigné pour tel ou tel service en attendant l'occasion d'être rapatrié.*[44]

Cela pouvait durer un certain temps car les propriétaires de pinasses ou de pirogues n'étaient pas forcément enthousiastes pour charger des personnes supplémentaires.

Les femmes devaient travailler. *D'un autre côté l'équipe des femmes travaille à planter du manioc, des patates, du maïs sur les parcelles qu'elles ont au préalable débroussaillées et nettoyées près du fleuve.*[45]

Fort occupées avec la cuisine, le linge et parfois plusieurs enfants, elles aussi se rebellaient au point de traiter Schweitzer de méchant homme.

Les enfants devaient travailler.

Même s'il n'est pas simple de prendre l'exacte mesure de la situation, Schweitzer s'accommoda assez bien de cette exploitation, assez commune au XIXème siècle, et considérée aujourd'hui comme une pratique honteuse. *Ailleurs de très nombreux petits négrillons sont assis, tout mignons, sur un toit pour le couvrir de paille.*[46]

---

42. Id., p. 118.
43. Victor Nessmann, *ES n°6*, p. 122. Lettre du 06-02-1925.
44. AS, *Histoires de la forêt vierge*, p. 123.
45. Victor Niesmann, *ES n°6*, p. 214. Lettre du 03-12-1925.
46. Id., p. 122. Lettre du 06-02-1925.

Les blancs hospitalisés devaient également participer. *Il (Schweitzer) ne demande jamais d'honoraires, mais il arrive de leur faire rendre des services dans la spécialité de chacun. Presque tous nous cèdent pour un ou plusieurs jours leur équipe de pagayeurs.*[47]

Alors que l'administration française au Gabon n'avait jamais imposé le « travail obligé », Schweitzer prenait modèle sur l'Afrique Orientale Allemande où le travail obligé était pratiqué de façon méthodique. Il pensait que le principe était bon et salutaire.

L'hôpital Schweitzer était-il un modèle, une innovation ?

Non. Le choix d'hospitaliser le malade, ainsi que sa famille, et même ses animaux, n'était pas d'une très grande originalité comme je l'ai vu écrit. La vie quotidienne au village-hôpital était calquée sur celle des villages indigènes, car la tradition voulait que partout, en Afrique, les malades soient entourés de leur famille. Il ne s'agissait pas d'un projet personnel de Schweitzer, mais bien d'une coutume contre laquelle il ne pouvait pas lutter. Avoir pour chaque malade un ou plusieurs accompagnants était une nécessité absolue. Ils étaient membres ou non de sa famille selon les pratiques en vigueur de la solidarité villageoise ou de l'appartenance à la même tribu. C'était pour Schweitzer une opération rentable, un réservoir de main d'œuvre.

Pourquoi des accompagnants ? Tout simplement pour faire face aux besoins, car Schweitzer ne fournissait ni le linge, ni les repas, et qu'il n'avait pas suffisamment de personnel, surtout à ses débuts. Qu'aurait-il pu faire d'autre en 1913, accompagné de sa seule femme comme infirmière ? Ce sont donc bien les circonstances qui l'obligèrent à fonctionner ainsi.

Même plus tard, comment deux médecins et quelques infirmières auraient-ils pu faire face, seuls, à ce désordre extraordinaire qui régnait dans la zone indigène ?

Partout où je suis passé au cours de mes séjours africains ou malgaches, les hôpitaux ou centres médicaux de l'époque ne fonctionnaient pas différemment, même si aujourd'hui les choses ont peut-être changé. En 1963, à l'hôpital administratif,

47. Ibid.

les bâtiments d'hospitalisation étaient en dur, peints en blanc, bien aérés, fonctionnels et propres, et ce n'est pas pour autant que les accompagnants étaient rejetés. Bien au contraire, ils étaient là avec leurs malades, les gamelles et les paquets de taros. Ils étaient accueillis dans un coin de la cuisine, et il n'était pas interdit d'y allumer du feu. Chaque malade avait besoin de son gardien pour l'aider à manger ou se lever. Il se sentait ainsi réconforté par quelqu'un qui connaissait sa langue, ses goûts, ses habitudes. Schweitzer avait imposé sa discipline, mais respecté les habitudes, aussi avoir dit que son village hôpital était un modèle d'adaptation médico-sociale relève de la supercherie car c'est faire croire qu'il fut le seul à l'avoir fait. Ce qui est faux. Dans l'Afrique d'aujourd'hui, comme dans celle de demain, l'idée du village où l'on soigne, manière Schweitzer, n'a aucun avenir. D'ailleurs il est probable qu'en 1913 et 1924, Schweitzer n'avait que faire, dans le contexte du moment, de cette approche thérapeutique et psychologique que pourtant les fabricants du mythe et les thuriféraires ne manquèrent pas de s'approprier. Tous ces idolâtres se gargarisaient de cette prétendue innovation, ignorant tout de l'Afrique et de l'organisation d'une société qui ne fonctionnait pas comme la nôtre.

Ils étaient donneurs de leçons et pourtant, ils ne savaient pas ce qu'était la notion d'ethnie et de tribu, les Fangs, les Bapounous, les Miènés et les autres, la méfiance et même l'hostilité des uns envers les autres.

Lorsque Schweitzer arriva en 1913, les tribus se faisaient la guerre, s'entretuaient, et les prisonniers devenaient esclaves. Même chez les hospitalisés, son souci n'était pas de les réunir et de leur dire « aimez-vous les uns les autres » mais bien au contraire de les séparer en donnant à chaque malade et à ses accompagnants un coin particulier. La case Fang était réservée aux malades Fangs, la case Galoa aux malades Galoas, essayant ainsi de dissuader les hommes de s'attaquer entre eux. Malgré cela ce n'était pas toujours possible : *Des mourants sont en train de s'entretuer pour quelques bananes. C'est affreux !* [(48)] disait Nessmann.

Rien ne changea fondamentalement avec le temps. Les méfiances et les peurs entre groupes ethniques persistaient, chacun

48. Victor Nessmann, *ES n°6*, p. 193.

prenant la présence de l'autre pour un danger. Toute mort était suspecte, et on s'accusait volontiers de se jeter des mauvais sorts ou de vouloir s'empoisonner.

Je peux manger de la cuisine faite par un breton ou un niçois, je peux accepter, qu'hospitalisé, une injection me soit faite par une infirmière noire, blanche ou métis ! En Afrique, ça ne fonctionnait pas comme ça ! Un africain ne mangeait pas le repas fait par la cuisine collective mais celui que lui avait préparé son accompagnant avec ses propres gamelles. Un Galoa ne pouvait pas manger la cuisine préparée par un pahouin, il avait bien trop peur d'être empoisonné ! « Poisonné » comme il disait.

J'ai vécu une situation très représentative de cette méfiance, de cette mentalité tribale, qui persistait même des décennies plus tard. Ma maternité, parce qu'elle était tenue par une sage-femme sénégalaise, pourtant très compétente, fut à un moment quelque peu désertée. Pour rétablir la confiance, il me fallut faire affecter deux matrones appartenant aux ethnies locales.

Voilà pourquoi il y avait des accompagnants. Qu'ils dorment sur le lit, sous le lit, au milieu de la chambre, cela n'avait rien de choquant. C'était l'Afrique ! Vouloir y trouver autre chose n'est que littérature et propagande. D'évidence Schweitzer n'a rien inventé du tout, et si ce mode d'hospitalisation novateur et humanitaire, rapprochant le malade et sa famille, est aujourd'hui une forme de progrès en Europe et dans notre société, Schweitzer n'en a pas la paternité.

En 2002, le nouvel hôpital Schweitzer fonctionnait à l'identique. Il y avait des malades et des accompagnants, et ce n'est pas parce qu'ils couchaient dans de vrais lits qu'ils devaient souffrir plus de leurs angoisses que de leurs affections. Alors, ce n'est pas parce que le Docteur Schweitzer en avait établi en 1924 le principe, mais bien parce qu'il ne pouvait en être autrement.

Réflexions des uns et des autres

Je m'étais fait connaître, dès le début, grâce à l'adjudant Thomas, commandant la brigade de gendarmerie de Lambaréné. Comme Schweitzer, il était natif de Kaysersberg, parlait l'alsacien, avait le même tempérament carré, et je bénéficiais de leurs rencontres très complices car j'accompagnais souvent l'adjudant Thomas à l'hôpital. Non seulement ils échangeaient des regards où se mêlaient une espèce de complicité, mais la conversation entre ces deux hommes était si étrange, que je ne comprenais rien à ce qu'ils disaient. Sans doute des histoires du pays dont ils partageaient l'humour. Ce sont les rares fois où j'ai vu rire Schweitzer.

Je me sentis très vite un familier de l'hôpital et des dizaines de fois au cours de mon séjour, j'ai accompagné amis ou visiteurs officiels qui, curiosité oblige, venaient d'abord visiter mon hôpital et ensuite partaient visiter l'hôpital Schweitzer. J'y ai accompagné de nombreuses délégations de l'OMS, du Centre International de l'Enfance, des Ambassadeurs et un jour le Docteur White grand cardiologue américain. C'étaient des visiteurs importants dont la plupart avaient des positions intéressantes. Je servais de photographe ou de cameraman à tous ces gens qui voulaient rapporter des souvenirs. Lorsque je quittais le Gabon en 1965, je n'avais pour moi que de rares documents, alors que j'avais fait pour les autres des milliers de photos et des centaines de mètres de pellicule. Ces visites me permettaient de recueillir les sentiments de tous. Schweitzer et son hôpital étaient la plupart du temps perçus comme une simple curiosité, rien de plus. On venait voir le Docteur Schweitzer et son hôpital, mais une fois sur place on n'avait plutôt envie de se voiler la face. C'était l'incrédulité devant une réalité aussi miteuse.

En 1964, je trouvais cette réflexion d'une journaliste du Monde, venue trois ans de suite à Lambaréné, comme celle permettant de mieux cerner le phénomène. *La première fois je fus étonnée. La deuxième fois je fus intéressée. La troisième fois je fus écœurée.*

C'est elle qui me fit cadeau du livre de l'anglais Gérald Mac Night, ce journaliste qui, en quatre jours passés à Lambaréné, comprit si bien le problème Schweitzer.

Même si je connaissais assez bien Schweitzer, je ne m'étais jamais permis la moindre observation sur l'aspect folklorique de son hôpital. Je laissais aux visiteurs curieux, qui découvraient ce qu'on ne leur avait jamais dit, le monopole de la critique. Ils se transformaient alors souvent en procureurs impitoyables. Contrairement à tout ce qu'on à raconté, même les malades blancs de Lambaréné critiquaient Schweitzer, comme en témoignait

Nessmann en 1926 : Je traite en ce moment un des rares malades blancs qui ait de la compréhension pour l'œuvre et la personnalité de Schweitzer.[(49)]

J'avais parfois une certaine tolérance pour Schweitzer et m'étais souvent interrogé pour savoir si pavillons blancs, lavabos, W.C. et matelas correspondaient réellement aux besoins de l'Afrique. Il y avait une évolution inéluctable, et je m'y adaptais parce qu'il le fallait. Schweitzer, lui, s'y refusait. S'était-il seulement une seule fois posé la question ? Sûrement pas, vu la conception qu'il avait de l'hygiène et de la capacité d'évolution de l'homme noir.

Un jour, je reçus Madame Ika Polpon, indienne, Présidente du Centre International de l'Enfance. Au cours de sa visite, n'en croyant pas ses yeux, elle me dit ; *J'ai connu trois grands de ce monde, Einstein, Gandhi et Schweitzer ; 3 fous.*

Le Docteur White, grand cardiologue américain, ancien médecin personnel du Président Eisenhower, vint me voir accompagné du Docteur Müller et prit un pot à la maison. C'était une visite très officielle. J'en avais été averti par deux télégrammes à 48 heures d'intervalle car j'étais sur place le représentant de la santé publique. Le Docteur White trouvait que chez moi tout était très joli « too nice, too nice ». Certes, cela n'avait rien de ressemblant avec ce taudis qu'était l'hôpital Schweitzer ! Mais était-il sérieux, le Docteur White ? Il trouvait même très jolies les cases du personnel infirmier. J'appris que cette visite avait pour but l'étude des possibilités d'implantation d'un grand Centre de Recherche américain sur les problèmes médicaux du Gabon et de l'Afrique. Si les autorités locales y étaient favorables pour des raisons économiques, Schweitzer y était opposé, car il ne voulait pas se laisser voler Lambaréné. Même moi, qui n'avait pourtant rien à dire, j'étais contre et Schweitzer, sans le vouloir, défendait la présence française. De retour en Amérique, White fit dans la presse américaine des articles peu amènes pour Schweitzer qui n'apprécia guère.

Rhéna Eckaert me dit à ce propos ; *White ne connaît rien à l'Afrique et a jugé l'hôpital de mon père d'une façon ridicule, comme seul un américain en est capable.*

Schweitzer avait compris qu'un Centre de Recherche à Lambaréné, mondialement connu, le relèguerait au second plan et lui volerait sa renommée. Il préférait ma présence à celle des Américains.

---

49. Victor Nessman, *ES n°6*, p 202. Lettre du 22-11-1925.

Ce jour là Schweitzer commis une erreur fort préjudiciable pour Lambaréné et la Région du Moyen Ogooué, car le centre de Recherche fut édifié dans le Sud Est du pays à Franceville.

J'avais beaucoup apprécié le Docteur White qui avait passé un grand moment à la maison, nous racontant ses voyages à Moscou. Seul américain membre correspondant de l'Académie des Sciences de Moscou, où siégeaient cinq communistes et cinq non communistes, il nous raconta que les médecins chinois qui étaient allés à Moscou pour le rencontrer, avaient adressé une lettre à Mao Tsé-Toung lui demandant de le laisser entrer en Chine. Ce qu'on lui refusa. Un seul américain, reporter, était entré en Chine en dix ans. Il avait écrit, « Five red stars of china » et « On the other side of the river ».

Au cours de mon séjour, je vis beaucoup d'autres visiteurs de marque. J'ai mesuré le ridicule des américains s'affublant du casque colonial et la touche risible de ces vieilles suissesses enfilant des bas blancs pour mieux ressembler à toutes les femmes de l'hôpital. Les Français, peu nombreux mais plus réalistes, étaient surpris par l'ambiance église réformée et le manque de maturité de tous les blancs qui gravitaient autour de Schweitzer. Ils étaient impressionnés et admiratifs de voir un homme qui, dans ses bons moments, parlait, plaisantait, les intéressait et dédicaçait photos et livres. Les moins attentifs oubliaient presque de visiter l'hôpital, se contentant de la présence du vieil homme. On le leur avait présenté comme un homme orgueilleux et ils trouvaient un vieillard simple et affable avec ses visiteurs. Il n'était pourtant pas toujours en forme. A l'occasion d'un déjeuner avec des personnalités importantes, je l'avais trouvé fatigué, presque adynamique et avec un teint bizarre. Je me souviens que, ce jour là, nous avions mangé des noix venant de sa propriété en Alsace.

Lors de nos promenades sur les sentiers, il se prêtait presque toujours de bonne grâce à mes questions, si elles ne le dérangeaient pas, et me racontait les marchés aux esclaves, me disant la chance qu'avait eu Lambaréné et le Gabon, de voir les négriers rapporter les arbres fruitiers. *L'Afrique équatoriale ne possède ni céréales ni arbres fruitiers autochtones. Le bananier, le manioc, l'igname, la patate et le palmier à huile ont été importés des Antilles par les Portugais, qui ont été par ce fait les grands bienfaiteurs de l'Afrique équatoriale.*[50]

---

50. AS, *A l'orée de la forêt vierge*, pp. 94-95.

Certes il ne faisait pas l'apologie de la traite mais trouvait des excuses aux marchands d'esclaves. Il se souvenait des vieux gabonais parlant l'anglais, car au Gabon on avait parlé l'anglais avant le français, les premiers missionnaires étant américains. Il se souvenait aussi des médecins militaires faisant leurs tournées dans les villages. Puis il revenait ostensiblement à sa passion et à sa préoccupation première : ses constructions. Il y avait aussi le fumier et les moutons. Je pensais qu'il avait des moutons pour la viande ! Et bien non, c'était pour le fumier. Il s'en servait pour son jardin et avait l'habitude d'en envoyer à l'Administrateur. C'était son cadeau à tous les arrivants. *Savez-vous pourquoi la Chine périra ?* me disait-il ?

Comme je n'en avais aucune idée, il m'expliqua que la Chine périrait parce qu'elle n'avait pas assez de fumier pour fertiliser la terre qui devrait nourrir plus d'un milliard d'hommes. Je ne comprenais rien à cette histoire de fumier jusqu'au jour où je lus une confidence de Schweitzer à son ami l'organiste Nies Berger : *N'oubliez jamais que la civilisation a commencé par un tas de fumier.*[51]

Comme je ne pensais pas que l'humanité ait pu commencer de façon aussi insignifiante, il m'expliqua que le niveau de civilisation d'une population dépendait de l'emplacement du tas de fumier. Sa référence, c'était l'Alsace et la Lorraine. En Alsace il était derrière la maison, alors qu'en Lorraine il était devant la porte, ce qui lui permettait de conclure que l'Alsace était plus civilisée que sa voisine. Faisant escale à Lomé au Togo en 1954, il interrogea un Père missionnaire qui était venu lui rendre visite à bord. *Dis-moi si les paysans d'ici savent fumer la terre.*[52]

Comme le Père n'en avait pas une idée très précise, Schweitzer lui rétorqua : *Vois-tu, c'est un signe que la population togolaise n'a pas encore dépassé le stade primitif.* [53]

Tout autre était le comportement des africains de passage à Lambaréné. J'ai connu des Abessolo, des Meyé, des N'Guema, tous ministres ou hauts fonctionnaires. S'ils venaient volontiers chez moi, la plupart du temps ils refusaient d'aller à l'hôpital Schweitzer et ne voulaient pas en entendre parler. Ils prétendaient, *que c'était l'hôpital le plus sale d'Afrique ; les méthodes de travail*

---

51. AS, cité par Edouard Nies Berger, *AS m'a dit*, p. 41.
52. In Cahiers AS, n° 123 et 124 p. 18.
53. Id.

n'y étaient pas modernes, l'on y faisait vivre l'Africain comme il y a cinquante ans, il n'était pas possible de parler avec Schweitzer. Il pensait que l'Africain avait encore peur et besoin du feu, alors qu'on avait changé d'époque et qu'il existait aujourd'hui des africains bacheliers et même licenciés en droit . Et c'était vrai, car en dehors de Lambaréné, l'hôpital n'avait aucune crédibilité médicale.

J'ai assisté un après midi, quelques jours après mon arrivée, à une confrontation intéressante sur le problème Schweitzer, traduisant bien le climat de l'époque.

Les interlocuteurs ?

D'un côté les accusateurs : un journaliste blanc, un médecin Dahoméen et un médecin Canadien travaillant au Dahomey.

De l'autre, les défenseurs : Le Docteur Weissberg, qui n'était pas encore parti, médecin chef de l'hôpital administratif et sa femme.

Les Dahoméens étaient venus en voiture pour visiter l'hôpital Schweitzer et ne comprenant rien à ce qu'ils venaient de voir, venaient chercher des explications à l'hôpital public. Ce qu'ils ignoraient c'est que le Docteur Weissberg était un intime de Schweitzer. La discussion qui commença vers 17h30 dans la cour de l'hôpital, se termina à la maison vers 19 heures. La conversation qui se déroulait en anglais pouvait se résumer en trois questions et réponses :

- Pourquoi Schweitzer, avec tous les moyens dont il disposait, n'a t-il pas fait un hôpital moderne ?

Schweitzer n'a jamais voulu faire un modèle d'hôpital. Il a fait un village ou l'africain vit comme chez lui. L'hôpital Schweitzer est ce qu'il est, pourquoi vouloir en faire autre chose !

- Pourquoi à l'hôpital n'y a t'il que des « White people », des blancs, et pourquoi Schweitzer n'a t'il pas pris des médecins africains ?

Si les soins sont de qualité à l'hôpital Schweitzer c'est parce que tout le personnel est blanc et que le malade africain a plus confiance dans les blancs que dans les noirs. Schweitzer a très bien compris que le succès de son hôpital venait de là !

- Pourquoi à l'hôpital Schweitzer tout est payant ?

L'hôpital Schweitzer est privé et le malade a le choix. S'il vient et paye c'est qu'il a conscience qu'il sera bien soigné !

Les visiteurs furent-ils convaincus ?

Bien sûr que non, mais à bout de nerfs et d'arguments, je vis le Docteur Weissberg se lever et dire : « *this is true* » (ceci est la vérité). Par cette brève formule, il mettait fin à un entretien qui n'éclairait personne. Êtes-vous aussi convaincu ? Non, c'est le problème très complexe que j'essaie d'expliquer, le problème Schweitzer.

Voilà mes réflexions sur l'hôpital Schweitzer. Qu'en pensait d'autres visiteurs ?

Marion Preminger, aveuglée par la lumière de Schweitzer, s'exprimait ainsi : *Nous n'avons pas de lumière, pas d'eau pourtant je vous le demande, pourquoi sommes-nous un phare pour tous les hôpitaux du monde ?* [*]

Telle n'était pas l'opinion de certains journalistes venus à Lambaréné, y compris des médecins ayant servi à l'hôpital. Même s'il n'existait pas un véritable instrument de mesure, médecins et infirmières, comme souvent les défenseurs même les plus favorables à Schweitzer, avaient pris conscience du retard croissant de l'entreprise. Ils ne pouvaient rien contre le conservateur qui s'accrochait à ses certitudes et à son immobilisme.

Le Docteur Penn, pensait : *...que des centaines d'hôpitaux et de missions en Afrique rendaient plus de service aux malades, et que l'hôpital Schweitzer n'avait aucune valeur en tant qu'hôpital.*[54]

Même le Docteur Pope, le prétendant américain à la succession de Schweitzer était d'accord et s'exprimait ainsi : Beaucoup de malades gabonais ou étrangers trouvent les conditions offertes par Lambaréné trop primitives à leur goût[*].

Il est vrai qu'avec le temps, les malades prenaient de plus en plus conscience de l'intolérable condition qui leur était faite dans l'hôpital.

Quant à la peu charitable Jane Rouch, journaliste à « Jeune Afrique », elle ne faisait pas dans la dentelle. *Une plaie, un*

---

*. In Gérald Mac Night, *Le Dr AS*, pp. 138-139

54. In Gérald Mac Night, *Le Dr AS*, p. 255.

* - Id., p. 127.

cloaque, c'est ce qu'on appelle l'hôpital Schweitzer. Les visiteurs, même les plus favorables au Docteur Schweitzer, admettent que son hôpital est le plus arriéré du monde.[55] *L'Africain lui-même ne peut plus être hébergé dans des conditions aussi dépouillées.* [56] disait un responsable d'association.

Jane Rouch accusait également le Docteur Schweitzer de *mettre au rebut des caisses de médicaments et de matériel chirurgical.* Même si dons et secours ne furent ni pleinement ni intelligemment utilisés, ce n'était pas vrai. J'ai été témoin d'un arrivage d'antibiotiques et de produits inutilisables à Lambaréné. Ils venaient d'Espagne. Tout était périmé. Schweitzer furieux en détruisit une grande partie et fit déverser le reste au fleuve.

Qu'en pensait les Africains évolués ? *On n'a plus besoin de ce dévouement plein d'une consécration presque religieuse. Il ne devrait pas être nécessaire dans ces temps modernes de vivre sans le confort normal.*[57]

Schweitzer avait plutôt mauvaise réputation auprès d'eux. Un journaliste américain John Randal, rapportait les propos que lui avait tenus un africain de Lambaréné, un de ces nouveaux intellectuels noirs : *J'aimerais mieux mourir faute de soins que de me faire humilier à l'hôpital Schweitzer.*[58]

C'est Monsieur Omar Bongo, Président de la République, qui en son temps formula la conclusion qui s'imposait : *L'hôpital Schweitzer est une honte pour le Gabon moderne.*[59]

55. Ibid. pp. 39-40. Article de sept. 1962 de Jane Rouch, journaliste à Jeune Afrique.
56. In *ES n°7*, p. 198.
57. Id.
58. In Gérald Mac Night, *Le DR AS*, p. 279.
59. In *ES n°7*, p. 198.

11

Une erreur stratégique de Schweitzer

La maladie du sommeil
est encore plus répandue ici
que je ne supposais au début.
Albert Schweitzer

Schweitzer me disait : Je ne connais pas l'autre côté du fleuve. Si à ses débuts il fit quelques déplacements vers les dispensaires protestants de N'Gomo et Samkita, à partir de 1924-1925 il cessa ce genre d'activité.

Aucune formule ne pouvait mieux traduire son isolement. En dehors des ses voyages en Europe dédiés à la collecte d'argent, ou pour diverses manifestations, il ne quittait jamais son hôpital. C'est, parmi bien d'autres, une des raisons qui fit que Schweitzer fut toujours un homme hors du monde et hors du temps. Dés le début, en ne s'intéressant qu'à la construction de ses baraques et en refusant de regarder autour de lui, il commit sa première erreur : se désintéresser de la maladie du sommeil.

Etait-il averti de sa présence à Lambaréné et dans le bassin de l'Ogooué ? Bien sûr. Plusieurs années avant son départ pour l'Afrique, le journal des Missions Evangéliques de Paris avait attiré son attention. *Les missionnaires établis là bas au service des Missions Evangéliques de Paris m'avaient dit qu'un médecin y serait fort nécessaire, surtout à cause de la maladie du sommeil.*[1] C'était la priorité des priorités, et pour s'en être désintéressé Schweitzer n'aura aucune excuse. Il lui fallait non seulement livrer

1. AS, *A l'orée de la forêt vierge*, p. 17.

bataille contre les noirs pour les obliger à travailler, mais aussi partir en guerre contre la maladie du sommeil. En ne prenant pas en compte la trypanosomiase en tant que grande endémie, il marqua son refus de se préoccuper d'une problématique à long terme qui pourtant conditionnait l'avenir de la santé et le développement du Gabon. *Quand la maladie du sommeil atteint une nouvelle contrée, elle y produit tout d'abord d'énormes ravages ; son premier assaut peut emporter le tiers de la population* [(2)].

La maladie s'était fait connaître dès les premières années du siècle : *... par sa violence néfaste, en stérilisant presque l'humanité noire, et en quelques mois seulement, les riches territoires de l'Ogooué.*[(3)]

Plus qu'aux hernies, aux ulcères, aux extractions dentaires, qui semblaient constituer sa préoccupation première, c'était à la maladie du sommeil qu'il fallait s'intéresser pour ne pas laisser volontairement de vastes zones sous médicalisées, voire non médicalisées. Plutôt que de pratiquer une médecine individuelle et curative, alors qu'on lui a attribué des qualités de précurseur, je ne comprends pas que Schweitzer ne se soit pas jeté corps et âme, et de toutes ses forces, dans cette bataille qui n'avait d'autre but que de sauver des vies, le plus de vies possible.

C'est à cette noble tâche que s'attela, bien avant tout le monde, le Service de Santé Colonial, principalement en Afrique Equatoriale Française où de vastes contrées étaient dévastées par la terrible maladie. Dans les années 1880, c'est Albert Calmette, médecin de la Marine, puis médecin du Corps de Santé Colonial, qui s'intéressa le premier à la maladie du sommeil. Des le début de 1906, une mission scientifique de trois médecins coloniaux - Martin, Leboeuf et Roubaud - fut envoyée dans la colonie Congo Gabon. *Les travaux qui durèrent deux ans permirent de préciser le diagnostic microscopique et les différents modes de transmission. Les travaux de la mission, féconds en résultats pratiques, servirent de base initiale à la campagne qui allait suivre.*[(4)]

Cette campagne, Jamot le médecin colonial fut le premier à l'entreprendre car il comprit avant tout le monde que les problèmes sanitaires d'un pays conditionnaient son développement.

---

2 . Id., p. 105.

3. In *Trois siècles de médecine coloniale*, 1931 p. 201.

4. Id.

Hôpitaux et dispensaires, même s'ils étaient nécessaires, devaient être complétés et même précédés par des structures mobiles itinérantes, capables de se mobiliser et se déplacer rapidement vers les malades. C'est la médecine coloniale qui introduisit en Afrique cette véritable révolution.

Mais il est un autre domaine, où l'action de Jamot se distingua de celle de Schweitzer : il fut un précurseur de la coopération et de l'action humanitaire en formant sur le terrain les équipes d'infirmiers et de techniciens adaptés aux problèmes à traiter. C'est ce que l'on fait aujourd'hui dans les ex-possessions françaises d'Afrique. Récemment, au Burkina-Faso, a été menée une campagne contre la méningite cérébro-spinale, non pas à pied comme à l'époque de Jamot, mais en 4x4 renault. Cette médecine là, efficace, Schweitzer ne la pratiqua jamais. Jamot est toujours d'actualité, car la pratique de la médecine individuelle dans les pays pauvres rend inefficace toute politique de santé publique.

D'ailleurs il est curieux de constater encore aujourd'hui, alors que les problèmes de l'Afrique sont des problèmes de santé publique, combien l'idée que s'en font les organisations humanitaires et caritatives est fausse. Comme Schweitzer, elles figent la médecine en copiant les structures européennes, et créent une illusion d'efficacité sous le couvert de la charité. C'est bon pour leur image, et la télévision a une bien fâcheuse propension à leur faire de la réclame.

Il ne s'agit pas, par mes propos, de discréditer Schweitzer. Qu'il fit un acte de foi, de courage en partant en 1913, c'est vrai ! Qu'il fut charitable en tentant de soulager la misère, c'est sûr ! Qu'il fut porteur d'espoir auprès des hommes malades et plus ou moins abandonnés c'est indéniable ! Seulement voilà, en 1913 Schweitzer n'était plus en Europe mais en Afrique ! Les besoins y étaient fondamentalement différents, et en faisant de l'acte médical un acte d'amour, si Schweitzer fut le modeste praticien que Lambaréné attendait, il ne fut pas le médecin imaginatif dont le Gabon et l'Afrique avait besoin.

Mon ancien, le Docteur Jamot, comprit la nécessité d'organiser la lutte contre la maladie du sommeil et toutes les autres endémies en créant des équipes mobiles. Et ceci dès 1916. Avec beaucoup moins de moyens que Schweitzer, Jamot allait se rendre mille fois plus efficace car ce n'était pas un problème d'argent mais de stratégie.

Pourquoi ? Parce que faisant une analyse raisonnable de la situation sur le terrain, il comprit vite que la priorité était la maladie du sommeil. C'était à l'époque une véritable révolution, audacieuse même, que d'aller partout au devant des populations. Rassembler, dépister, traiter, et ne pas s'occuper seulement de quelques malades comme le faisait Schweitzer, mais du plus grand nombre. Sur un continent dont les valeurs ne sont ni la charité ni la compassion, Schweitzer, qui avait importé d'Europe un petit projet, ne comprenait pas qu'en Afrique il ne fallait pas privilégier l'individu par rapport au collectif. Jamot, le créateur de cette médecine dynamique, n'était pas animé par un sentiment de pitié, teinté de culpabilité, mais par un sentiment de justice. Sa force principale, un idéal sans faille. *C'est enfin et par-dessus tout, avoir le courage intellectuel de se borner aux grandes maladies mortelles et invalidantes qui déciment les populations et pour lesquelles on possède une arme préventive efficace, au lieu de s'abandonner à l'attitude hypocrite de vouloir soigner en tous lieux toutes les maladies.*[5]

Voilà comment s'exprimait le médecin général Lapeysonnie, grand spécialiste de l'Afrique. Il définissait de manière on ne peut plus claire, les fondements de la lutte contre les grandes endémies.

Bien avant les années 30, les missions Jamot, « ces sorciers du Cameroun », étaient sur le terrain. Jamot, médecin des troupes coloniales, livrait la bataille contre la maladie du sommeil et son agent vecteur. Partout où sévissait la maladie, les villages étaient désertés et les champs abandonnés. Des milliers d'êtres humains, comme des troupeaux entiers, étaient atteints et mouraient victimes de la redoutable mouche tsé-tsé. *...cette terrible petite mouche qui ne vibre ni ne bourdonne et s'abat silencieuse sur les hommes, sur les troupeaux, pour les momifier dans l'éternel silence.*

J'ai retrouvé le témoignage émouvant d'un des derniers survivant de la mission Jamot, Monsieur Trajan Saint Inès. Il se souvenait de sa première rencontre avec Jamot. *Trapu, carré, costaud, un peu moins de la cinquantaine, l'air plutôt malicieux, le cheveu poivre et sel, la moustache en brosse sur un teint coloré, l'embonpoint paternel tout comme le sourire. Un bien brave homme. Mais lorsqu'il vous regarde avec des yeux gris-bleu qui fouillent au fond*

5. In Noria, décembre 1987.

de l'âme, vous découvrez le chef dans ce rayonnement invinciblement dynamique.

Voilà celui que l'on qualifiait de « Schweitzer du Cameroun ». Même si les deux hommes avaient une certaine ressemblance d'allure, même s'ils avaient à peu près le même age, je ne trouve pas très flatteur que de comparer le docteur Jamot au docteur Schweitzer. Il méritait beaucoup mieux. Alors, pouvait-on établir un parallèle Jamot Schweitzer ? Sûrement pas ! Le premier fut tout pour l'Afrique, un modèle d'action sanitaire, et le second ne fut presque rien.

A partir de 1926, Jamot le volontaire n'avait qu'une seule idée en tête ; s'attaquer sur de très vastes territoires à cette terrible maladie qui faisait des sommeilleux de véritables cadavres avant que n'arrive la mort. *Inertes, attendant de nous la résurrection, sans souffrir ni se rendre compte, certains cassés en deux, pétrifiés sur place, le visage entre les genoux, ne s'alimentant plus, n'entendant plus, se vidant peu à peu, pareils à des cadavres jusqu'à l'autre sommeil.* C'est ainsi que Monsieur Saint Inès percevait ces malheureux. Jamot partit en quête de moyens et les trouva auprès de la Société Des Nations qui lui accorda par décret le droit de recruter des collaborateurs africains, des agents sanitaires et des infirmiers qu'il formait dans sa propre école. Rapidement instruits à reconnaître les malades, la maladie, et au microscope le trypanosome responsable, cette vie que Schweitzer avait des états d'âme à supprimer même si elle représentait quelque chose de maléfique, ils partaient sur le terrain. De leur camp de base en pleine brousse, il fallait faire des centaines de kilomètres, et c'est par milliers qu'il fallait compter les liquides céphalo-rachidiens et ganglionnaires examinés. Rassembler les populations, dépister les malades, les traiter, était le seul slogan de ces hommes.

« Je réveillerai la race noire » disait Jamot en 1917. Chaque malade identifié recevait sa dose « d'arsenic sauveur », le tryparsamide. Mis au point en 1918 par l'Américaine Louise Pearce, chercheur au Rockfeller Institute for Medical Researches, c'était bien Jamot qui en disposait et non Schweitzer.

Un imbroglio administratif faillit pourtant bien aboutir à la livraison du tryparsamide à Schweitzer, alors qu'il était destiné à Jamot au Cameroun. Simple confusion ou erreur volontaire, le Cameroun étant si proche du Gabon ?

Après trois années seulement d'un dur travail sur le terrain, plus de 200 000 malades avaient été traités et la mortalité de ces trypanosomés passa de 94% à moins de 9%. Etaient traités également au cours de ces campagnes, et sur le même schéma, lépreux et syphilitiques.

Mais que devint Jamot ?

En 1931, lors de l'Exposition Coloniale, il reçut un triomphe. C'était la consécration, au point d'être proposé pour le Prix Nobel de la Paix. Il était prêt à l'accepter même si les honneurs ne l'intéressaient pas. Seulement voilà ! Dans ses équipes, un de ses collaborateurs avait commis une faute dans le dosage de l'arsenic administré. Malgré cette erreur qui entraîna des troubles oculaires importants chez un certain nombre de malades, Jamot refusa de l'accabler et de le condamner parce qu'il savait trop bien le travail qu'il avait accompli. Cette conduite ne pouvant être approuvée par la hiérarchie militaire, Jamot fut victime de manœuvres sordides, et abandonné. Brusquement sa carrière militaire tourna court. Il avait lui aussi accompli une œuvre personnelle et indépendante que l'Administration coloniale et le service de Santé des Colonies n'appréciaient guère, faisant beaucoup d'envieux et de jaloux. Il était responsable donc coupable ! Ainsi fut traité le plus méritant d'entre nous, le docteur Jamot, médecin colonel des troupes coloniales. Rapatrié en France en 1935, épuisé par une bataille dont il était sorti d'abord vainqueur puis vaincu, contraint de prendre sa retraite, il retomba dans l'anonymat et mourut en 1937.

Heureusement, son œuvre, avec les services d'Hygiène et de Prophylaxie, continua pendant des décennies et l'Afrique s'en souvient. Son buste en bronze est toujours, je crois, sur une place de Yaoundé au Cameroun, et son village natal, modeste hameau de la Creuse, l'honore.

Un buste de Schweitzer en Afrique ? Non il n'a laissé probablement pas beaucoup de souvenirs. D'ailleurs que faisait Schweitzer à cette époque ? Il ne s'occupait plus de malades, ayant passé la main à ses collaborateurs. Lui, il construisait ses misérables baraquements. Pourtant, des malades atteints de la maladie du sommeil, il y en avait à Lambaréné et même quelques-uns dans son hôpital où ils avaient été amenés. Il les traitait d'abord à l'atoxyl, seul médicament disponible pour lui, mais d'une toxicité épouvantable. En 1926, Schweitzer écrivit à Mrs Louise Pearce lui demandant de lui envoyer du tryparsamide. Dans son livre « A l'orée de la forêt vierge », il parle beaucoup de la trypanosomiase, dissertant sur un chapitre entier, de choses parfaitement connues de tout le monde, mais se dit plutôt préoccupé par les ulcères, le pian et les opérés ! Etonnant de la part du Docteur Schweitzer de ne jamais avoir prononcé une seule fois le nom du Docteur Jamot, spécialiste de la lutte contre la maladie du sommeil et sauveur de l'Afrique ! Pourtant il aurait du être convaincu que celui à qui il devait toute sa reconnaissance, c'était bien Jamot. Pour moi, médecin des troupes coloniales, je ne trouve pas de mots assez forts pour qualifier une conduite aussi peu confraternelle. Parce qu'enfin ! le souci majeur de Schweitzer ne fut jamais la maladie du sommeil en tant qu'endémie dévastatrice. Il faut en finir une fois pour toutes avec Schweitzer, ses sommeilleux, ses lépreux, sa chirurgie. A son arrivée en 1913 à Lambaréné, il ne connaissait rien de tout cela. Alors, soyons clair ! Il mit plus de six mois à s'installer ; en 1914 il fut mis en prison parce qu'il était allemand ; en 1915-1916 son stock de médicaments était épuisé ; en 1917 il fut déporté en France ; en 1918 il fut renvoyé dans ses foyers en Alsace ; et ce n'est qu'en 1924 qu'il retourna à Lambaréné. Pendant ces 7 années d'absence de Schweitzer, ce sont les médecins coloniaux qui, à Lambaréné, prirent en charge les sommeilleux et la maladie du sommeil. Ensuite ce furent les Services de P.M.S. (Prophylaxie de la Maladie du Sommeil) et enfin, en 1946, le Centre Spécialisé de l'Hôpital Administratif.

J'ai connu à Lambaréné, lors de mon séjour de 1963 à 1966, quelques cas isolés de trypanosomiase humaine. Je n'avais que peu d'expérience de cette maladie pratiquement disparue, grâce à des hommes comme Jamot le visionnaire.

Je me souviens qu'en 1959, lors de mon premier séjour en Côte-d'Ivoire, en zone Subsaharienne, l'agent des Eaux et Forêts, un européen, était soigné par mon prédécesseur, médecin africain, pour des troubles hépatiques. Il avait de la fièvre, des maux de tête, et sur le thorax des éruptions rouges violacées. C'était des trypanides et c'est avec ce seul symptôme que je fis le diagnostic. Envoyé à l'hôpital d'Abidjan, il guérit rapidement.

Schweitzer passa-t-il à côté de la maladie du sommeil ? Je ne le crois pas, mais il n'afficha jamais sa volonté de lutter contre ce fléau. Il reconnut trop tardivement qu'il avait mal évalué son importance, car ce n'était pas sa priorité. *La maladie du sommeil est encore plus répandue ici que je ne le supposais au début. Son foyer principal se trouve dans le territoire de la N'Gounie affluent de l'Ogooué. On en trouve aussi des foyers isolés autour de Lambaréné et sur les lacs au-delà de N'Gomo.*[6]

Est-ce que cela l'amena à changer de politique ? Non ! Comme les lépreux qu'il préférait voir loin de chez lui. *Je ne peux pas hospitaliser les malades du sommeil de façon permanente. Ils constituent un danger pour la station missionnaire. Plus tard on construira une case sur l'autre rive du fleuve, sur un emplacement isolé.*[7]

Au même moment Jamot parcourait les savanes et Schweitzer se trompait complètement, car la maladie ne faisait courir aucun risque aux missionnaires et n'était pas contagieuse. Favorisée par le développement des moyens de communications et le déplacement des travailleurs, elle fut importée au Gabon en 1904. Le premier cas fut signalé à N'Djolé et de là gagna en aval la région de Lambaréné, les grands lacs et tout le Moyen Ogooué. *Ici c'est un village entier qui, en quelque temps, paie son tribut à cette affection, là c'est une population qui fuit devant la maladie et qui va semer plus loin l'infection... Plus loin, c'est un groupe que l'on ne trouve plus, mais des cadavres d'indigènes sans sépulture qui donnent la clé du mystère .*[8]

Avec une épidémie de grippe redoutable qui décima en 1926 plus de 50% de la population au Nord de Lambaréné, avec les famines et une mortalité épouvantable, le Gabon se dépeuplait. Si le Service des Grandes Endémies et l'Assistance Médicale Indigène n'avaient pas très tôt innové sur le terrain, y aurait-il eu encore 600 000 habitants au Gabon en 1965 ? Certainement pas. Schweitzer avec sa médecine individuelle ne fut pas d'un grand secours pour la santé publique. En effet, ce n'était pas les maladies apportées par les Européens qui menaçaient l'existence des africains comme le pensait Schweitzer, pas plus d'ailleurs que les quelques mouvements de population qu'entraînait la colonisation. C'était d'abord tous les maux qui sévissaient chez eux, endémies,

6. AS, *A l'orée de la forêt vierge*, p. 104.
7. Id., p. 84.
8. In Catherine Coquery-Vidrovitch, *Afrique Noire*, p. 55.

épidémies, manque d'hygiène et d'éducation, absence de prévention, autant de facteurs auxquels il ne s'intéressa pas.

La maladie du sommeil commença à régresser dans le bassin de l'Ogooué vers 1926, car l'Assistance Médicale Indigène et la P.M.S. prirent les choses en main. Entre 1924 et 1925, tous les individus furent examinés et les malades traités. L'effort accompli était colossal. En 1946, Schweitzer se débarrassa de ses quelques sommeilleux, car on venait de construire, sur l'emplacement de l'hôpital administratif, un centre spécialisé pour le traitement de la maladie du sommeil. *Notre activité peut donc se borner à envoyer vers le médecin du gouvernement les malades venus chez nous et qui sont suspects de maladie du sommeil.*[9]

Endémique, on recensait encore en 1965 neuf cas de trypanosomiase. Alors Schweitzer s'était-il trompé ? Oui. *La lutte systématique dans ces territoires immenses exigera un grand nombre de médecins et d'infirmières et beaucoup, beaucoup d'argent.*[10]

C'était exactement le contraire, car il n'avait pas compris que c'était un problème de stratégie et non de grands moyens. En créant des cabanes d'hospitalisation, en fixant les malades et tout son nombreux personnel, il réduisait la portée de son action. En s'en fermant dans son camp retranché, véritable piège, comme le fait un mauvais stratège par imprévoyance, il allait perdre la bataille. Or la bataille à livrer et qu'il fallait gagner, c'était celle contre la maladie du sommeil.

En ne s'étant pas non plus adapté à la médecine préventive et mobile, Schweitzer sentait bien qu'il avait fait en partie fausse route. En avait-il conscience ? Je serais tenté de le croire lorsqu'il dit : *Puisque les malades de cette région ont tant de mal à venir à nous, c'est à nous d'aller vers eux.*[11]

Déjà en 1925, son assistant Nessmann avait parfaitement compris le problème. *Certes, des tournées médicales avec une pharmacie bien équipée pourrait faire beaucoup de bien. Le manque de pirogues et de pagayeurs empêche beaucoup de gens de se faire soigner à l'hôpital.*[12]

---

9. AS, cité in ES n°7, p. 133. Lettre de 1945.
10. AS, *A l'orée de la forêt vierge*, pp. 111-112.
11. AS, cité par Marco Koskas, *AS ou le démon* ... p. 248.
12. Victor Nessmann, ES n°6, p. 218. Lettre du 16-12-1925.

Le 29 juin 1931, se produisit un évènement bizarre, assez incohérent, même s'il était prometteur. Alors que la prévention ne correspondait en rien à sa conception de la médecine et de l'action sanitaire à mener, Schweitzer organisa une expédition et envoya en tournée dans le sud du pays, deux de ses collaboratrices, Emma Hausknecht et Anna Smitz. Le périple dura deux mois. A leur retour, Emma Hausknecht l'institutrice, et Anna Smitz le médecin, prétendirent « avoir visité plus de 200 villages, ausculté et soigné de très nombreux malades ». Pour moi, médecin colonial, qui ai longtemps parcouru la brousse, c'est grotesque ! Pourquoi Schweitzer avait-il fait cela ? Difficile à appréhender. Peut-être que Jamot faisait déjà école et que cette notion d'aller au devant des malades allait s'imposer. Pourquoi envoyer deux jeunes femmes, sans connaissance du terrain, sans moyens, et non deux hommes, deux médecins, car il en avait à l'époque de présents à Lambaréné ? S'agissait-il de faire du dépistage et de prendre en compte des malades, dans une région bien plus inhospitalière que Lambaréné ? Là encore Schweitzer ne donna aucune explication. Si cette expédition ne servit médicalement à rien, le récit qui en fut fait et la propagande incitèrent sans doute les généreux donateurs à desserrer encore un peu plus les cordons de la bourse.

A mon avis, une autre raison, à l'initiative de Schweitzer, peut être avancée. L'Assistance Médicale Indigène s'installait à Lambaréné et le premier pavillon du nouvel hôpital, moderne et fonctionnel allait être terminé. Un médecin colonial y était affecté avec pour mission, les grandes endémies et la médecine mobile.

Pourquoi ne l'avait-il pas fait plus tôt, alors qu'il savait bien que l'hôpital, tant à Lambaréné qu'ailleurs, ne pouvait se priver d'une médecine itinérante ? *Il faudrait pouvoir faire de telles tournées pendant toute l'année ; je cherche en conséquence à ce que nous soyons toujours trois médecins à Lambaréné, deux pour le service interne et le troisième pour les tournées.*[13]

Bonne intention. La suite démontrera, hélas, que si Schweitzer avait eu un semblant d'initiative, il ne continua pas sur cette bonne voie. Même lorsqu'il avait quatre ou cinq médecins à son service, jamais aucun ne quitta l'hôpital. Et si l'événement resta unique, c'est parce qu'il lui paraissait impossible que cette idée eut le moindre avenir.

13. AS, cité in ES n°7, p. 120. Lettre de l'hôpital.

12

Lépreux et village de lumière

Un village propagande

Mon cuisinier est lépreux

Penser à Lambaréné, c'était penser à Schweitzer. Penser à Schweitzer, c'était penser aux lépreux.

S'il était dans les années 50 un sujet tabou, c'était bien celui de Schweitzer et de ses lépreux. Pour le monde entier il était le médecin des pauvres noirs et des lépreux. Point final !

C'est un mystère car son hôpital n'était pas une léproserie mais un centre de soins aux activités multiples et il ne fit rien d'autre que de prendre sa part dans le traitement de ces malades. Même à son arrivée en 1913, à la différence de la maladie du sommeil, la lèpre ne constituait absolument pas une priorité. C'est pourquoi on peut reprocher à tous les adulateurs, d'avoir laissé croire que sans Schweitzer les lépreux de Lambaréné n'auraient pas été soignés, et à lui, de ne jamais avoir cherché à se défaire de son image de médecin des lépreux. Il s'en garda bien, utilisant même occasionnellement, comme en 1952, ses malades comme argument suprême. Schweitzer était un excellent comédien ! Il venait, en effet, d'être élu à l'Académie des Sciences Morales et Politiques en remplacement du Maréchal Pétain. Sitôt qu'il en eût terminé avec son discours de réception sous la Coupole, il repartit pour le Gabon. En guise d'excuse, il prétendit que ses lépreux l'attendaient depuis longtemps à Lambaréné. Motif risible, ridicule même quand on sait le peu d'intérêt qu'il manifesta pour les lépreux et la pathologie tropicale.

A cette époque, il y avait, à Lambaréné, pléthore de médecins et d'infirmières parfaitement capables de s'occuper des lépreux. Faire des pansements, distribuer quelques comprimés ou faire des injections ne nécessitait sûrement pas sa présence.

Les Académiciens furent-ils assez naïfs pour le croire ?

La réalité de la lèpre à Lambaréné était toute autre. Même s'il était difficile de la faire entendre, Schweitzer n'eut jamais le monopole des soins aux lépreux. Il est vrai que, dans les années 50, les idolâtres étaient à l'œuvre. Ils savaient tout de Lambaréné où ils n'avaient pourtant jamais mis les pieds. Ils savaient tout de Schweitzer, sans l'avoir jamais rencontré. Quant aux lépreux, ils en parlaient beaucoup sans en avoir jamais vu un seul, mais frissonnaient en prononçant le mot et en évoquant la maladie.

Si, moi, je souhaite en parler c'est parce qu'il s'agit d'un problème qui m'a beaucoup occupé au cours de ma carrière de médecin colonial. La maladie de Hansen je la connaissais bien, et à propos des lépreux je crois avoir quelque chose à dire. Il n'y a pas si longtemps cette maladie existait en Europe et même en France. Ils sont encore plus de 3 millions de par le monde et seulement 800.000 qui reçoivent un traitement. Partout où je me suis trouvé, comme en Côte d'Ivoire, les lépreux étaient présents au marché, dans la rue, à la consultation. Les contagieux étaient hospitalisés et recevaient comprimés et injections ; ceux aux extrémités rongées par la maladie étaient mis un peu à l'écart dans des paillotes, au milieu des herbes à éléphants, proches de mon hôpital. Tous les autres, plus ou moins valides et non contagieux, étaient renvoyés chez eux avec un traitement ambulatoire.

Je n'étais pas le médecin des lépreux, car mon quotidien était fait de choses bien plus horribles et plus urgentes. Dans mon village de Ferkéssédougou où l'on m'avait envoyé pour faire mes débuts de médecin colonial, j'étais seul pour une population de 150.000 habitants. Tous avaient besoin de moi. La demi-douzaine d'européens pour des conseils et pour leurs enfants dont la moindre diarrhée ou hyperthermie pouvait se transformer en toxicose, les Africains pour les épidémies de variole, de rougeole, de méningite cérébro-spinale. Sans parler de la rage humaine !

Lors de mon séjour à Madagascar, à l'hôpital de Moramanga sur les hauts plateaux, j'ai consacré une grande partie de mon temps aux lépreux. Mon adjoint et ami le Docteur Rakotojoelly s'occupait, à l'occasion de ses tournées de dépistage, des malades en traitement ambulatoire. Je m'occupais des contagieux que j'hospitalisais au Pavillon Tourcoing, construction qui avait été financée par des crédits offerts par cette cité du Nord de la France. Ils y côtoyaient les tuberculeux, le temps du « blanchiment », mais c'est le village des lépreux qui me fit vivre l'expérience la plus inoubliable de ma vie. Je me fis moi aussi soignant, ingénieur et bâtisseur.

S'occuper des lépreux n'a jamais constitué un acte héroïque nécessitant la reconnaissance de la nation, avec prix, médailles et rubans. Pas besoin des trompettes des médias ! Je connais des dizaines de médecins coloniaux qui, comme moi et dans l'anonymat, ont fait mieux que Schweitzer. Pas besoin pour s'occuper de ces malades de s'isoler avec des masques et des gants comme je l'ai vu chez Schweitzer.

A Madagascar, mon cuisinier personnel était lépreux. Il avait un nom malgache tellement compliqué à prononcer, que mon prédécesseur l'avait baptisé Canada. Pendant quatre années, ma femme, mes deux enfants et moi avons mangé ce qu'il nous préparait chaque jour. Canada vivait avec nous, faisait la cuisine, le ménage, le feu dans la cheminée les soirs de fraîcheur au mois de juillet-août. C'était, il est vrai, une lèpre de forme indéterminée, peu contagieuse, mais il avait tout de même sur le visage les stigmates, tâches achromiques que l'on confondait facilement avec les multiples plaques de dépigmentation des peaux noires.

Même averti, il fallait se méfier de cette sournoise maladie qui pouvait se dissimuler derrière des lésions apparemment anodines. C'est mon successeur, plus méfiant que moi, qui envoya son cuisinier à l'Institut de Tananarive. Ainsi il se sépara de Canada, car son épouse, qui n'appréciait que modérément les gens de couleur, ne supportait pas du tout ceux qui présentaient quelques altérations de la peau.

Trente ans ont passé et je n'ai pas la lèpre ; à moins d'une incubation silencieuse et pernicieuse, car on connaît chez des missionnaires des cas d'incubation de plus de 30 ans.

Aujourd'hui, j'aimerais bien côtoyer un de ces enthousiastes de Schweitzer et de ses lépreux, lui proposer pour quatre ans un cuisinier atteint de cette maladie et observer sa tête grimaçante et son teint blafard. J'aurais quelques jubilations à regarder cet hypocrite !

Alors l'émotion subite des années 50 pour les lépreux de Schweitzer, et l'admiration que l'on portait à cet homme de Lambaréné, me mettent en colère ! Lui et les siens n'avaient pas de lépreux à côté d'eux. Ils les renvoyaient à la santé publique ou les mettaient bien à l'écart dans son « village de lumière », simple centre de soins et d'hébergement. Ils servaient leur propagande. Tous les léprophiles de cette époque avaient pourtant des causes plus urgentes et plus utiles à défendre. Et bien non ! Ils n'en avaient que pour Schweitzer et ses lépreux.

Réhabilitation des malades

Plutôt que de faire des lépreux des assistés, des exclus comme chez Schweitzer, enfermés dans un village, j'avais eu un projet ambitieux, la réhabilitation sociale de ces malades.

Quand je pris possession des lieux, je ne trouvais que des invalides ayant les pieds déchiquetés par des maux perforants plantaires et des amputations, ou des malades ayant perdu l'usage de leurs mains du fait des paralysies dont la maladie avait le secret. Je m'y rendais chaque jour en fin d'après midi. Le local servant d'infirmerie, pourtant très propre, avait une odeur particulière : celle d'un pansement souillé par l'écoulement des perforations plantaires auquel se mêlait l'odeur des pommades et du baume du Pérou. Même la blouse de l'infirmier, lui aussi lépreux, en était imprégnée. La réunion, une fois par semaine, de tous les malades devant l'infirmerie constituait pour moi un spectacle hallucinant. Les visages déformés, les nez rongés, les paupières éversées et figées, les moignons des pieds enveloppés de chiffons sales, les haillons repoussants de saleté dont ces gens étaient vêtus et les bâtons sur lesquels ils s'appuyaient, me firent prendre conscience de l'urgence. Il me fallait trouver des bonnes volontés.

L'OMS et l'UNICEF me fournissaient médicaments et véhicules. D'Allemagne, je recevais des ballots de vêtements et de couvertures. D'Italie, par l'intermédiaire du Père Antoine Smoraldi, un moment Supérieur des Trinitaires auprès du Vatican, je recevais de l'argent. J'associais toujours mes bienfaiteurs à mon action et les faisais même participer à mes décisions, car il me fallait gérer des situations fort embarrassantes comme celles des femmes lépreuses enceintes.

Aurais-je dû séparer les couples pour ne pas les laisser procréer ? Rien ne m'autorisait à empêcher cette cohabitation, même si j'en connaissais les dangers. Il m'arrivait de stériliser, par ligatures des trompes, quelques lépreuses, les plus invalides, celles qui, selon ma conscience, ne devaient pas procréer. Le Père Antoine Smoraldi savait que je ne me livrais pas à des expériences douteuses, contraires à une éthique chrétienne raisonnable. J'étais strictement dans mon rôle de médecin et je faisais un acte de portée sociale et morale. Monseigneur Vollaro, l'évêque du diocèse, avec qui j'entretenais d'excellentes relations, bien que ne fréquentant pas l'église, déjeunait souvent à la maison. Nous avions des conversations fortes, intéressantes, mais il n'était guère convaincu par les explications que je lui fournissais pour justifier mes décisions. Il était moins tolérant que son subordonné quant à mes interventions. Afin de mettre sa conscience face à la réalité, j'arrivais à le « traîner » jusqu'au village et lui montrais une lépreuse enceinte se déplaçant avec son bâton sur les moignons de ses pieds. Etait-il d'accord pour la voir dans cet état ? Cette invalide miséreuse, allait certes donner la vie à un enfant sain, mais qu'allait devenir cet enfant ? Il serait probablement lépreux comme ses parents ! Monseigneur Vollaro, gêné, riait, et pour ne pas avoir à me répondre nous continuions notre visite. Je savais, à partir de ce moment là, qu'il me donnait raison.

Voilà ce qu'écrivait Raoul Follereau, Président National des Associations d'Aide aux Lépreux : *Mettre au monde des enfants dans des conditions telles qu'ils ne pourront pas vivre normalement est non seulement un crime contre l'humanité mais une offense au créateur. Voici ce que l'Eglise aurait dû comprendre depuis longtemps.*

Mon village des lépreux bénéficiait donc de la générosité extérieure. Ne furent plus tolérés, ni les haillons, ni la marche pieds nus car j'avais fait acheter des chaussures et des sandales plastiques pour tous ceux dont les moignons n'étaient pas trop difformes. La douche, même si personne ne voulait la prendre, était obligatoire. Dans les chambres, les lits devaient être faits et recouverts de couvertures patchwork qui me venaient d'Allemagne. Les sols furent cirés du sacro-saint mélange cire-pétrole- oxyde de fer, puis brossé au coco séché et les murs blanchis à la chaux. L'infirmier veillait à la stricte application de ces consignes.

De mon séjour à Lambaréné, où Marion Preminger envoyait aux lépreux des bonbons et des socquettes en soie, j'avais retenu qu'il valait mieux mettre aux pieds des lépreux des sandales plutôt que des socquettes, fussent-elles en soie !

J'étais en relation également avec le Canada qui m'envoya deux jeunes religieuses pour veiller sur le village. Elles avaient la particularité d'être fort élégantes dans leur robe de couleur châtaigne et rose pâle, et appartenaient à je ne sais quelle congrégation. Il me fallut pour les recevoir, prévoir leur hébergement. Je me lançais dans une nouvelle aventure qui dura un an ; la construction dans le village même d'une maison individuelle de quatre pièces avec jardinet et eau courante, séjour avec cheminée pour les soirées hivernales. Crédits canadiens, ouvriers de l'hôpital, architecte et décorateur moi-même, tous ensemble nous étions au service de la même cause, la réhabilitation des malades les plus valides.

Pour cela, je réalisais à la périphérie proche, de coquettes petites fermettes en briques crues avec armature de bois et toits de boozaka (herbes sèches) où j'installais les malades blanchis, les plus valides et leurs familles. Ils devenaient propriétaires d'un zébu, d'un poulailler et d'un lopin de terre qu'ils cultivaient à leur guise en récoltant quelques tarots et du manioc. Comme la terre ne manquait pas aux alentours, il me vint l'idée de la faire cultiver. J'imaginai un régime communautaire où les malades les plus valides devaient chaque jour quelques heures de travail à la communauté. Monsieur Farine, Président Suisse d'une Association d'Aide aux Lépreux, me fit cadeau d'un motoculteur Kubota, probablement le premier à rentrer dans l'Ile. Ce fut d'abord une curiosité de voir un engin qui labourait, sarclait, arrachait. Deux malades assez dégourdis firent l'apprentissage de la machine et on passa aux travaux pratiques. Malgré le travail, la terre latéritique et pauvre ne rapportait que de petites pommes de terre et quelques wansbourgs riches en protéines. C'était tout de même une aubaine pour compléter les rations.

Cet ensemble fonctionnait bien et faisait l'admiration des autorités malgaches et même des O.N.G.

Les temps ont passé et je n'ai plus jamais eu de nouvelles de mon village des lépreux. J'ai aujourd'hui quelque nostalgie quand je pense à la tâche accomplie. Même si jamais ne me viendra l'idée de me comparer à Schweitzer, je mesure la différence entre son action, la mienne et celle de tous ceux qui ont contribué au développement des pays du tiers monde. Schweitzer avait de formidables moyens matériels et humains mais ne comprit pas les enjeux de la santé et les problèmes sanitaires du développement.

Sa vérité ne changea pas jusqu'à sa mort.

La lèpre à Lambaréné

Il est exact de dire que dès son arrivée à Lambaréné, en 1913, Schweitzer s'occupa de lépreux. Pas de tous, bien sûr, car il était d'abord seul et n'avait que peu de moyens. Même plus tard, lorsqu'il eut avec lui des médecins et des infirmières, il ne put admettre dans son hôpital que ceux qui voulaient ou pouvaient y venir.

Il est tout à fait inexact de dire qu'il fut le premier et le seul à s'en occuper. Avant son arrivée, les médecins militaires, comme ils prenaient en charge la maladie du sommeil, prenaient en charge également la maladie de Hansen.

Dans les années trente, avec la création de l'hôpital et de l'Assistance Médicale Indigène, l'A.M.I., Schweitzer partagea cette tâche avec les médecins du corps de santé colonial. Plus tard, hormis l'aspect tout à fait folklorique du « village de lumière », Schweitzer ne s'occupa plus de lépreux. C'était le service des Grandes Endémies qui en avait la charge.

A son arrivée, plus que le dénuement médical de la région du Moyen Ogooué, il eut à affronter les comportements les plus primitifs et les plus barbares des populations locales. Les malades aliénés étaient amenés en forêt et attachés à des arbres, les lépreux étaient chassés dans la brousse par leurs propres familles.

Pierre Lassus, dans son livre « Albert Schweitzer » raconte l'aventure du missionnaire Morel. *Ainsi Léon Morel missionnaire en poste à Lambaréné, raconte t-il que parti à la chasse, il pénétra dans la forêt sous une sorte de tonnelle faite de lianes très hautes. Soudain confronté à un regard perdu dans une demi-obscuritée, il s'apprête à faire feu, convaincu d'être menacé par un fauve. Au moment de tirer, il se rend compte qu'il se trouve en face d'une lépreuse couverte de plaies, dont la mâchoire est décharnée par la lèpre. La malheureuse ne peut plus parler, sa langue étant rongée par la maladie et malgré les invites qu'il lui fait, elle s'enfuit et disparaît dans la végétation. Morel se rend au village le plus proche pour qu'un secours puisse être organisé afin de retrouver la femme et lui porter assistance, mais le chef lui répond sans émotion que cette femme a été chassée du village, près de deux ans plus tôt, parce qu'elle était lépreuse ! En vérité ce qui intrigue surtout le chef, c'est qu'elle n'ait pas encore été mangée par les fourmis ou dévorée par la panthère, et le missionnaire découvre, effaré, que tel est le sort réservé aux lépreux.*

Ce récit est tout à fait édifiant, et les malades atteints de cette maladie continuèrent longtemps de vivre apeurés et la plupart du temps rejetés.

Schweitzer pansait donc les plaies de ses malades, mais ne les gardait pas longtemps, une semaine au maximum, et renvoyait les plus valides dans leur village. Il les faisaient revenir pour leur donner un traitement à l'huile de chaulmoogra, seul médicament dont il disposait à l'époque. Assez peu efficace à vrai dire, mais il faisait ce qu'il pouvait, constatant parfois un arrêt dans l'évolution de la maladie. Comme il trouvait le médicament vendu en France trop cher et de mauvaise qualité, il se ravitaillait en Suisse auprès d'un ancien missionnaire. D'abord administré per os, l'huile de chaulmogra avait un si mauvais goût qu'il eut l'idée de la mélanger avec du sésame afin de mieux la faire accepter. Plus tard, la présentation en injection intra musculaire, bien que très douloureuse, régla le problème.

Combien de malades avait-il à cette époque ? Je n'ai trouvé ni chez ses biographes ni dans ses propres écrits de longs discours sur les lépreux. Il les soignait et mieux valait ne pas trop en parler. *J'en compte parfois quatre ou cinq dans mon hôpital parmi les autres malades.*[1]

Comme il ne tenait pas à avoir les contagieux près de lui et parmi son personnel européen, il construisit à l'écart, de l'autre côté du fleuve, des cabanes où croupirent une trentaine de malades. En

1. AS, *A l'orée de la forêt vierge*, p. 114.

1948, usant de nouveaux médicaments américains, les sulfones, il avait une cinquantaine de lépreux en traitement. C'est à peu près tout ce que l'on sait des lépreux de Schweitzer avant les années 50. En tout cas, pas de quoi faire de lui un spécialiste de la lèpre !

C'est le docteur Marchoux, médecin du Corps de Santé Colonial, qui dès la fin du XIXème et le début du XXème siècle, s'intéressa à la lèpre. Eminent bactériologiste, pionnier de la doctrine Pasteurienne en Afrique, il consacra trente ans de sa vie et plus de six cents publications à cette maladie. Tout ce que pouvait constater et écrire Schweitzer dans ses petits ouvrages sur la lèpre à Lambaréné, était déjà largement connu et consigné dans les mémoires, communications, articles du docteur Marchoux. Schweitzer distribuait des médicaments. Marchoux faisait de la rechreche.

L'hôpital de l'A.M.I. et le Service des Grandes Endémies essayèrent dès le début de traiter différemment le problème de la lèpre. On créa dans le Moyen Ogooué de petites léproseries, avec un infirmier, où furent regroupés les malades. Très vite exclus, car ils ne recevaient que de temps en temps la visite du médecin, ces villages étaient « peuplés de morts ». C'est ainsi qu'on les appelait car ils n'étaient connus de presque personne. Si le regroupement empêchait la dissémination de la maladie, le système n'était pas satisfaisant. L'administration changea alors de méthode. Les contagieux et les invalides étaient hospitalisés ; les non contagieux pouvaient rester chez eux, avec l'obligation de venir régulièrement prendre leurs soins aux dispensaires les plus proches ; tous les autres seraient rassemblés dans des villages où ils pourraient vivre selon leurs coutumes. C'était moins coercitif, plus libéral, plus humain. C'est le docteur Marchoux, dont la carrière scientifique et humaine fut exemplaire, qui fut à l'origine de cette thèse généreuse. En 1923, Marchoux fut élu président de l'Association Internationale de la lèpre. La même année eut lieu, à Strasbourg, le congrès international de la lèpre. Schweitzer aurait pu y assister. A cette occasion, tous les lèprologues du monde se rallièrent aux vues de Marchoux. Sa carrière de vrai médecin de la lèpre et des lépreux ne s'arrêta pas là. En 1935, il créa à Bamako l'Institut Central de la Lèpre, baptisé en 1944 « Institut Marchoux ». Même s'il s'appelle aujourd'hui CNAM (Centre National d'Appui contre la Maladie) il est probable qu'il continuera pendant longtemps à s'appeler « Marchoux ».

Participaient aussi à ces soins les infirmiers des chantiers forestiers où vivaient de nombreux ouvriers lépreux avec leurs familles.

Existait également, vers le nord, le Centre Médical Administratif de N'Djolé, et les deux formations, avec leur médecin, leur personnel, s'occupaient comme Schweitzer de tout et des lépreux. Les médications ayant fait des progrès, tous avaient à leur disposition le médicament qui transforma l'évolution de la maladie, la disulone.

Ce n'est qu'à partir des années 45-50 que des rapports et des documents plus précis sur la lèpre, tous rédigés essentiellement par les médecins coloniaux en place dans la région, permirent de bien situer le problème de l'endémie, et d'évaluer le rôle respectif joué par Schweitzer et les médecins militaires. Ce problème était un véritable imbroglio dont témoignent les rapports annuels d'un de mes prédécesseurs, le Docteur Bourrel, qui occupa le poste de Médecin Chef de la Région pendant trois ans. A peine venait-il d'arriver, qu'il eut la surprise de trouver, un matin, devant son bureau, dans la cour de l'hôpital, une trentaine de lépreux. Ils arrivaient de l'Hôpital Schweitzer et pourrissaient, abandonnés dans le village de l'autre côté du fleuve. Ils ne voulaient pas retourner d'où ils venaient. Le Docteur Bourrel les récupéra, accepta de les prendre en charge et de les nourrir. Ce n'était pas pour Schweitzer des malades intéressants.

Premier constat ; les lépreux étaient toujours très nombreux et le chiffre des nouveaux dépistés comptait davantage que les malades recensés. Il témoignait de la prévalence de la maladie dans le Moyen Ogooué et démontrait que malgré les efforts de tous (Schweitzer était là depuis presque trente ans) l'endémie ne régressait guère.

Prenons pour référence l'année 1955, année ou Schweitzer construisit, avec l'argent de son prix Nobel, le village des lépreux, son « village de lumière ».

• HOPITAL DU DOCTEUR SCHWEITZER

Hospitalisés	225
En traitement ambulatoire	29
Nouveaux cas dépistés	34
Total des malades en traitement	288

• HOPITAL ADMINISTRATIF

Hospitalisés 65
En traitement ambulatoire 61
Nouveaux cas dépistés 55
Total des malades en traitement 181

• CENTRE MEDICAL DE N'DJOLE

Hospitalisés 51
Traitement ambulatoire 39
Nouveaux cas dépistés 44
Total des malades en traitement 134

Les malades de N'Djolé étaient particulièrement indisciplinés. Certains ayant cessé tout traitement depuis longtemps, furent ramenés, non sans difficultés, par des mesures administratives un peu coercitives à reprendre leur traitement.

Pour en finir avec les chiffres et être un peu plus précis sur la lèpre dans la région, précisons les différentes formes cliniques. Parmi les 133 nouveaux cas dépistés, 19 avaient une lèpre lépromateuse très contagieuse (11%), 96 avaient une lèpre tuberculoïde (73%) et les 21 restants des formes indéterminées (16%), ces deux dernières formes étant peu contagieuses.

Schweitzer n'avait donc pas le monopole du traitement des lépreux.

L'activité des médecins coloniaux, avec les deux centres médicaux et le S.G.H.M.P. (Service Général d'Hygiène Mobile et de Prophylaxie), non seulement n'était pas négligeable, mais dépassait celle de l'hôpital Schweitzer. Compte tenu de ses moyens en personnel, trois médecins et une dizaine d'infirmières à cette époque, il aurait pu, c'est évident, faire beaucoup mieux. Ce n'était pas le courage et le dévouement de toute son équipe qui était en cause, mais bien la conception même de l'organisation du travail, statique, ce qui limitait la découverte des nouveaux cas.

Dans toute l'Afrique, et tous les médecins coloniaux le savaient, un lépreux ne venait pas spontanément à la consultation. Il fallait aller le trouver dans son village, le ficher et éventuellement le ramener et le traiter. S'il le voulait bien ! Toute autre action était inadaptée, car partielle et insuffisante, et témoignait de la part de Schweitzer de la méconnaissance totale des problèmes de santé publique dans cette région du monde.

• Pourquoi les lépreux étaient-ils si nombreux chez Schweitzer ?

Parce qu'il avait une capacité d'accueil importante, mais aussi parce qu'il les nourrissait, distribuant chaque jour une ration de bananes ou de riz. C'est à mon avis la raison majeure de la désaffection relative des malades pour le service public à cette époque.

• Pourquoi, alors que 649 malades étaient recensés, seulement 281 suivaient-ils le traitement ?

Parce que les lépreux étaient des malades particulièrement indisciplinés et particuliers. Ils se souvenaient peut-être de la façon dont on les traitait autrefois, et s'ils avaient honte de leur maladie et se cachaient, c'est parce qu'ils se sentaient rejetés. Les plus malheureux et les contagieux trouvaient en somme leur « bonheur » à la léproserie. D'autres méprisaient franchement leur affection, et, en s'abstenant volontairement de traitement, ils continuaient à l'entretenir. Dire cela peut paraître invraisemblable et monstrueux. Mais c'est ainsi que les choses se passaient. En refusant le traitement, ils n'étaient ainsi jamais blanchis ou guéris selon le terme médical, et continuaient à profiter des cadeaux, vêtements, lait et huile que distribuait la Santé Publique.

• Pourquoi les malades recensés n'appartenaient-il pas tous à la région du Moyen Ogooué ?

Parce que les lépreux étaient des nomades. 213 seulement appartenaient au district de Lambaréné et de N'Djolé, les autres venaient de Mitzic, de Franceville, de Port Gentil et même de Libreville, autrement dit de tout le territoire. Quant aux absents, ils étaient peut-être partis ailleurs suivre leur traitement ou avaient réintégré leur village. Ainsi ils étaient recensés plusieurs fois, en maints endroits, ce qui rendait caducs les chiffres fournis par les uns et les autres, qui devaient alors être interprétés avec beaucoup de discernement. On aboutissait ainsi, pour le territoire à un chiffre probablement bien supérieur au nombre réel de malades. Pour Lambaréné le problème était le même, un grand nombre de malades faisant le va et vient entre le Centre et l'hôpital Schweitzer. A N'Djolé, où pendant plusieurs mois le médecin fut absent, il est probable que nombre d'entre eux nomadisèrent vers l'Hôpital Schweitzer et l'Hôpital Administratif. Comment s'y retrouver ? C'était impossible et ni Schweitzer, ni moi, ni la Direction de la Santé n'y pouvions rien. Il fallait s'habituer à ces gens et à leur indiscipline.

• Pourquoi Schweitzer gardait-il longtemps ses malades dans son village de lépreux, alors que l'administration les renvoyait dans leurs familles ?

Parce que c'est là que vivaient les lépreux pagayeurs et les accompagnants qui lui servaient à construire et à cultiver. S'il fallait accueillir momentanément ceux qui venaient de villages trop éloignés, il fallait renvoyer ceux habitant Lambaréné et ses environs. Ce que nous faisions. Cela permettait de réduire le coût de l'hospitalisation, d'autant que le Ministère de la Santé imposait à l'Hôpital Administratif, prenant prétexte de la présence de l'Hôpital Schweitzer, des réductions d'effectifs et de crédits.

La politique de santé n'était pas toujours très cohérente. Comment demander au médecin chef d'assurer la Direction et le fonctionnement du Centre, d'effectuer des tournées en brousse, des campagnes de vaccination et d'éducation sanitaire s'il n'en avait pas les moyens ? Les médecins coloniaux étaient encore rares dans les années 50 car la guerre d'Indochine absorbait les médecins lieutenants. Le Docteur Bourrel qui assura le service de 1952 à 1955, réussit là où tout autre aurait dû échouer. Le moment fut probablement pour lui difficile à vivre, vu la notoriété de Schweitzer qui venait de recevoir le Prix Nobel de la Paix, mais ce camarade était d'une qualité exceptionnelle. Il fut le premier, à Lambaréné, à s'intéresser à la recherche, mais aussi à la main du lépreux. Le pedigree de ce médecin, aujourd'hui retraité, est suffisamment éloquent pour que j'en fasse l'éloge ; Professeur agrégé, membre d'Honneur de la Société Française de chirurgie orthopédique et de traumatologie, ancien Président de la Société Française de chirurgie de la main, ancien professeur de chirurgie générale et tropicale à l'Institut de médecine tropicale du Pharo. En 1964, il publia chez Masson : « Chirurgie de la lèpre », un ouvrage où sont décrites les techniques chirurgicales.

Après son départ, il fut remplacé par un médecin contractuel, le Docteur Weissberg. La suite fut moins glorieuse et c'est moi, qui 9 ans plus tard hérita d'un service où tout était à refaire.

Le village de lumière

C'était le village propagande.

A mon arrivée en 1963, Schweitzer avait une cinquantaine de lépreux dans le « village de lumière » qu'il avait construit avec une partie de la dotation de son Prix Nobel. Cela représentait environ, avec les familles, 120 à 130 personnes. On avait cependant trop tendance à dire qu'il y avait 130 lépreux. C'est là que logeaient les pagayeurs des grandes pirogues qui permettaient aux visiteurs de faire la traversée du fleuve. Ils n'inspiraient guère confiance avec leurs vêtements kaki plus ou moins déchirés, leurs mains mutilées qui avaient bien du mal à saisir la pagaie et leurs pieds enveloppés dans des bandages malpropres. Ils avaient l'apparence de gueux.

J'ai souvent pris ce mode de transport pour me rendre à l'Hôpital Schweitzer. Je possédais pourtant un hors bord et une pinasse, mais c'était pour moi une façon d'observer les lépreux à qui, avant d'embarquer, j'avais serré la main. Ils me connaissaient tous. Ils parlaient et riaient, saluaient dans leur langue les autres embarcations qu'ils croisaient et reprenaient leur marche en frappant doucement la surface de l'eau, donnant de l'élan à leur pirogue. Je savais qu'ils se moquaient de moi, des blancs et des visiteurs. Pour les Africains nous sentions curieusement, odeur fade des peaux blanches, odeur de cadavre.

Par ailleurs, observateurs malins, ils nous trouvaient des travers et nous qualifiaient en des termes dont ils riaient bien. Schweitzer avait été surnommé « le roi qui se fâche en riant» ou encore « tempête qui se fâche en douceur ». C'était souvent bien plus méchant !

Pourquoi Schweitzer n'avait-il pas de bateau ou même une simple pirogue à moteur comme on en voyait circuler partout sur le fleuve ? La réponse est simple. Comme il n'y avait dans son hôpital ni eau courante, ni électricité, ni confort, il n'y avait pas de moteur sur les pirogues. Il avait catégoriquement refusé l'aide d'Evinrude, fabriquant de moteurs, pour s'équiper de tels engins. La traversée durait ainsi vingt minutes au lieu de quelques instants. Ce choix n'était pas à mon avis tout à fait innocent.

D'abord c'était le moyen de transport qu'il utilisait. Alors ce qui était bon pour lui, l'était forcément pour tout le monde ; même si ces embarcations, particulièrement instables, très étroites et d'apparence fragile, ne rassuraient guère les visiteurs.

Ensuite, c'était une façon de permettre aux visiteurs novices d'observer le fleuve, les berges, véritables murailles de verdure sombre et impénétrable, la forêt équatoriale proche, les bancs de sable à la saison sèche. D'imaginer aussi un hippopotame faisant brutalement irruption devant l'embarcation, ou de voir un crocodile dormant la gueule ouverte sur un tronc d'arbre mort. C'était en somme, pour le visiteur, une véritable initiation et le prix à payer avant d'apercevoir au loin, l'objet de ses désirs, l'Hôpital du Docteur Schweitzer.

Après avoir accosté au débarcadère, on accédait au village des lépreux par l'Allée Vigne, nom du Pasteur qui officia longtemps ici et mourut sur place. Point besoin de traverser l'hôpital ; le village était situé à l'écart, à plusieurs centaines de mètres, car les lépreux n'étaient pas un spectacle dont raffolaient Schweitzer et son personnel blanc.

Schweitzer le construisit bien après qu'il se fût installé, l'agrandit et le modernisa après qu'il eût reçu le Prix Nobel de la Paix. Ce dernier, décerné à Oslo en 1954, lui rapporta vingt cinq millions d'anciens francs, dont trois millions seulement furent consacrés à la construction du village, simples cases couvertes de paille ou de tôles. Je tenais ces chiffres de sa propre fille Rhéna qui me précisa que le reste de la somme avait été viré sur un compte à la fondation « Association des amis de Schweitzer et de l'Hôpital » à Boston. On croyait Schweitzer pauvre ! Il le fut au départ, c'est vrai. Mais à partir des années 50, avec le Nobel, les associations, les cadeaux de toutes sortes, Schweitzer disposait de plus de moyens.

Vivaient donc là, isolés, des lépreux plus ou moins mutilés mais dont la maladie était stabilisée. Ils n'avaient, en réalité, plus rien à faire ici. Lorsque les piroguiers n'étaient pas sur leur fragile esquif, ils se faisaient sculpteurs, en fixant l'outil à leur poignet avec de minces lamelles de cuir. Quelle formidable propagande pour Schweitzer lorsque les journalistes et la télévision venaient filmer le Noël chez les lépreux à Lambaréné !

J'allais souvent au village, accompagné de visiteurs. Même connu, je n'y étais pas persona grata si je faisais le curieux, si je m'attardais devant une case, ou si j'avais un appareil photo à la main. C'était sale, et pas plus que dans son hôpital, Schweitzer n'imposa ici le moindre respect des règles d'hygiène. Il fallait arriver jusque là pour découvrir un médecin japonais, le docteur Takahashi. Affublé d'un grand tablier en caoutchouc blanc, d'un masque et de gros gants remontant jusqu'à mi-bras, il s'occupait des malades du village. Le docteur Takahashi, comme les malades, était mis à l'écart et je n'aurais jamais connu son existence si je ne l'avais découvert par hasard. C'était à mes yeux un spectacle moyenâgeux, comme au temps des grandes épidémies de peste. Tout à fait ridicule et risible !

Je traversais le village sous les regards hostiles et parfois on me montrait le poing. Je n'étais pas de chez eux, j'étais un étranger. Pas faciles les lépreux, des faiseurs d'histoires, des palabreurs ! En définitive, à part quelques initiés qui voulaient bien m'accompagner dans mon parcours, il n'y avait que très peu de visiteurs qui se rendaient au village des lépreux. Même le personnel de Schweitzer n'y allait que très peu et, en outre, je savais pertinemment que certains, par peur, n'y avaient jamais mis les pieds. Il est vrai qu'ils n'avaient pas le droit de quitter l'hôpital.

A partir des années cinquante, le SGHMP (Service Général d'Hygiène Mobile et de Prophylaxie) résolut le problème de la lutte contre la lèpre à Lambaréné et dans le Moyen Ogooué. Schweitzer, en dehors de son village de lumière, ne s'occupa plus de lépreux. Pourtant, c'était bien à ce moment là qu'était en train de se fabriquer le mythe.

Des lépreux, il y en avait beaucoup dans la région du Moyen Ogooué. Plus de 1200 étaient fichés par mes adjoints du Service des Grandes Endémies. Chaque jour, à l'hôpital administratif, se déroulait une consultation spécialisée et à l'occasion de la campagne de dépistage qui eut lieu en 1964, dans la ville même de Lambaréné, on découvrit une quarantaine de nouveaux cas. Ils ne se doutaient pas de la maladie dont ils étaient porteurs, ou peut-être voulaient-ils l'ignorer ? Ils étaient dans leurs familles, au marché, au temple ou à l'église. Les quelques lépromateux furent admis chez moi au pavillon des contagieux où ils côtoyaient des tuberculeux et quelques sommeilleux.

Moi aussi je m'étais intéressé à la lèpre et aux lépreux, sûrement plus que Schweitzer, et l'O.M.S. fut très curieuse de connaître mes observations et les quelques dossiers que j'avais sur une hypothétique immunité croisée entre lèpre et tuberculose. Peut-être sont-ils encore archivés à Genève ?

Le Service des Grandes Endémies disposait des moyens ; c'est lui qui avait en charge, et de façon rationnelle, tous les lépreux de la région. Schweitzer n'avait pas l'organisation pour cela. Le service était doté d'une Land Rover pour les routes, de bicyclettes pour les pistes, d'une pinasse et d'un hors bord pour le fleuve. L'équipe se déplaçait régulièrement vingt jours par mois dans les villages de la forêt, dépistant les nouveaux malades et distribuant les médicaments. Seule cette politique était payante. Schweitzer, en ne l'appliquant pas, s'était mis complètement en dehors du coup.

C'est pourtant lui qui reçut Monsieur Raoul Follereau en 1964, ce dernier n'ayant pas daigné nous rendre visite. Monsieur Raoul Follereau n'était pas toujours pris au sérieux, et son baiser aux lépreux qui fit le tour du monde ne fut donné que pour mieux servir sa publicité et sa félicité. Monsieur Follereau ne risquait pas grand chose ! En se rendant chez Schweitzer et non à l'Hôpital Administratif, il avait manqué à sa mission ; car les lépreux ce n'était plus Schweitzer mais la santé publique avec le Service des Grandes Endémies et un médecin colonial qui les prenaient en charge et les soignaient.

Monsieur Follereau remit un chèque à Schweitzer, ce qui lui permit de renouveler ses vieilles pirogues. Cet argent était-il destiné à cela ? Je connaissais l'engagement de Monsieur Follereau, sa foi dans la tâche qu'il accomplissait, son désintéressement. Aussi, je ne comprenais pas son attitude. Il y avait de par le monde des centaines de pavillons Raoul Follereau, et en créant la Journée Mondiale des Lépreux, le dernier dimanche de janvier, il récoltait les fonds nécessaires pour la tâche qu'il s'était fixée. Son but, les sortir de leur exclusion, les soigner et surtout réhabiliter les bien portants, afin de les renvoyer dans leur village. C'est ce que nous faisions. C'est ce que Schweitzer ne fit pas à Lambaréné. Pourquoi Monsieur Follereau ne traversa-t-il pas le fleuve ? Peut-être n'était-il pas au courant, comme beaucoup, qu'il existait à Lambaréné un autre hôpital, d'autres médecins, d'autres lépreux.

Je ne comprenais pas non plus ce que toutes ces femmes venaient chercher à Lambaréné. Marion Preminger, femme du cinéaste Otto Preminger, fut de celles là. Toujours superbement vêtue, comme à New York, elle arrivait à Lambaréné avec, sur un chaland remontant l'Ogooué, des caisses de bonbons acidulés, des cravates en soie, des socquettes du même fil précieux et mille autres cadeaux pour les lépreux. Moi aussi j'eus droit à un cadeau, un superbe canotier de Dallas, le même que celui de Maurice Chevalier. Je ne sus jamais à qui étaient destinées les casquettes de base-ball !

J'ai croisé un jour Marion Preminger à Lambaréné. Pour distribuer ses cadeaux, Marion s'installait sur le terre plein de l'hôpital. Se considérant, ni plus ni moins, comme « la mère de tous les lépreux », elle attendait des remerciements en échange de sa générosité. « Merci ma mère » était la formule. L'extravagante Marion, laissa bien d'autres souvenirs avec ses robes blanches immaculées et ses décolletés, détonant un peu avec les bas blancs des infirmières et les casques coloniaux. La trouvant trop dénudée, Schweitzer, très gentiment, la renvoya un jour s'habiller plus convenablement. Dans l'Allée Vigne qui conduisait de l'hôpital au Village de Lumière, Marion laissa pour l'éternité, gravés sur les bancs ou les troncs d'arbres, un petit cœur et son nom « Marion 59 – Marion 61 ». Je riais de ses fantaisies. De ses enfantillages. Quelle générosité dispendieuse et inappropriée ! Comment Schweitzer ne pouvait-il pas réprouver pareil gaspillage ? Et bien non ! Il se souvenait d'elle, lorsqu'elle lui rendait visite à Gunsbach en Alsace, alors qu'elle était une star hollywoodienne. Je crois savoir qu'il appréciait beaucoup Marion et se réjouissait de son adulation.

En définitive, que penser de Schweitzer et des lépreux ?

D'abord je pense avoir rapporté une situation plus conforme à la réalité que celle administrée et entretenue pendant des années, et qu'il laissa croire au monde entier.

Je crois ensuite qu'il ne s'était jamais beaucoup personnellement intéressé ni à la lèpre, ni aux lépreux, ni à l'endémie qui sévissait dans la région du Moyen Ogooué. Malgré cela, il était le médecin des lépreux et il termina sa vie tout auréolé de cette gloire. Comprendra qui pourra !

Que reste-t-il aujourd'hui du Village de Lumière ?
Plus grand chose. Les cases se détériorent et les malades pour la plupart ont disparu. En 1990, il en restait une vingtaine et aujourd'hui plus personne.

Le « Village de Lumière » est devenu un village fantôme.

13

Pourquoi le prix nobel de la paix ?

« ... j'ai juste essayé de faire
un peu de bien dans ce monde.
C'est tout. »
Albert Schweitzer

Pourquoi le Prix Nobel de la Paix ?

La question est sûrement irrévérente et mérite réflexion. Le 4 novembre 1954 à Oslo, ne couronna-t-on pas le mythe de Lambaréné, plutôt que le médecin et son hôpital ?

Le Prix de la Paix qui fut attribué à Schweitzer en 1953, conjointement avec le Général Marshall, répondait-il aux critères de la Fondation Nobel ?

Il devait *récompenser les personnes qui, au cours de l'année écoulée auraient rendu à l'humanité les plus grands services dans les domaines de la physique, de la chimie, de la physiologie ou de la médecine, de la littérature ou de la lutte pour la paix.*

Si l'on s'en tient exclusivement à ces critères, c'est difficile à comprendre.

Est-ce pour son œuvre philanthropique à Lambaréné ?

L'évangile dit : *Vous êtes le serviteur de vos frères.*

En allant à Lambaréné, Schweitzer portait là-bas le message de l'évangile et considérait comme un devoir de faire du bien aux hommes de couleur, principe essentiel de toute œuvre philanthropique. C'est cet élan de charité et de générosité qui poussa le pasteur docteur à venir en aide aux autres. *Le secours qu'il faut prodiguer aux hommes de couleur ne doit pas nous apparaître comme une bonne œuvre mais comme un impérieux devoir.*[1]

Ainsi, par ce discours qui diffusait un sentiment de faute, Schweitzer affichait la culpabilité. Il fallait donc intervenir pour réparer les torts causés, afin de se donner à bon compte un haut niveau moral.

Si la constance, la générosité, le dévouement aux plus pauvres, l'oubli de soi, l'exemple, étaient des critères suffisants pour être « nobélisé », alors oui, Schweitzer méritait le Nobel.

Si être médecin ordinaire en Afrique, soulager les souffrances et les misères d'autrui, étaient des critères suffisants pour être « nobélisé », alors oui, Schweitzer méritait le Nobel.

Si faire de la maçonnerie et de la charpente plutôt que de combattre les endémies, étaient des critères suffisants pour être « Nobelisé », alors oui Schweitzer méritait le Nobel.

Pour autant, cette « nobélisation » n'en reste pas moins paradoxale. En effet, alors qu'elle peut s'analyser comme une reconnaissance de son engagement moral à se charger d'autrui, on peut difficilement imaginer que ce furent les conditions d'exercice de son apostolat dans la brousse qui incitèrent les jurés du Nobel à porter leur choix sur Schweitzer. Pour au moins trois raisons :

Tout d'abord, l'hôpital qu'il créa n'était rien d'autre qu'un bidonville infect, sans eau, sans électricité, sans WC, sans hygiène, sans le moindre confort, avec pour le couchage des malades, des planches et de l'herbe sèche. Conditions inhumaines et intolérables.

Ensuite, le personnage pétri d'autoritarisme se montrait souvent sous un jour violent. Il avait l'insulte facile, et fréquemment giflait, ou bottait le cul des noirs. Par ailleurs il considérait que ces derniers n'avaient pas de temps à perdre dans l'écriture ou la lecture.

Enfin, il est établi qu'il n'avait rien compris à l'action sanitaire qu'il fallait mener en Afrique contre les endémies dévastatrices, et faisait de la médecine individuelle, quand il fallait, vérité première, s'occuper du plus grand nombre comme le faisaient les médecins du Corps de Santé des Troupes Coloniales, pour « empêcher le plus d'hommes possible de mourir ».

Ainsi, si l'on s'attache à analyser ces différents éléments, on se confronte à une réalité en fait puissamment transformée par les mythes, les fantasmes, l'ignorance ou le mensonge de ses

1. AS, *A l'orée de la forêt vierge*, p. 211.

thuriféraires, au point qu'elle ne peut que décevoir fortement face à la générosité et à la noblesse de l'esprit qui les a engendrées.

L'œuvre médicale de Schweitzer à Lambaréné ne fut pas une réussite et le Docteur Schweitzer ne fit rien de plus que son devoir professionnel. Je parie même qu'il n'aurait jamais imaginé qu'une des conséquences de son prix Nobel serait que lui, « pauvre petit médecin des noirs » deviendrait une vedette de son temps. En fait le prix Nobel aurait du revenir au docteur Jamot, médecin des troupes coloniales, sauveur de l'Afrique, ou à l'Institut de Médecine Tropicale du Pharo à Marseille. L'attribuer à Schweitzer c'était le discréditer et mettre en exergue l'existence du lobby protestant Unitarien d'Amérique ; c'était laisser les interêts particuliers jouer à fond. Alors un Prix Nobel pour cela ? Ca n'a pas de sens !

Est-ce au nom du principe du respect de la vie et de son engagement contre la bombe atomique et pour la paix ?

Au nom de ce principe éthique, il mit en garde le monde entier sur les dangers atomiques, mais d'emblée ne joua pas de sa notoriété pour dissuader les puissances nucléaires de se lancer dans une terrifiante course aux armements. Si ses prises de position et ses vœux pieux l'honoraient et le grandissaient, il faut remarquer - point capital - qu'avant 1954 ses déclarations publiques sont inexistantes. Son engagement fut donc bien postérieur à sa récompense.

D'abord il refusa, malgré la pression qu'il subissait de la part de ses amis, de prendre position pour les uns ou pour les autres. Pacifiste convaincu, il préféra rester neutre, se tenir à l'écart, doutant de sa propre détermination et de sa capacité à convaincre. Le citoyen du monde, « champion de l'éthique avait toujours évité de se laisser entraîner dans les querelles entre Nations ». Il est vrai également qu'il manifesta un étrange aveuglement et une tolérance coupable envers les essais nucléaires soviétiques. Influencé par les pacifistes de tout poil, vrais collaborateurs du monde communiste, et dont on n'a pas oublié le slogan « plutôt rouge que mort », il pensait que « Kroutchev était plus raisonnable qu'Eisenhower » parce que les Russes n'avaient réalisés que 200 tests atomiques, alors que les Etas-unis en avaient pratiqués plus de 400. En souscrivant à une telle béatitude, Schweitzer faisait un choix politique et oubliait certaines réalités.

En 1948 Schweitzer fut invité à se rendre à Princeton aux USA pour y rencontrer Einstein. Le savant cherchait à rallier physiciens et personnalités importantes pour dissuader Américains et Russes d'utiliser les armes atomiques. Schweitzer qui n'était pas prêt à faire cette démarche déclina l'invitation, prétendant ne pas être libre car trop occupé par ses affaires de Lambaréné. Coup de bluff ! Il avait, à cette époque, trois médecins, sept infirmières blanches, une vingtaine de serviteurs noirs, et l'hôpital pouvait se passer de lui pendant quelque temps. Un an après, en 1949, ne fit-il pas un très long voyage en Amérique ? Schweitzer avait certainement une dent contre Einstein, lui qui avait usé de sa renommée et poussé Roosevelt, Président des Etats Unis, à se doter de la bombe atomique. Cette bombe dont le Président Truman se servira contre le Japon.

Ce n'est donc qu'en 1954, pour la première fois, après les premiers tests de la bombe H, et l'annonce de sa nobélisation, que Schweitzer exprima son opposition à l'utilisation de la bombe atomique, dans un article paru le 14 avril 1954 dans le Daily Herald à Londres. Le 4 novembre 1954, à Oslo, quand lui fut remis le Prix, Schweitzer se prononça une deuxième fois sur le danger atomique et le problème de la paix. Il était maintenant entraîné dans une spirale d'engagement.

En 1957, Norman Cousins et la photographe Clara Urquarht, réussirent à convaincre Schweitzer à s'engager dans ce combat.

Plus tard, en 1958 et 1962, Schweitzer s'adressa directement aux Présidents des Etats-Unis, Dwight Eisenhower et John Kennedy. Je me souviens de cette époque. Après l'assassinat en novembre 1963 du Président Kennedy, Schweitzer me parlait de sa correspondance avec sa veuve Jackie Kennedy.

Le jury Nobel, aurait-il anticipé par sa décision l'engagement de Schweitzer ? Cela n'a pas de sens non plus !

Alors, une erreur de jugement des experts chargés de la sélection ? Erreur commise de bonne foi ou non, on ne peut le comprendre autrement. En effet, ce ne sont ni les pauvres baraquements de l'hôpital, ni l'hébergement honteux des malades noirs, ni les qualités médicales ordinaires du praticien de Lambaréné, ni le principe trop utopiste du respect de la vie, ni l'engagement tardif de Schweitzer pour la paix, qui peuvent justifier le choix du nominé.

Pourquoi ce choix et comment l'expliquer ?

Une décision politique ? Le souvenir pour un jury suédois, abusé par les médias et peu soucieux de vérité, de l'Evêque Nathan Söderblom, Prix Nobel de la Paix en 1930 ? Probablement. La pression du lobby protestant américain libéral? Certainement. Le vote du Comité Nobel a lieu dans le plus grand secret ; ce qui assure à ses membres une tranquillité d'esprit qu'il n'aurait pas si leur choix était soumis à l'examen du public.

Comme rien ne permettait d'imaginer que le Prix Nobel de la Paix lui serait attribué, le méritait-il ? Peut-être, mais il faudrait nous expliquer pourquoi. Pourquoi furent oubliés tous ceux qui à Lambaréné le servirent aveuglément pendant des décennies et dont il se servit très égoïstement ? La décision de Stockholm ne fut pas pour Schweitzer une surprise et il ne manifesta ni contentement ni émotion. Il était certainement au courant des projets que les Unitariens avaient pour lui, et des tractations menées par tous ses défenseurs. Quand, à Lambaréné, on eut connaissance de cette décision, les gens de l'hôpital s'écrièrent « On l'a ! », et pas « Il l'a » ! Ils voulaient leur part de ce succès.

Avec cette récompense, à 78 ans, Schweitzer débuta son existence. Elle lui rapporta une énorme somme d'argent pour l'époque – 25 millions d'anciens francs – et la notoriété. Habituellement, c'était la consécration d'une vie et d'une œuvre réussie. Etait-ce le cas pour Lambaréné ? On peut se poser la question. D'abord, Schweitzer a échoué dans sa carrière de médecin, c'est sûr. Ensuite, il a conquis la reconnaissance d'un public abusé par les média. Les mensonges et les falsifications concoctées par les thuriféraires en ont fait un mythe. Les louanges ne sont venues que d'un cercle très étroit d'admirateurs. Enfin, il a vécu sans autre projet que la réalisation de ses constructions dérisoires. N'était-ce pas, même avec un prix Nobel, une vie en partie ratée ?

Que fit-il de sa gloire et de sa fortune ?

Dans la décennie qui suivit, Schweitzer ne changea rien à ses habitudes. « Ca me sert à construire », disait-il en parlant de l'argent reçu, et il continua à édifier, comme en 1924, ses pauvres baraquements, dont plusieurs restèrent inachevés, sans se soucier le moindre instant d'améliorer les conditions de vie indécente de ses malades. Cet hôpital était pour lui le meilleur des mondes possible, alors pourquoi le changer puisque tout allait comme il le voulait.

14

J'existe

Quand tu fais quelque chose,
il faut le faire savoir
Fernand Merle
Président d'honneur de l'ASNOM

L'annexe

J'entretenais avec Schweitzer d'excellentes relations malgré l'accueil que j'avais reçu à mon arrivée, et bien que ce dernier fut peu enclin à collaborer. Je compris même très vite l'intérêt qu'il y avait à ne pas faire d'ostracisme et à prendre une place au sein de son propre hôpital. J'avais une certaine affection pour ce vieillard avec qui je faisais souvent quelques pas. Il est quand même curieux, que le vieil homme que je voyais assez régulièrement, et avec qui je parlais souvent, ait mis, avant de me reconnaître et de m'identifier, plus de six mois.

C'est vrai qu'il était sénile, mais c'était comme une vieille connaissance que l'on écoute sans jamais la contrarier, même si l'on n'est pas d'accord. Il me fallait être connu pour me faire reconnaître. Mais comment être reconnu quand on était jeune médecin militaire, même expérimenté, amené à travailler pendant trois ans à coté du célébrissime Schweitzer, non pas comme collaborateur mais comme « concurrent » ? Se poser une seule question : comment exister ? Pour ceci j'eus à me souvenir des conseils d'un de mes anciens, le Docteur Fernand Merle. Il fallait se mettre au travail, faire revivre l'hôpital, et le faire savoir : *Quand tu fais quelque chose il faut le faire savoir.*

J'adoptai donc à cet égard une attitude tout à fait contraire à celle de certains de mes confrères militaires de Port Gentil ou Libreville qui ne vinrent jamais à Lambaréné, parce qu'ils avaient décidé que Schweitzer ne les intéressait pas. Curieuse attitude que d'ignorer Schweitzer. Il avait une place particulière, et comment en parler si on ne le connaissait pas ?

Mon arrivée et le départ du docteur Weissberg furent ressentis comme un coup dur pour l'hôpital, car l'homme de Lambaréné n'allait plus être seul. Apres une absence de 9 ans, l'hôpital administratif et la région du Moyen Ogooué retrouvaient les médecins du Corps de Santé Colonial. Je considère que cet intermède, de 1954 à 1963, fut très préjudiciable à la santé publique. Je ne voulais pas d'histoires avec Schweitzer, mais que chacun fut à sa place.

La première occasion me fut fournie presque d'emblée par une situation invraisemblable crée par mon prédécesseur. Trop ami de Schweitzer, et non concurrent, il avait fait de l'hôpital administratif une sorte « d'annexe », un sous traitant de l'hôpital Schweitzer. L'hôpital administratif était en effet perçu comme une annexe et désigné par ce terme. J'ai pu le vérifier récemment dans une correspondance que m'adressa le Centre International Albert Schweitzer de Gunsbach. Sonia Poteau, qui en est la directrice, fut infirmière à l'hôpital de Lambaréné pendant cinq ans, de 1954 à 1959. Elle veille aujourd'hui sur les archives de Gunsbach. Elle avait débuté sa carrière comme infirmière major à l'hôpital militaire de Conakry, mais passa très vite de la médecine coloniale, avec sa rigueur et sa discipline, à « l'originalité africaine de l'hôpital de Lambaréné » où les détritus de tous ordres souillaient les ruelles et les entrées des cases des malades. *Dans nos archives nous n'avons pas trouvé de traces de votre passage à l'hôpital Albert Schweitzer de Lambaréné. Mais peut-être étiez vous à l'Annexe ?*[1] Je trouve ce qualificatif tout à fait inconvenant, blessant même, pour tous les médecins coloniaux qui ont servis à Lambaréné. Comme si l'hôpital administratif avait été quelque chose de subsidiaire.

Weissberg, croyant vivre ici la plus grande expérience de sa vie, y passait ses week-ends et ses soirées et y allait faire ses dévotions. *Il était un assidu de l'hôpital et s'en montrait très fier.*[2]

1. Correspondance personnelle. Lettre du 01-08-2001 du Centre International Albert Schweitzer à Gunsbach.
2. In *ES n*°7, p. 174.

Tout ce qui pouvait servir Schweitzer était consenti au détriment de la santé publique. J'aurais pu me résigner, voire m'accommoder de cette situation. Non ! Je mis fin aussi à une espèce de trafic qui consistait à envoyer de l'autre coté du fleuve, les femmes enceintes pour alimenter la maternité, les bons malades, ceux qui guérissaient facilement, et à récupérer les misérables et les mourants. Schweitzer avait compris tout ce qu'il pouvait tirer de son confrère : *D'ailleurs le docteur Weissberg, médecin chef de l'hôpital administratif d'en face, et avec lequel les rapports étaient excellents, envoyait chez nous tous les cas qui le dépassaient, en échange de quoi sa fonction officielle facilitait bien des démarches.*(3)

Mon hôpital avait aussi la triste réputation de faire mourir, alors que chez Schweitzer on ne mourait pas ! Imaginez l'impact que pouvait avoir une telle situation sur les populations !

La remise en cause de ces pratiques fut certainement ressentie comme un affront à Schweitzer. Peu de temps après mon arrivée, la maternité de l'hôpital Schweitzer ne tarda pas à se dégarnir. Pourquoi ? D'abord parce qu'il fallait payer le grand docteur alors que chez moi les soins étaient gratuits, et qu'ensuite on gardait chez Schweitzer les accouchées un mois durant, afin de fixer sur place les accompagnants et les visiteurs pour les faire travailler. Il est vrai également que les femmes que l'on transportait la nuit de l'autre coté du fleuve n'appréciaient guère. Depuis mon arrivée, je prenais en charge césariennes et urgences.

Quelle ne fut pas ma surprise au bout de deux mois de voir le docteur Müller me rendre visite pour me demander ce qui se passait ! C'était simple, l'hôpital Schweitzer n'avait plus le monopole des accouchements, ce qui constituait pour lui un manque à gagner. Je m'expliquai avec mon confrère, et il comprit très bien le problème. Le Préfet, les chefs de villages, les chefs de service, les infirmiers des équipes mobiles se mobilisèrent pour m'aider, pour aider le nouveau docteur.

J'arrivais donc à point, car Schweitzer ne faisait pas l'unanimité, et les autorités commençaient à voir d'un mauvais œil ce vieux colonialiste, ses habitudes et son hôpital. Il est vrai que la concurrence ne se faisait pas à armes égales. Si je bénéficiais du soutien des autorités, j'étais bien seul, car Schweitzer était entouré de nombreux

3. Id.

serviteurs blancs. Les malades m'accordaient plus de confiance qu'aux médecins de Schweitzer, mais ils appréciaient davantage les soins et le prétendu sérieux des dames blanches. Je prenais donc d'emblée la mesure de ma tâche face à cet autre monde fait de deux ou trois médecins, d'une laborantine, d'une demi-douzaines d'infirmières et d'un « état major », chargé de la gestion et de la discipline.

Il me fallait faire face à cette équipe et essayer de surmonter mon handicap. Plusieurs occasions se présentèrent de faire savoir quelle était réellement la qualité du travail accompli à l'Hôpital Administratif, et je ne manquais pas de les saisir.

Deux erreurs de Schweitzer

Au cours de mon séjour, deux graves erreurs de Schweitzer portèrent un lourd préjudice à son hôpital.

Première erreur de Schweitzer : juillet 1963. Des cas de variole, ou éruptions varioliques, étaient apparus de l'autre côté du fleuve. Une mini épidémie resta cachée, jusqu'à ce qu'un matin je découvre, assise sur les marches de ma maison, une jeune malade au corps couvert de vésicules, de croûtes et de pus. Celle ci me rappelait mon séjour précédent en Côte d'Ivoire où des villages entiers étaient touchés par la variole. Les malades, dans leur carcasse croûteuse, badigeonnés de mercurochrome ou de bleu de méthylène, ne pouvant vivre qu'assis, passaient deux semaines à l'ombre sous les manguiers, attendant la mort ou la rémission. Cette malade avait-elle traversé le fleuve de son propre gré ou avait-elle été envoyée par l'hôpital Schweitzer qui aurait diagnostiqué le mal ? Je dénonçai l'affaire qui fit grand bruit auprès des autorités, car Schweitzer avait toujours refusé de rendre des comptes et de collaborer avec la Santé Publique et l'OMS. Il se fit rappeler à l'ordre et au respect des règles internationales.

La deuxième erreur de Schweitzer se situe en mars 1964.

Plusieurs cas de rage apparurent dans son hôpital. Les chauves souris, appelées chiens volants tellement elles étaient grandes, mordaient les animaux domestiques, lesquels mordaient les gens. Une véritable panique s'installa parmi le personnel blanc, et si

Schweitzer n'avait guère conscience du danger, ses médecins en saisirent la réalité. Il fallait abattre tous les animaux errants, enfermer et mettre en observation ceux qui pouvaient être suspects, et vacciner les personnes mordues, parmi lesquelles figurait une infirmière suisse.

Là se produisit un évènement historique. Schweitzer, accompagné du docteur Müller et de sa fille Rhéna, traversa le fleuve, ce qu'il n'avait peut-être jamais fait ou pas fait depuis des décennies et vint me rendre visite. Je l'accueillis dans le hall du bâtiment où j'avais mon bureau, superbe bâtiment colonial aux arcades fraîches et ombragées. Schweitzer, dans une situation plutôt inconfortable, venait me supplier de ne pas faire abattre ses animaux. Je revois ces instants comme si c'était hier. L'homme implorait la grâce pour ses bêtes, et derrière lui, tout en mimiques, Müller et Rhéna me suppliaient de les faire abattre. Ce moment fut difficile et douloureux pour moi, mais vu la gravité de la situation, je ne pus céder à ses suppliques. Ce fut une semaine de deuil pour l'hôpital Schweitzer car tout ce qui était en liberté fut capturé et tué. Les chiens volants ne furent pas épargnés. Leurs vols étaient si nombreux, qu'ils obscurcissaient encore davantage le ciel à la tombée de la nuit. La gendarmerie fut mobilisée, et sur l'île tous les chiens errants furent abattus.

Restait le problème de la vaccination contre la rage. J'avais toujours, c'était obligatoire, dans un réfrigérateur, une réserve de vaccin de l'Institut Pasteur. Je proposais donc à Schweitzer de commencer le traitement. Il refusa, sous prétexte qu'il fallait 21 injections Pasteur, et seulement 7 injections avec un vaccin allemand. Il préféra renvoyer en Suisse son infirmière mordue, laquelle ramena le vaccin nécessaire.

Même si le moment n'était guère propice à se pavaner, je savais que maintenant j'existais. J'avais fait ma place au sein du dispositif de santé de Lambaréné.

D'ailleurs peu de temps après, Schweitzer fut invité à fournir des statistiques et je fus chargé de lui faire parvenir la correspondance.

La rage était une maladie épouvantable et effrayante :100% de morts quand la maladie était déclarée. Il faut l'avoir vécu, avec la peur au ventre et des souvenirs inoubliables. Au cours de mon séjour en Côte d'Ivoire, j'y avais été confronté à plusieurs reprises. L'enfant de l'administrateur avait six ans. Un jour de pluie, il fut mordu par un chien enragé que je reconnus facilement à son comportement : Chien fou, qui courait sous la pluie et hurlait quand il passait sur les flaques d'eau. Le chien fut abattu, ce qu'il ne fallait pas faire, et comme il n'y avait pas de service vétérinaire sur place, la cervelle fut envoyée à L'Institut Pasteur d'Abidjan pour le diagnostic. La réponse revint rapidement, c'était bien la rage. D'ailleurs les diagnostics étaient toujours positifs ! En attendant le rapatriement de l'enfant et de sa mère vers l'Institut Pasteur à Paris, je commençais la vaccination. Ce pauvre enfant pleurait en me voyant arriver et se mettait à crier : « pas dans le même trou. » Je lui faisais les injections sous la peau du ventre, ce qu'il trouvait très douloureux.

Au cours de mon séjour, j'eus à accompagner vers une mort certaine une quarantaine de personnes. Tous des paysans qui cultivaient l'igname en brousse et qui étaient mordus par leurs chiens, eux même mordus par des renards enragés. Ils arrivaient hébétés, en pleine conscience, comme hallucinés, avec des souffrances terribles et un étouffement progressif par paralysie des muscles respiratoires. Ils hurlaient de douleur et leur bouche écumait. Ils mouraient, les yeux grands ouverts, drogués par les cocktails lytiques.

J'ai été mordu, un jour de février 1961, par un enragé à qui je faisais une ponction lombaire, croyant avoir à faire à une méningite cérébro-spinale. Cet évènement extrêmement rare faillit bien me faire basculer dans la dépression tant il fut angoissant et éprouvant pour moi. Il aurait pu également me coûter la vie et j'eus de la chance. Sous prétexte qu'il n'existait dans la littérature médicale que de rares cas de contamination inter humaine, et sans que la preuve en fut formellement faite, sous prétexte également que le vaccin Pasteur de l'époque n'était pas sans danger, mes camarades spécialistes de l'Institut d'Hygiène et de l'Institut Pasteur d'Abidjan, décidèrent de ne pas me vacciner. Chaque jour du mois qui suivit, j'attendis les premiers symptômes, me réveillant la nuit et chaque matin en faisant des exercices respiratoires pour m'assurer que j'étais bien vivant. Je pensais que j'allais mourir de la rage, comme certains de mes grands anciens, cinquante auparavant, étaient morts de la bilieuse, de la peste ou de la fièvre jaune.

Je me suis accommodé de Schweitzer. Lui, l'orgueilleux ne voulut jamais coopérer avec moi. Pourtant dans bien des domaines

nous aurions pu nous entendre comme je l'avais souhaité. Hélas, ce fut presque du chacun pour soi ! Notre collaboration aurait été bénéfique aux malades et à la Santé Publique. D'ailleurs comme je le lui avais dit à mon arrivée :
« N'étions nous pas là pour la même chose ? »

Trois évènements me font connaître

Trois évènements m'avaient projeté sur le devant de la scène. Ils étaient liés à l'existence puis à la mort de Schweitzer.

Le 14 janvier 1965, on fêtait son 90ème anniversaire. Il avait reçu à cette occasion plus de 500 lettres du monde entier. Ce jour là je me fis une réflexion bien impertinente. Pourquoi Schweitzer, qui écrivait plus de 2000 lettres par an, en recevait chaque jour des sacs entiers, n'entretenait-il pas avec des « nègres », Martin Luther King le pasteur, Aimé Césaire le poète, Léopold Sedar Senghor le champion de la négritude, Houphouët Boigny l'apôtre de la Paix chez lui, ou avec des gens comme l'acteur Sydney Poitier « qui se refusait à jouer des rôles subalternes réservés aux noirs, » une correspondance suivie ? Sans oublier un autre noir, le Guyanais René Maran, lauréat de l'Académie Goncourt en 1921 pour son ouvrage « Batouala ». Schweitzer, aurait été satisfait d'apprendre que, pour monsieur René Maran les blancs étaient des menteurs, des voleurs, des exploiteurs, des lâches et qu'ils sentaient mauvais. Ils étaient tous d'authentiques combattants pour la cause des noirs dans le monde et ils auraient eu sûrement des choses intéressantes à lui dire. Surtout Monsieur Senghor qui, « convaincu que la négritude était belle, » se battit toute sa vie pour les droits de l'homme, afin que tous les hommes, blancs ou noirs, deviennent « des hommes à part entière sur toute la surface de la terre ».

Pourquoi également Schweitzer ne correspondait-il qu'avec des grands, tous théologiens, hommes d'état ou philosophes ? Pourquoi pas avec des collègues ou des professeurs de médecine ? Ces derniers auraient eu sans doute, eux aussi, beaucoup de choses à lui dire à propos de son hôpital. N'était-ce pas là faire la démonstration de ses priorités, considérant son hôpital de Lambaréné comme une improvisation, un simple champ d'application de son principe éthique, le respect de la vie ?

Ce jour du 14 janvier 1965 l'ambiance à Lambaréné était plutôt bon enfant. Avec Monsieur Charbonnier, le maire du village, et quelques autres autorités, je recevais Schweitzer sur l'île. Il n'y avait pas de grands déplacements de foule comme on pourrait le penser et pas de festivités bruyantes. Les habitants de Lambaréné n'avaient pas pour Schweitzer une affection particulière, et beaucoup ne le connaissait même pas. Un duplex avait été organisé avec Kaysersberg sa ville natale, et on attendait Monsieur Ferrenbach bourgmestre de cette cité alsacienne. Sur l'estrade occupée essentiellement par des blancs, Schweitzer était entouré et applaudi. On s'y bousculait pour faire des photos.

Manifestement l'homme n'était plus habitué à ces remue-ménage, et à le voir le dos au mur lors de son interview, au moment où il échangeait quelques mots avec Kaysersberg, j'imaginais sa gêne et le peu d'intérêt qu'il portait à cette manifestation. Il aurait préféré qu'on le laisse en paix, car il avait une certaine crainte des contacts humains, et ce jour-là fut pour lui une épreuve.

Alors que Monsieur Ferrenbach, qui était également pharmacien et PDG des laboratoires POS (produits ophtalmologiques), y allait de son discours, il fut pris d'un malaise sévère. Il venait d'être victime d'une insolation. Il n'avait pas dormi depuis 48 heures à cause du voyage, était arrivé fatigué et vêtu d'un costume en gros lainage comme on en portait en Alsace en cette saison. Ce jour là, il faisait une température tropicale, 100% d'humidité, et un ciel uniformément gris qui donnait à la lumière du soleil un aspect de dépoli. Monsieur Ferrenbach n'y résista pas. C'est moi et non les médecins de l'hôpital Schweitzer, comme on aurait pu le penser, qui le prit en charge. Je l'emmenai dans une chambre climatisée de l'Hôtel des Relais Aériens et lui installai une perfusion adéquate. Le soir même monsieur Ferrenbach allait mieux, et il me remercia chaleureusement. Il n'avait guère confiance dans les méthodes Schweitzer, bien que ce soir là, il partit dormir là bas de l'autre côté du fleuve.

J'avais eu, ce jour là, une formidable occasion de m'entretenir avec Monsieur Ferrenbach. PDG d'entreprise, il voyageait beaucoup, particulièrement en Afrique auprès du corps médical et n'avait guère entendu parler de Schweitzer. Même nimbé d'une aura aussi haute et lumineuse que la grande roue de la place de la Concorde un soir de Noël, son rayonnement ne dépassa guère Lambaréné et les frontières du Gabon. Je pus le vérifier au cours de mes 27 années de séjour à l'extérieur.

Avant d'arriver à Lambaréné, je n'avais jamais entendu parler de Schweitzer en Côte d'Ivoire. Il n'avait pas de place particulière parmi ceux qui ont soigné et fait progresser la médecine sur le continent noir. A Lambaréné même, il était perçu comme le « vieux », pas au sens amical, et son hôpital toujours un peu suspecté et critiqué. Quoiqu'on ait pu dire ou écrire, les habitants du village ne le fréquentaient guère. Ils venaient plutôt chez moi, car depuis toujours on avait l'habitude du médecin militaire. Le médecin, comme l'administrateur, comme le gendarme, représentaient l'autorité, l'ordre. Les Africains en étaient friands. Ils aimaient leurs anciens combattants et leurs drapeaux, la France et la commémoration du 14 juillet et du 11 novembre. Ces jours là, les populations des villages et leurs notables étaient présentes car c'était des jours de fête. J'étais en uniforme ou en civil, faisais partie de ce folklore, et incarnais de façon occulte, la première des notoriétés. J'étais celui que l'on voyait à l'hôpital pour y être soigné, dans les villages à l'occasion des tournées en brousse, grattant des lésions cutanées ou faisant des ponctions lombaires. Les lépreux connaissaient le médecin, les infirmiers, les agents d'hygiène, mais pas beaucoup le Préfet ou l'Administrateur.

Nous médecins coloniaux, avons sûrement fait plus que certains administrateurs pour valoriser la présence française. Si tous n'étaient pas mauvais, j'en connus un qui se trompait régulièrement d'imputation budgétaire ! Il ne faisait pas la différence entre l'entretien de sa résidence et l'entretien des routes du district, alors qu'il avait 800 000 F. pour sa case et 8 millions pour les routes.

Auparavant, à Noël 1964, une émission télévisée de monsieur Georges Folgoas m'avait également fait connaître par le biais de mon fils aîné Serge, âgé de 7 ans. Il avait quitté Lambaréné six mois plus tôt, pour raison de scolarité, et voulut voir à la télévision ses parents et le Docteur Schweitzer. L'occasion était belle, médiatique. C'est ainsi que, si le gamin était la vedette de l'émission « A quoi rêvent nos petits », j'en fus également un acteur, car monsieur Folgoas passa 48 heures à Lambaréné afin de réaliser un petit film qui fut projeté en France pendant les fêtes de Noël. Je compris que parler devant une caméra n'était pas simple, mais monsieur Folgoas m'encouragea, car Brigitte Bardot elle-même s'y reprenait une bonne dizaine de fois, me dit-il. Seul Alex, le cadet resté avec nous, avec son petit vélo, avait le naturel nécessaire.

Puis ce fut en 1965 la mort de Schweitzer. Six mois après sa disparition, la très célèbre émission télévisée de l'époque « Cinq Colonnes à la Une » de Messieurs Dumayet, Desgraupes et Lazareff voulut faire le point sur l'hôpital Schweitzer. Je fus de nouveau acteur de l'émission où fut désacralisé Schweitzer, et l'œuvre se trouva remise à une plus juste place. J'eus l'occasion de m'y exprimer, sans animosité, avec tout le respect que j'avais porté à l'Homme, mais avec force et sans complaisance. Pour la deuxième fois en peu de temps j'apparaissais à la télévision et ce fut pour beaucoup de téléspectateurs l'occasion de découvrir qu'à Lambaréné il n'y avait pas que le Docteur Schweitzer. J'existais donc de plus en plus et avec moi une autre médecine et la présence du corps de Santé Colonial, bien trop ignorée.

En me faisant connaître, j'allais contribuer, sinon à la disparition du mythe, du moins à son déclin. D'ailleurs dans le contexte politique du moment, la décolonisation venant d'être prononcée, comment aurait-il pu en être autrement ? Schweitzer et son hôpital avaient été l'objet de tant d'attaques ! Le premier fut, pour les Africains évolués, un colonialiste et le représentant d'une époque coloniale que tous voulaient voir disparaître au plus vite. Le second, tant par sa conception que par sa saleté, ne pouvait continuer à fonctionner en l'état, mais l'un et l'autre, intimement liés, avaient été jusqu'à présent intouchables. Alors commença pour la nouvelle Direction (Rhéna Schweitzer et le Docteur Munz) une période d'attente, d'angoisse même. La question était de savoir si l'hôpital allait pouvoir continuer, car les bruits couraient que Schweitzer mort, l'hôpital fermerait. Une délégation se rendit à Libreville, pour y être reçue par le Président de la République, Monsieur Léon M'Ba. Il fallait lever les incertitudes qui planaient sur le devenir de l'hôpital, bien que cette décision de faire les premiers pas vers les Africains fut discutée et contestée par les plus anciens de l'hôpital. Jamais Schweitzer vivant, pour quelque motif que ce soit, n'avait fait une pareille démarche. On parla du disparu, mais à aucun moment, et à l'étonnement des membres de la délégation, il ne fut question de fermer l'hôpital. Pourquoi ? Parce que Schweitzer était un « ami » du président Léon M'Ba qui avait pourtant qualifié l'hôpital de « porcherie », mais le premier disparu, le second savait très bien que l'évolution de l'hôpital se ferait d'elle-même. Il avait raison, car avec Schweitzer allait disparaître toute une époque dont il était, par son ancienneté, ses habitudes, ses idées, un des derniers représentants en Afrique. La nouvelle direction réalisa très vite qu'elle ne pourrait continuer cette politique, sans toutefois la condamner explicitement et avec elle l'action de Schweitzer, que ce dernier se refusa à faire évoluer pendant 50 ans.

Dans l'année qui suivit, on creusa, on transforma, mais sans bouleverser. Chaque bâtiment, où jusqu'à présent étaient entassés pêle-mêle des malades de toutes catégories, se vit attribuer une destination précise ; médecine, chirurgie, tuberculeux. Dans chaque bâtiment on installa d'abord, non pas l'eau courante mais l'eau traitée par antiseptique, simple baril avec un robinet où les malades pouvaient se servir et boire, enfin, une eau propre à la consommation. Puis l'hôpital fut électrifié par la mise en marche du groupe électrogène. Si c'était un grand pas dans la bonne direction, c'était en tout cas renier l'œuvre de Schweitzer à laquelle tout le monde semblait tellement attaché avant sa mort, et que personne n'osait contester. Quelle hypocrisie !

Courant 1966, dans une émission télévisée, Munz, nouveau médecin chef de l'hôpital, fut bien obligé de reconnaître le bien fondé de toutes les critiques que l'on avait faites à Schweitzer au cours des deux dernières décades. Ce basculement rhétorique allait-il influer sur le comportement de la nouvelle direction, et le docteur Munz allait-il comprendre, enfin, ses propres erreurs et en tirer les leçons ? Je connaissais Munz, un homme discret, aux manières aimables mais au caractère indécis. Il avait quand même accepté, pendant plusieurs années, de voir se perpétuer les conditions épouvantables de l'hospitalisation des malades noirs. S'il avait eu de franches convictions, il aurait pu, lui aussi, s'interroger ou quitter l'hôpital en signe de désapprobation. Rien ne le retenait. Munz admirait trop Schweitzer, et ne voulant pas lui faire de peine, fut beaucoup trop tolérant pour le médecin et l'œuvre qui, cahin-caha, dura encore plus de quinze ans.

L'hôpital connut encore bien des difficultés durant cette période, et des évènements plus ou moins heureux vinrent le révéler sous son vrai jour. En Mai-Juin 1966, plusieurs enfants moururent à la suite d'empoisonnement par la nivaquine ; l'infirmière chargée de la distribution s'étant trompée de dose. L'affaire alla devant les tribunaux et l'hôpital Schweitzer fut condamné à réparer le préjudice. Du jamais vu ! Tout n'allait donc pas pour le mieux, comme si Schweitzer mort, l'hôpital devait mourir aussi. Et il mourut en effet.

Faire revivre l'hôpital administratif

Je ne vivais pas dans la dépendance de Schweitzer, même si ma vie à Lambaréné fut un peu conditionnée par son existence.

Mon quotidien, avec la chirurgie, les consultations, la gestion, les déplacements, m'occupait beaucoup. Il fallait réactiver poupinels et autoclaves, refaire les boites d'instruments inutilisés depuis 1955, date du départ du dernier médecin Colonial, le docteur Bourrel.

J'envoyais à Libreville un de mes infirmiers, monsieur Wora Maurice, neveu du ministre de la Santé Publique pour faire un stage d'anesthésiste. Au bout de trois semaines, il rentra avec, dans ses bagages, une ambulance neuve et un superbe SF4 (appareil d'anesthésie). Entre rachianesthésies et anesthésies générales simples on y arrivait. Chez Schweitzer, tout de go, le Docteur Muller me déclara un jour que l'anesthésie générale était une pratique périmée. Lui, ne faisait plus que des anesthésies locales et des rachianesthésies. Il n'avait guère d'autre choix, car l'hôpital ne possédait qu'un simple masque d'Ombredanne à éther datant de la dernière guerre. Et pas d'oxygène, donc pas d'intubation ! Chez moi, l'infirmier du bloc, bien que n'ayant pas travaillé depuis longtemps, n'avait pas oublié les gestes simples et on en vint à opérer plusieurs fois par semaine.

Un détournement de bouteilles d'oxygène auquel je réagis assez fermement, me brouilla quelque temps avec l'hôpital Schweitzer. Je recevais chaque mois de Port Gentil deux bouteilles d'oxygène pour l'anesthésie, et le chaland qui remontait le fleuve les déposait au débarcadère. Un jour elles disparurent, récupérées par l'hôpital Schweitzer, où jamais on n'avait utilisé d'oxygène, « le courant d'air y suffisait bien », comme me l'avait déclaré, sans plaisanter, le docteur Müller.

Je ne me risquais pas à faire de la traumatologie à foyer ouvert. Nous médecins coloniaux savions mettre des membres en extension en bricolant avec des ficelles et des bobines en guise de poulies. Nous tous savions confectionner des attelles et des plâtres. Les Africains consolidaient vite, avec des cals exubérants, et les résultats radiologiques importaient peu si la fonction était préservée.

Pour la chirurgie digestive, les résections intestinales surtout, on n'avait pas grand souci à se faire car les intestins se recousaient comme une vieille chaussette, et rarissimes étaient les complications.

Les consultations étaient si nombreuses qu'il fallait procéder à une véritable sélection. C'est l'enseignement de la chirurgie de guerre qui nous avait appris, à nous médecins coloniaux, ce qu'était le triage. Pas question de faire comme chez Schweitzer de la médecine individuelle en prenant en compte la santé de chacun ! Il fallait s'occuper du plus grand nombre. C'était le travail de mon infirmier chef qui constituait des groupes de malades. Ceux qui avaient la diarrhée repartaient avec du ganidan, ceux qui toussaient avec de la potion calmante ou de la terpine-codéine, etc... Il était toujours présent et me tenait au courant de tout.

Les accidentés de la route, côté ouest Libreville-Lambaréné étaient transportés chez Schweitzer, et ceux côté Est Mouila-Fougamou étaient amenés chez moi. Les accidents étaient fréquents, car les taxis brousse et les camions roulaient à tombeau ouvert sur les routes à la chaussée défoncée et en très mauvais état à la saison des pluies. Ils faisaient parfois des dizaines de morts et de blessés que l'on venait décharger d'une benne dans la cour de l'hôpital, devant mon bureau. Médecine d'urgence, prise en charge, que de vains mots ! Parfois quelques-uns se relevaient, dernier sursaut avant de mourir.

Chaque jour, la consultation m'apportait son lot de curiosités. Avant d'être opéré, Mavoungou avait un éléphantiasis du scrotum ressemblant à un volumineux sac de pommes de terre qu'il déplaçait dans une espèce de brouette confectionnée par ses soins. Lorsqu'il s'arrêtait et se libérait de ce moyen de transport, il s'asseyait à cheval sur ses bourses.

Je redoutais les épidémies de rougeole à la saison fraîche car je voyais arriver les enfants grelottants enveloppés dans des chiffons sales et dont les yeux purulents servaient de réservoir à alimenter les mouches. Ils mouraient par dizaines d'affections pulmonaires.

Ici la pathologie humaine, non seulement riche de sa spécificité, m'offrait aussi l'occasion de côtoyer des maladies dites « historiques » pour lesquelles il n'était pas nécessaire de posséder une batterie d'examens pour en faire le diagnostic. Il fallait être d'abord bon clinicien. Plusieurs séjours au milieu de ces populations faisaient de nous, médecins coloniaux, des praticiens détenteurs d'un autre savoir. C'est pourquoi, il m'arrive encore aujourd'hui, de considérer comme dérisoire la pratique en métropole de tous les médecins de quartier. Victimes de patients trop individualistes et égoïstes, condamnés à une petite médecine, ils sont incapables de s'apercevoir que l'intérêt général prime l'intérêt particulier, et que notre société en mutation génère pour l'avenir de grands risques pour la Santé Publique. C'est cela qu'il manquait chez Schweitzer ! Ses jeunes médecins qui arrivaient à Lambaréné, sans connaissances des pathologies de terrain, repartaient au bout de deux ans sans avoir acquis l'expérience et compris ce qu'étaient les problèmes sanitaires de l'Afrique et la notion de Santé Publique.

Les visiteurs me prenaient beaucoup de temps, mais si je voulais me faire connaître et être reconnu, il me fallait bien accéder à leurs sollicitations.

J'étais également pour la région du Moyen Ogooué le médecin légiste. Les autopsies n'étaient pas rares, car beaucoup de morts étaient suspectes : mort par overdose d'iboga, plante hallucinogène, mort par empoisonnement dont les Gabonais étaient spécialistes, mort par noyade plus ou moins accidentelle. Les noyés déjà enterrés étaient sortis de terre et il m'est arrivé de voir à l'ouverture de la boite ou de la natte, le cadavre gonflé de gaz qui s'éjectait de la caisse avec bras et jambes en l'air. L'état de décomposition était parfois tel que personne n'y résistait et j'étais bien le seul à ne pas vomir. Rentrant à la maison, je devais me dévêtir dehors, tant les vêtements, la peau, les cheveux, et l'haleine sentaient le cadavre.

Dans le nord du pays, chez les Fang, les Pahouins, on disait que l'anthropophagie remontait à bien peu de temps. Schweitzer lui-même avait pris le fusil à plusieurs reprises, la nuit, quand un commando venait enlever un malade destiné à être mangé. Le foie était avalé en premier, coupé en tranches et grillé car il contenait les secrets du défunt, puis le cœur, et le reste ensuite. La graisse était conservée dans des récipients, comme élixir de force. Voilà ce que racontait un témoin.

Je m'occupais également de la prison, ce qui me valut en 1965, lors du coup d'état manqué contre le Président Léon M'Ba, d'aller soigner les putschistes qui croupissaient derrière les barreaux. Ils avaient tous cru aux Américains qui, sous couvert du Peace Corps, avaient orchestré plus ou moins le coup d'état, et sous estimé les parachutistes coloniaux Français. Ces derniers, débarqués un matin à l'aube sur l'aéroport de Libreville, eurent rapidement raison des mutins. Ce jour là, le Peace Corps distribuait vivres et boissons fraîches dans les rues de Libreville. Dans la prison de Lambaréné était détenu le Ministre de la Santé. C'était le seul médecin gabonais, docteur en médecine, pédiatre, et il faisait partie du putsch.

L'absence momentanée de médecin à N'Djolé, poste médical très au nord de ma circonscription, me valait également le déplacement que je faisais en hors-bord ; 100 kms en deux heures. A N'Djolé on avait le souvenir du médecin capitaine, un grand blanc, qui faisait sa consultation en serroual, képi et torse nu. Dans sa paillote coloniale au toit de chaume, il avait sa femme et ses enfants d'un côté, sa maîtresse de l'autre. Invité par sa hiérarchie à reprendre une vie familiale normale, il répondit au télégramme reçu par un autre, « vous prie de vous mêler de ce qui vous regarde. » Pour les Africains c'était un très grand blanc ! Ici, dans le village, je fus à l'origine de règlements de compte coûteux entre deux familles « pahouines ». Une petite fille de six ans environ était soignée depuis plus d'un an, par mon prédécesseur, pour pertes vaginales purulentes. Jeune et peu averti, il se contentait d'administrer des antibiotiques. Comme j'examinais la fillette, aidé par trois ou quatre personnes en guise de contention, quelle ne fut pas ma surprise d'extraire du vagin, un maillon de chaîne, deux écrous et un capuchon de stylo à bille. Jeux d'enfants vivants la plupart du temps nus ! J'étais moi aussi un grand docteur, car libérée de ses corps étrangers l'enfant guérit bien vite.

Au cours de mes tournées dans les villages les plus isolés où j'avais le privilège d'aller, je faisais parfois quelques vaccinations et du dépistage. C'est là, assis à l'ombre d'un manguier que je faisais des ponctions lombaires. Je n'étais pas toujours très rassuré, mais j'avais compris que ma mission devait prévaloir sur ma personne. Dans mon comportement je n'avais cependant pas droit à l'erreur. Les vieux chefs sortaient de leurs cases pour me serrer la main et j'allais vers eux. Les femmes continuaient à piler le riz ou le manioc, et une nuée d'enfants curieux venaient m'entourer comme si j'étais un extraterrestre. Même les chiens efflanqués, qui eux me faisaient peur, venaient me renifler. Mon chauffeur faisait l'interprète et j'apprenais qu'il y avait des malades auprès de qui je me rendais. Je sortais mon stéthoscope, mon appareil à tension, ma lampe frontale et mon marteau à réflexes. Comme le sorcier avait ses grigris, j'avais les instruments de la médecine blanche et savante. Bien dérisoires à vrai dire, comme l'était ma seule présence ici sans masque mais avec un vrai visage.

La coopération avec la France, ils en ignoraient l'existence. Dans leurs villages entourés par la végétation équatoriale, baignés par la touffeur tropicale, ils attendaient l'eau du ciel tant désirée à la saison sèche, et tant redoutée à la saison des pluies.

Je savais qu'il existait au Gabon certains coins où se regroupaient les panthères et les léopards qui s'attaquaient surtout aux chèvres et aux chiens, parfois aux hommes. N'Djolé n'était pas une région où sévissaient les fauves. Pourtant, un matin, on m'amena un homme au thorax déchiré et ruisselant de sang. Il s'était battu avec un fauve que je supposais être une panthère, et mourut quelques heures plus tard. La bête qui avait pénétré dans sa case ou dormait également son chien, s'était attaquée à l'animal et à l'homme. Pour se défendre, il avait tenté, dans l'affrontement, de fracasser la tête du fauve avec un caillou comme seule arme.

Mon souci permanent fut donc de faire de l'hôpital administratif une formation dont on parle. Je pense y être arrivé en dépit de la présence de l'hôpital Schweitzer, et malgré l'indiscipline des malades à laquelle il fallait s'accoutumer. Mais tel était le lot commun de l'Afrique.

Vouloir imposer le modèle européen n'avait jamais été une réussite totale. L'hygiène dont ce pays avait tant besoin n'avait pas encore été perçue comme une nécessité première, et l'éducation sanitaire qui commençait tout juste à voir le jour était une politique bien difficile à faire accepter. Il était de notre devoir, à nous médecins et acteurs de Santé, de la prendre en charge. Chez moi, sages-femmes et infirmiers y participaient. Il fallait donc encore vivre avec la saleté, synonyme dans ces pays de pauvreté et de déficit d'éducation. Je m'efforçais, en faisant preuve d'autorité, de maintenir l'hôpital en bon état.

Malgré cela, les douches existantes dans les bâtiments neufs devaient être surveillées et même en partie fermées, car les Africains préféraient pour la toilette l'arrière des bâtiments, avec la bassine et la bouilloire. Les WC, bouchés par des herbes ou des feuilles de bananiers, ne purent être utilisés que parce qu'un jour je désignai un « chef de cabinet ». C'était un lépreux. Pensionnaire du centre, je lui avais confié un gros trousseau de clés et des rouleaux de papier hygiénique. Il était chargé de l'entretien et de la discipline, et je le remerciais symboliquement chaque fin de mois. Les lavabos étaient également souvent bouchés par des détritus de manioc et de taros. Les matelas des lits servaient surtout au rangement des gamelles et de la nourriture, car les malades leur préféraient une natte qu'ils posaient par terre.

Alors Schweitzer avait-il eu raison de laisser faire et de tolérer une telle saleté dans son hôpital ? Non ! Il y avait un prix à payer : celui d'un effort pédagogique incessant qui contrarie la liberté de l'homme, et auquel Schweitzer ne s'était pas plié. Il fallait être un peu coercitif, bousculer ces gens, si l'on voulait aller dans le sens du progrès. Me refusant à laisser ces problèmes de côté, je m'attachais essentiellement à la formation du personnel et à la bonne marche des services de maternité et de chirurgie. Partout Outre mer, la qualité d'un médecin se jugeait d'abord à ses compétences en matière d'accouchements et d'opérations. Même parmi le personnel, les sages-femmes et les infirmiers du bloc opératoire, jouissaient d'une estime particulière.

Je réussis donc mon passage à Lambaréné, et mon départ fut clôturé par la remise d'une récompense Nationale et un discours à l'africaine.

J'avais eu à cœur de faire doter l'hôpital administratif d'une ambulance, et d'un appareil d'anesthésie digne d'un bon hôpital.

J'avais toujours fais participer mon personnel noir à toutes mes décisions médicales et administratives. Je leur avais fait confiance.

J'avais toujours montré une très grande disponibilité pour tous les malades.

Mais surtout, j'avais manifesté beaucoup d'indépendance par rapport au Docteur Schweitzer et son hôpital.

La tâche était loin d'être finie, mais ce qui était incontestable, c'est que l'hôpital administratif avait repris sa juste place à Lambaréné. J'avais redonné vie à la santé publique.

ALLOCUTION PRONONCEE PAR
Monsieur Jean-Baptiste ANGUILE
Préfet du Moyen-Ogooué
à l'occasion du départ en congé du
Docteur AUDOYNAUD, Chef de la Région
Sanitaire du Moyen-Ogooué

Mesdames,
Messieurs,

Nous sommes réunis ici pour dire au revoir au Docteur AUDOYNAUD et lui témoigner notre reconnaissance.

Après trente longs mois d'un dur travail, sous ce climat équatorial, le Docteur AUDOYNAUD nous quitte ce jour, pour aller jouir d'un congé bien mérité auprès des siens.

Je n'ai pas besoin de vous le dire, car mieux que moi, chacun de vous sait ce qu'il a été pour tout le monde.

Travailleur dévoué et infatigable, il a toujours su~~r~~, avec bonté, se pencher sur chacun de ses malades et le réconforter.

Docteur AUDOYNAUD, le Gouvernement Gabonais n'est pas resté insensible et indifférent aux services que vous lui avez rendus; aussi, par Arrêté n° 00938/PR du 30 août 1965, le Président de la République, Son Excellence Mr. Léon MBA, vous a ~~nommé~~ promu au grade de Chevalier de l'Ordre de l'Etoile Equatoriale.

~~Aussi~~, Je profite de cette circonstance, pour vous remettre, dans cet hôpital pour lequel vous vous êtes tant dévoué et en présence de vos collaborateurs et de vos malades, cette distinction, la plus haute de notre République.

Docteur AUDOYNAUD, nous espérons que de votre bon pays, vous ne cesserez de penser à cette ville de Lambaréné que vous avez aimée.

Docteur AUDOYNAUD, au revoir! *Docteur Triffet : soyez le bienvenu parmi nous !*
Vive la République Gabonaise!
Vive l'Hôpital Régional de Lambaréné!
Vive l'amitié franco-gabonaise!

Minute d'adieu pour le départ du Médecin-Chef de la Région Sanitaire du Moyen-Ogooué, Docteur **AUDOYNAUD André**.-

Monsieur le Préfet,
le Maire,
le Sous-Préfet
le Docteur AUDOYNAUD,
Mesdames Messieurs.

Nous, personnel sanitaire de cet Hôpital, les membres du Gouvernement de cette Région, l'assistance municipale et les notables de cette ville sommes completement attristés ou très précisement désolés du fait que, vous nous quittez et ce pour une longue durée. Nous Docteur AUDOYNAUD, étiez un Chef de service de cet Hôpital, mais permettez moi de vous dire qu'en déhors de votre chefferie, vous vous êtes qualifié à un père d'une grande famille. Dans l'ensemble du service vous ne vous êtes pas montré indifférent vis-àvis de chacun de nous et cela malgré la différence de nos catégories. Votre poignée de main avait toujours été la nôtre chaque matinée de début de travail. Quelle qu'était la hauteur d'un projet, pour la bonne marchedu service, vous ne cessiez de nous réunir dans votre Bureau pour l'étude et l'approbation de ladite idée. Vous avez su qu'un Chef de service ne peut de lui même ou tout seul fournir un effort meilleur sinon que par le concours de ses subordonnés, car un Chef de service n'est qu'un Papa pour ses fils, tel que vous l'étiez.

Vos qualités, votre conduite vis-à-vis du personnel placé sous vos ordres ont permis à chacun de nous d'enxx tirer profit tant matériel que Technique, et ce pour leur durée de vie et le bien être dans le service. Certains ont bénéficié des stages lucratifs, et d'autres d'enseignements techniques dans leur métiers. Vous avez su corriger et malgré tout xxxxxxxxx le maximum de nos fautes., et cela par le bon conseil d'ensemble , chose qui n'avait pas fait xxxx naître dans votre service ce qu'on appelle mouchardérie, hypocrisie, flatterie et tromperie d'où a survi la bienveillance, la protection, et la bonne marche du service. Nous espérons que vous ne nous quitterez pas après un heure pour toujours mais que nous nous retrouverons pour la réalisation des projets d'amélioration que vous avez proposés pour cet Hôpital de L/né.

Notre cher Docteur, votre départ nous laisse en deuil. Votre esprit de bonté à fait votre estime dans le Moyen-Ogooué. Regardez au tour de vous, voyez ces yeux rouges de larmes sinon l'attitude angoisante des gens, cela témoigne le grand amour qu'ils ont pour vous.

Le Gouvernement Gabonais reconnaissant et aimable pour ceux qui oeuvrent avec bonne volonté pour sa progression, vous octroie un congé bien mérité à passer parmi les vôtres et avec espoir d'y revenir.

Nous vous invitons à lever le verre pour notre bien-être et à votre soif./-

Le Personnel de Santé. / -

W.D.M.

15

Schweitzer est mort

On enterre les soldats,
là où ils tombent
sur le champ de bataille.
Albert Schweitzer

Le samedi 4 septembre 1965, un peu avant minuit, mourut à Lambaréné Albert Schweitzer. Il était âgé de plus de 90 ans. Sa mort, il l'avait choisie et ne pouvait en souhaiter de meilleure. ...je vous appartiens jusqu'à mon dernier souffle[1] avait-il dit aux gabonais.

Je l'avais côtoyé pendant plus de 3 ans, j'avais vécu son déclin des dernières semaines et son agonie des derniers jours. Même si je ne lui avais pas tenu la main, privilège réservé à ses proches, j'avais été très présent pour cette fin. Depuis une dizaine de jours Schweitzer donnait des signes de fatigue. Habituellement levé tôt et couché tard, il avait soudainement changé son rythme de vie, ne faisant plus ses promenades habituelles, ne venant plus déjeuner à la salle à manger, se levant et se couchant alors qu'il ne faisait jamais la sieste. Tous ces signes ne manquaient pas d'inquiéter. Ne parlant presque plus, son œil si bleu et si clair avait changé. Moi-même qui avais l'habitude de le voir souvent et de le saluer librement ne fus pas autorisé à lui rendre visite le jeudi 2 septembre, alors qu'il venait de s'aliter pour la dernière fois.

L'image que je garde de lui date de huit jours avant. Il sortait ce jour là de sa chambre, il était 4 heures de l'après midi, et je me trouvais là comme bien d'autres fois. Il s'était levé et allait à la

1. AS, cité in *ES n*°2, p. 62.

salle à manger, située dans un bâtiment à une dizaine de mètres de là. Marchant à petits pas et traînant les pieds comme un parkinsonien. Il semblait bien replié sur lui-même et comme accablé par le poids de sa charge. Sans doute conscient que sa vie allait lui échapper, il n'avait plus beaucoup de temps à consacrer aux autres et réservait peut être sa présence et ses pensées pour les siens, ses amis intimes et ceux de son hôpital.

Il rentra donc dans le coma le jeudi soir, comme Mathilde me le raconta quelques jours plus tard. Coma calme, que seule la cloche de 17h30 annonçant la fin du travail venait troubler, le faisant légèrement sursauter et un peu ouvrir les yeux, comme pour rappeler à tous ceux qui ne le quittaient plus qu'il était bien toujours là. Tour à tour, pendant les trois jours de cette agonie paisible, les médecins et les infirmières se relayèrent à son chevet. Je fus autorisé à le voir le samedi 4 septembre vers 10 heures du matin. Je franchis les quatre marches de bois de l'escalier qui menait sur la terrasse où s'ouvrait sa chambre. Mathilde, plus diaphane et transparente que jamais, les traits tirés par la fatigue, me fit entrer. Tout était dans l'ordre habituel, ou plutôt le désordre, à part la présence de deux personnes silencieuses dans un coin de la chambre. Sans doute du personnel de l'hôpital.

Nous échangeâmes quelques paroles et je m'approchai du pied du lit. La respiration était calme, à peine stertoreuse. La lumière grisâtre du village qui pénétrait à travers le grillage moustiquaire faisait paraître plus blanc encore le gros oreiller où reposait la tête du mourant. Le drap en gros coton et le dessus de lit au crochet qui recouvrait un gros édredon ventru paraissait également plus blanc que d'habitude. Rien n'était changé ; le même silence, le même décor et les mêmes personnes veillaient sur Schweitzer mourant. Il n'avait pas l'air de souffrir et sans doute ne souffrit-il pas, car il mourut d'une crise d'urémie. Schweitzer n'était pas malade, il était très vieux, et sa vie s'en alla comme une bougie qui s'éteint. C'est donc ainsi que mourut Schweitzer le 4 septembre 1965, un peu avant minuit.

J'appris sa mort le dimanche matin vers 8 heures par un petit mot que m'envoya le Docteur Munz. Il me signalait également que l'enterrement aurait lieu le jour même à 15 heures. Tout ceci semblait très précipité, mais en agissant ainsi, tous les proches du Docteur préservèrent sa mort de trop de publicité. Sa mort, il l'avait voulue sans bruit, discrète, et ses dernières volontés furent respectées.

En même temps que moi fut averti l'Adjudant de gendarmerie Thomas, compatriote de Schweitzer. Ensemble nous traversâmes encore une fois le fleuve Ogooué en évitant les bancs de sable. A notre arrivée la foule était déjà là et la terrasse de la chambre encombrée par de nombreux curieux, africains et européens, avec l'appareil photo en bandoulière. Quelques journalistes un peu hardis avaient essayé de pénétrer dans la chambre. Ils en avaient été empêchés par un vieux serviteur africain, fidèle jusqu'au bout, qui avait tenu bon dans ses mains la poignée de la porte et découragé les plus curieux.

Vers 10 heures l'africain me libéra l'entrée et je fus admis comme la veille. Même si je n'étais pas un « enfant de la maison », j'étais connu de tous, comme le répétait souvent Mathilde. Dès l'entrée je fus saisi par une atmosphère insaisissable et difficile à décrire. Le lit était fait, semblable à la veille, et la grande moustiquaire relevée. Les rideaux de la chambre avaient été à moitié tirés et seules deux petites bougies donnaient quelque clarté à la pièce. La table de travail, avec pèle mêle quelques lettres et livres, était restée en désordre.

Le cercueil dans lequel avait été placé le corps se trouvait au milieu de la pièce, près du lit, et chaque extrémité reposait sur une chaise. A côté du cercueil une demi-douzaine de femmes africaines psalmodiaient à voix basse et monotone un chant funèbre Galoa. Au pied du cercueil, le touchant presque, Mathilde, les yeux rougis, à côté de qui je vins me placer. Cet homme dont on me dit un jour qu'il faisait partie des trois grands fous de ce monde, cet homme qui avait été l'objet de tant de curiosités, de critiques, d'admiration, venait quelques heures auparavant de mourir. Il reposait dans le lourd cercueil en planches d'acajou qu'il avait fait faire un an auparavant. Il avait sa chemise blanche et son nœud papillon noir comme tous les jours de sa vie. Son visage était calme et détendu, témoignage apparent qu'il n'avait pas souffert pendant sa brève agonie. Les bras étaient légèrement repliés et les mains posées sur le ventre, son vieux chapeau posé sur les pieds. Ça et là, sur sa poitrine et sur ses jambes, on avait jeté quelques feuilles jaunies des grands arbres qui abritaient sa chambre. Des africains, sans doute, avaient laissé dans le cercueil, de l'argent, quelques billets de 50 francs. Ali Silver allait et venait de la chambre à la pièce à côté. Voilà ce que je vis. J'avais connu et côtoyé Schweitzer pendant 3 ans, je l'avais critiqué bien souvent mais c'était comme une vieille connaissance. Il allait rester là encore quelques heures, jusqu'à ce que le cercueil fut solidement cloué, puis il fut exposé quelque temps dehors jusque vers 15 heures, moment où eut lieu la cérémonie de l'enterrement.

Depuis le matin, les malades de l'hôpital, les accompagnants et des africains venus de la brousse, s'étaient agglutinés du côté de la chambre et de la colline où il allait être enterré. Après une brève cérémonie, le cercueil fut chargé sur les épaules des six européens de l'hôpital. En désordre tout le monde se transporta un peu plus bas, jusqu'à l'emplacement qui lui avait été réservé entre le Pasteur Vignes mort quelques mois plus tôt et son épouse ramenée ici quelques années auparavant. Le cérémonial fut strict et le cercueil descendu dans la fosse. Pas de larmes, c'était un spectacle plutôt bon enfant et joyeux, car pour les Africains c'était une fête, une occasion de se retrouver, de palabrer, de rire, dans des lieux qui leur étaient familiers.

Il fallut débroussailler, car les tombes de sa femme et de sa collaboratrice pendant plus de trente ans, Emma Hausknecht, étaient devenues inaccessibles. Seules les croix en ciment émergeaient des herbes et des ronces. Schweitzer fut donc enterré où il le souhaitait ; *On enterre les soldats, là où ils tombent sur le champ de bataille.*[2]

Depuis sa mort, une ou deux croix font suite à celle du Pasteur Vigne. On retrouve donc du haut en bas de la colline, dans l'ordre : Emma Hausknecht, Madame Schweitzer, Albert Schweitzer, le Pasteur Vignes et l'étudiant américain dont j'ai oublié le nom, mais qui mourut noyé dans le fleuve, victime de sa témérité et de son ignorance de l'Afrique.

Je ne suis jamais revenu à Lambaréné, mais je crois qu'Erica Anderson y a pris place, rapatriée ici en 1975. Ali Silver et Mathilde Kottman y auraient trouvé sûrement une place, si elles l'avaient désiré. J'ai appris que Mathilde, déçue par ce qui se passa après la mort de Schweitzer, ne souhaita pas être enterrée à Lambaréné.

---

2. AS, cité par Edouard Nies Berger, *AS m'a dit*, p. 184.

Je n'ai lu que des choses mensongères à propos des obsèques de Schweitzer. Les gens seraient venus par milliers ! Faux. Il n'y avait guère qu'une centaine de personnes. Même les habitants du village de Lambaréné ne s'étaient pas déplacés. Vu l'espace, les allées étroites, la proximité de la chambre, cela suffisait bien. On serait venu avec masques de plumes et de grand deuil ! *Il en vint de partout, à pied ou en pirogue arborant masques et plumes de grand deuil.*[3] Ridicule ! J'étais au milieu des gens, anonyme, tantôt près du cercueil, tantôt proche de la fosse et je n'ai rien vu de tout cela. On a dit aussi que sa tombe fut pendant des mois objet de culte, de danses et de cérémonies. *Pendant des mois, la tombe de Schweitzer devint un objet de culte, un lieu de danses et de cérémonies funéraires alternativement rythmées par le tam-tam et des chants liturgiques.*[4]

C'est grotesque. Le soir même l'hôpital retomba dans sa léthargie habituelle et devint comme une demeure vide, vidée de sa vie, simplement occupée par un fantôme.

Je vécus encore six mois à Lambaréné avant de rentrer définitivement en France en janvier 1966. Les mois s'écoulèrent, mais dès le lendemain la vie reprit pour les Africains, apparemment comme par le passé, sauf que Schweitzer n'était plus là. Je pense d'ailleurs, qu'il avait du prendre des dispositions pour échapper à tout culte posthume. Dès le lendemain les visiteurs se firent de plus en plus rares et le personnel commença à quitter l'hôpital. Mathilde, n'ayant plus personne sur qui veiller, rentra en France évincée par Rhéna Eckaert. Le soir, à partir de 17 heures, le travail s'arrêta alors qu'il ne cessait guère avant 18 heures 30 lorsque Schweitzer était présent. La tenue et la discipline se relâchèrent et les infirmières brimées par Schweitzer retrouvèrent un peu de liberté. Ali Silver en souffrait car elle n'avait plus de vrai rôle à jouer et me confia un soir son inquiétude et son impuissance. Schweitzer mort, elle n'était plus rien. Elle devenait simple témoin, alors que toute sa vie avait été placée sous le signe de « l'autorité », et me confiait son désarroi. *Ça a bien changé. Si le pauvre Docteur voyait ça ! Maintenant les infirmières ne veulent plus travailler après 5 heures.*

---

3. Marco Koskas, *AS ou le démon...* p. 337.
4. Id.

J'étais devenu un peu son confident, et elle me raconta également ce qu'elle eut à supporter un soir dans la chambre du Docteur Schweitzer ; une entrevue orageuse entre le Docteur Munz et Rhéna Eckaert d'une part et le Docteur Fergus Pope, l'américain, d'autre part. Ce dernier s'étant imaginé être le prétendant légitime des américains, remettait en cause la succession qui revenait au Docteur Munz, selon les dernières volontés de Schweitzer. Pope, n'avait-il pas été plus ou moins instrumentalisé par l'Eglise Unitarienne d'Amérique ? Pope s'était identifié à Schweitzer, à ses idées, et pensait pouvoir continuer à le faire vivre. Il n'avait, comme beaucoup de gens de l'hôpital, rien compris ! Puis tout rentra dans l'ordre car Pope qui fit parler de lui pour activité subversive (!) disparut rapidement, ayant été invité à quitter le territoire.

Je revins souvent à l'hôpital du Docteur Schweitzer car les médecins étaient des confrères et certains des amis. Les alentours de la chambre devinrent silencieux et le pélican blanc mourut lui aussi (ce n'est pas de la littérature, mais la vérité). On ne lut plus avant de se mettre à table quelques versets de la bible, et la place du Docteur Schweitzer, au bout de la grande table commune, resta vide. On laissa quelque temps son couvert, comme si on attendait le retour du maître de maison. Il m'arriva d'y dîner encore une ou deux fois, mais dans une atmosphère bien plus agréable, car on pouvait parler.

Qui avait-on enterré au juste ce jour du 4 septembre 1965 ?

Un médecin, un théologien, un philosophe, un Prix Nobel de la Paix ? Certainement !

Le plus Grand Homme du monde ? Pour les Américains, il l'était.

Un grand Docteur ? Sûrement pas ! Son action et son œuvre à Lambaréné n'avaient pas été remarquables. Pourtant, discours et éloges funèbres le faisaient vivre une seconde fois. Oublieux de leurs griefs, le temps de leur compassion l'exigeait, même les Chefs d'Etat africains clamaient les mérites du défunt alors qu'ils n'avaient pas eu, de son vivant, de mots assez durs pour le critiquer.

Les Africains évolués et les médecins noirs ne l'aimaient guère.

16
Schweitzer oublié

Ne se produit-il pas dans notre population
un certain oubli du phénomène Schweitzer ?
Haut Commissaire
de la Santé Publique au Gabon - 1986

Les tribulations du vieil hôpital

Tout cela s'écroulera à la mort de Schweitzer.[1]

La décennie 60 fut pour Schweitzer une triste fin de règne. Il ne se rendait pas compte que les Africains fréquentaient de moins en moins son hôpital, que la maternité, source de profits, s'était pratiquement vidée et que les « pépins » se multipliaient. Le système de soins, complètement usé, auquel il s'accrochait, augurait mal de la pérennité de Lambaréné et il mourut juste à temps pour s'épargner le spectacle de la décrépitude de l'œuvre de sa vie. Plus triste encore fut l'après Schweitzer. Du jour au lendemain les visiteurs désertèrent l'hôpital, les bons serviteurs furent évincés, les anciens et les modernes se livrèrent à une guerre pour la succession, et le déclin annoncé aboutit à la disparition du « village où l'on soigne ».

1. Gérald Mac Night, *Le Dr AS*, pp. 256-259. C'était également l'avis du Dr Penn et d'un officier de l'ambassade américaine au Gabon, en visite à Lambaréné. « L'hôpital est le seul temple élevé à la gloire d'un Dieu qui n'est pas immortel. A sa mort, tout s'écroulera. »

Mais que devint l'hôpital après la mort de son fondateur ?

Ce fut un inimaginable gâchis, et l'aventure qui s'acheva dans le désarroi et les règlements de compte n'avait rien d'exaltant ni de très glorieux. *Schweitzer n'était pas encore froid que déjà on s'agitait pour remplacer son œuvre.*[2]

Passés les premiers instants d'émotion et les louanges, de pure forme, il fallait faire le bilan. Schweitzer ne laissait rien de solide et de concret ; les finances étaient en très mauvais état ; la nouvelle direction se trouvait dans le plus grand désarroi ; les blancs allaient quitter l'hôpital ; les Africains, non préparés, étaient incapables de prendre la relève. Des centaines de milliers de dollars avaient été engloutis pour rien, dans des constructions archaïques, uniquement pour la satisfaction des idées d'un vieil autocrate. Quel gaspillage insensé ! Cabanes, étables, hangars, qu'il avait édifiés pour sa ménagerie et ses malades noirs et leurs accompagnants, ne pouvaient décemment être encore longtemps utilisés. L'hôpital, véritable bidonville, sans WC, sans eau potable, sans électricité, sans climatisation, sans égouts, était une offense aux règles élémentaires de l'hygiène.

Un vent de panique souffla alors sur l'hôpital et ce fût un véritable imbroglio. Avant de disparaître, il entra dans une lente agonie et connut pendant plusieurs années une situation chaotique du fait que « le vieux » avait mal préparé sa succession. Ce fut une période de crises, une suite de sombres évènements.

Schweitzer, vieillard sénile, fut les deux ou trois dernières années de sa vie un homme sous influence et changea d'avis à plusieurs reprises. Il trahit même sa fille Rhéna, qui, à l'évidence, ne devait pas beaucoup apprécier son père et sa dureté. Etant la plus compétente, la plus clairvoyante, elle aurait dû, depuis longtemps, être traitée différemment. Mais parce qu'elle était désobéissante, ne portant ni le casque colonial, ni les chaussettes blanches, et osait s'affubler de robes colorées, elle fut soupçonnée d'être plus ou moins responsable des désordres qui suivirent la mort de son père. *Chaque fois que je veux parler à mon père, Mathilde se trouve dans la pièce voisine, séparée par un simple rideau. Je suis sûre qu'elle écoute tout ce que nous disons. Elle arrive toujours au bout de quelques minutes et interrompt notre*

2. In *ES n*°7, p. 200.

conversation en prétextant une affaire urgente. J'ai envie de partir et d'aller fonder un laboratoire en Rhodésie.(...) Même les docteurs refusent de discuter de mes plans avec le chef, de crainte de déclencher les foudres du quartier général.(...) Je n'arrive pas à le voir ne serait-ce que quelques instants, pour lui faire part de mes problèmes. Je suis pourtant sa fille unique... ! Il a un vrai harem avec tous ses avantages et sans aucun de ses inconvénients.[3]

Rhéna n'avait pas accés directement à la chambre de son père. Pour communiquer avec lui, il fallait passer par l'intermédiaire des « favorites ».

De tous les prétendants à la succession, le docteur Pope, l'américain, fut le premier éliminé. Rhéna fit preuve d'autorité et, en mettant fin également aux combines ourdies contre elle par le « quartier général », s'imposa face à Mathilde Kottman et Ali Silver, les « anges gardiens », qui semblaient pourtant avoir recueilli les dernières volontés de Schweitzer. Ces deux fidèles collaboratrices, sorties brutalement de l'histoire de Lambaréné, n'ayant plus rien à faire à l'hôpital, rentrèrent en France et c'est Rhéna qui prit les choses en main.

L'évolution se fit en quatre étapes :

• De 1965 à 1971

L'hôpital fut placé sous la tutelle de l'« Association de l'Hôpital du Docteur Schweitzer à Lambaréné », créée en 1930, et dont le siège d'abord à Colmar, fut transféré à Strasbourg en 1956. *...Rhena et moi-même, durent assurer la lourde tâche de faire passer l'hôpital dans une nouvelle ère historique et technologique* [4].

La Présidence en fut confiée en France à Monsieur Frédéric Trensz, un des premiers collaborateurs de Schweitzer. A Lambaréné, la Direction Administrative revint à Madame Rhéna Schweitzer, et la Direction Médicale fut confiée au docteur Walter Munz. Tous des anciens de l'hôpital. Même si on comprit la nécessité du changement, et si on réalisa de nombreux travaux, tout n'allait pas pour le mieux.

Décidément, Schweitzer mort, son hôpital devait mourir d'une lente agonie. Il mourut en effet de ses propres insuffisances et d'une mort programmée.

3. Rhena Schweitzer, cité par Edouard Nies Berger, *AS m'a dit*, p. 158.
4. Walter Munz, *ES n°5*, p. 164.

Le docteur Munz assura avec bonne volonté la Direction Médicale pendant quatre ans et rentra en Suisse en 1969, oublié de tout le monde. Il s'occupait encore récemment, à Zurich, d'une maison médico-sociale accueillant des toxicomanes souvent en fin de vie. Rhéna Schweitzer assura la Direction Administrative pendant cinq ans et quitta Lambaréné en 1970. Elle vit aujourd'hui en Californie.

En l'état, l'hôpital Schweitzer n'avait plus aucune raison d'être, et surtout aucun avenir. Comme beaucoup, connaissant la fragilité de l'entreprise, j'avais prévu cette évolution que rien ne pouvait empêcher, sachant que l'hôpital ne survivrait pas à son fondateur.

• De 1971 à 1974

Plus rien n'allait, et ce n'était pas la peine d'essayer de sauver l'hôpital. Pourtant les thuriféraires continuaient à se faire des illusions, espérant faire de ce pandémonium moribond une entreprise prospère. Ils sous-estimaient l'ampleur du désastre. On changea de président, de statuts, de nom, pour s'appeler « Association Internationale de l'Hôpital Albert Schweitzer et de son Œuvre ». Comme on comprit qu'il ne fallait pas mélanger les genres, la médecine et le respect de la vie, on créa deux commissions :

- Une « Commission Œuvre Spirituelle » chargée de diffuser l'œuvre spirituelle.
- Une « Commission Hôpital » qui eut pour but de gérer l'hôpital depuis l'extérieur à Zurich, ce qui ne pouvait manquer de fragiliser encore davantage le fonctionnement de cette structure.

Les résultats ne se firent pas attendre. Ce fut la valse des directeurs et de sévères difficultés financières firent même qu'à plusieurs reprises l'hôpital se trouva menacé de fermeture. Les autorités gabonaises, conscientes que cet hôpital était une institution dont elles avaient besoin, apportèrent leur premier soutien financier, véritable bouée de sauvetage pour l'hôpital en train des-ombrer. *Ne détruisez pas, modernisez* leur dit Léon M'Ba Président de la République. C'était le début de la fin de l'Hôpital Schweitzer.

• De 1974 à 1976

Les choses se gâtèrent ! Nouveaux statuts, nouveau nom, nouveau directeur. Cette fois c'est « La Fondation Internationale de l'Hôpital Schweitzer à Lambaréné » (F.I.S.L.) qui vit le jour, une fondation gabonaise et la main mise de l'Etat sur l'hôpital.

En 1975, la situation étant devenue incontrôlable, l'hôpital fut de nouveau confronté à de graves problèmes financiers. Cette fois, non seulement la fermeture fut envisagée, mais elle fut décidée.

• A partir de 1976

A ce moment là intervint un véritable sursaut de la communauté Schweitzerienne. Un homme, un français, Max Caulet, directeur de la Fondation fut désigné pour sauver Lambaréné avec le projet d'un nouvel hôpital de 150 lits dont les plans avaient été réalisés par un architecte suisse.

Je m'étonne encore aujourd'hui de voir qu'il fallut plus de 10 ans à tous les utopistes et nostalgiques, anciens de l'hôpital ou pro-schweitzeriens du monde entier, pour comprendre que Schweitzer mort, l'écroulement de l'hôpital était inévitable. D'ailleurs, ils ne nous ont jamais dit pourquoi ce merveilleux hôpital s'est aussi brutalement écroulé ; comme ils ne nous ont jamais expliqué pourquoi les termes « village hôpital » ou « village où l'on soigne » ont aujourd'hui totalement disparu du vocabulaire. Ils n'avaient rien compris de l'homme et de son œuvre à Lambaréné.

Schweitzer lui-même ne se faisait guère d'illusions sur la pérennité de l'hôpital. Il pensait qu'il ne pourrait survivre plus de cinq ou six ans dans le respect de son esprit et de ses directives. Ce n'était pour lui qu'une « improvisation » et pas un hôpital ! Ne pourrait-on pas s'imaginer que cet autocrate, qui avait créé une œuvre unique en son genre, « le village où l'on soigne », en avait aussi organisé la fin pour faire en sorte que rien ne lui survive ?

Les autorités gabonaises souhaitaient aussi voir disparaître l'hôpital au plus vite. *Le gouvernement ressent l'existence des vieilles baraques de l'hôpital comme le pénible souvenir d'un passé colonial (...) aujourd'hui cette primitivité n'est plus une nécessité, mais culte du passé.*[5]

5. In *ES n°7*, p. 117.

Schweitzer oublié

Après la mort de Schweitzer, Rhéna sa fille ne put s'empêcher de dire : *Avec mon père nous avons perdu notre plus grande attraction.*[6] Effectivement ça n'était guère qu'une attraction pour touristes en mal de photos. Le prestidigitateur venait de disparaître. Plus d'entrées, plus de visites de la basse cour et de la ménagerie, plus de subventions. Donc plus de spectacle. Les lumières s'éteignirent, il fallut abattre le chapiteau et tout recommencer.

Comme on ne construit pas l'avenir avec des souvenirs, on fit table rase du passé et le chantier du nouvel hôpital débuta en 1976. Il ne fallait surtout pas commettre l'erreur d'établir une continuité entre le passé et l'avenir, sous prétexte que les pro-schweitzeriens voyaient dans le premier hôpital un modèle de perfection. Dieu merci, elle fut évitée ! Plusieurs projets, élaborés par des cabinets américains ou européens d'architectes délirants, furent soumis aux décideurs.

Le premier, un immeuble à étages ressemblait étrangement à nos C.H.U. parisiens et le second à un Palais des Expositions dont les chapiteaux auraient été plus ou moins amovibles.

Le projet suisse, plus intelligemment pensé, mieux adapté à l'Afrique, l'emporta. Le nouvel hôpital, moderne, financé grâce à des crédits de la Fondation, de l'Etat Gabonais, et de la Coopération Française, sera inauguré le 17 janvier 1981.

Le style a changé : oublié Schweitzer et ses théories. Le slogan du nouvel hôpital était : modernisation, adaptation, gabonisation. Tout ce dont Schweitzer ne voulait pas. S'il revenait aujourd'hui, il aurait peine à reconnaître les lieux : l'ancien hôpital rongé par les termites, côtoyant le nouveau avec ses murs blancs, ses parterres de fleurs, l'eau courante avec douches et WC, l'électricité et la climatisation. Comme à voir évoluer au sein du corps médical, une grande majorité de noirs.

Au cours de ces vingt dernières années les lieux ont changé, la manière a changé, l'esprit surtout a changé. On a fait abstraction du passé, on a oublié Schweitzer. Ce n'est pas une continuité, c'est une rupture, une fracture, ce n'est plus le « village où l'on soigne »

---

6. Rhena Schweitzer, cité in *ES n°7*, p. 195. Extrait d'une lettre de Rhena pour expliquer la disparition brutale des dons et des subventions. (1967)

mais un hôpital comme tous les autres en Afrique. Alors je m'interroge. Pourquoi Schweitzer n'emprunta t-il pas ce chemin là qui lui aussi menait au Christ ?

Proche de sa mort, il s'était bien douté que quelque chose changerait après sa disparition. *Dieu sait ce que vous allez faire de mon hôpital quand je ne serai plus là. Je préfère ne pas le savoir.*[7]

Même s'il ne fut jamais très disert, j'imagine qu'il souhaitait que fussent maintenues des structures simples plutôt qu'une institution à l'occidentale.

Qu'en est-il aujourd'hui ?
L'hôpital s'étend sur une propriété de 110 hectares appartenant à la Fondation et comprend trois zones :

- La zone nouvelle avec le nouvel hôpital pavillonnaire, bien intégré à son environnement, parfaitement adapté aux besoins africains et qui comprend les soins, l'administration, les services techniques, le personnel expatrié et les Gabonais.
- La zone ancienne avec l'ancien bidonville, un musée dans la maison de Schweitzer restaurée et le petit cimetière.
- La zone « village de lumière », village des lépreux où il n'y a plus qu'une vingtaine de malades. Peut être même n'y a t-il plus aucune activité aujourd'hui ?

Plus rien de commun avec l'ancien hôpital, ce que personne ne semble regretter, sauf les schweitzeriens nostalgiques, confortablement installés en Suisse ou en Alsace. Ces bouleversements ne plaisent pas forcément à leurs dirigeants qui peuplent les associations de défense. Ils affichent quand même leur satisfaction en disant que l'hôpital garde son originalité parce que « le sable vient des berges de l'Ogooué, le granit d'une carrière des environs et le bois de la forêt toute proche ». Ils ont de la peine à cacher leur nostalgie et se consolent en pensant que cet hôpital « présente évidemment un autre visage, un tout autre charme ». Sa fonction première reste curative d'abord, préventive ensuite. Ce qui est tout à fait compréhensible aujourd'hui. Par ailleurs, les consultations, hospitalisations et soins y sont payants comme autrefois.

7. AS, cité par Edouard Nies Berger, *AS m'a dit*, p. 186.

L'hôpital, jadis replié sur lui-même, isolé du monde extérieur comme l'avait souhaité Schweitzer, s'est ouvert à la communication. Il est à une d'heure d'avion de Libreville, et on y accède comme auparavant par le fleuve mais également par la route goudronnée Libreville – Lambaréné.

Plus de cases rustiques mais des pavillons peints aux couleurs vives, tous reliés entre eux par des passages couverts permettant le transfert des malades à l'abri du soleil et de la pluie.

Dans ce nouvel hôpital, hormis le panneau d'entrée indiquant « Hôpital Albert Schweitzer », rien ne permet de ressusciter le souvenir du médecin de Lambaréné. Bien au contraire, tout a été fait pour le faire oublier.

Schweitzer était un fervent partisan de la libre entreprise, il avait revendiqué « une œuvre personnelle et indépendante ».

Avant sa mort il avait confié à Ali Silver : *Si vous avez le moindre problème pour trouver l'argent nécessaire, ne laissez pas le gouvernement mettre la main dessus, fermez la boutique.*[8]

Il savait, lui le gestionnaire, l'administrateur, qu'un hôpital mo derne nécessiterait des besoins financiers considérables. Il avait raison.

Qu'en est-il aujourd'hui ?

D'abord, il est inexact de dire que se poursuit en toute indépendance l'œuvre fondée par Schweitzer. Fini l'autonomie et l'indépendance. Depuis plus de dix ans, la presque totalité du Conseil de Fondation de l'hôpital est composée de membres Gabonais. Les apports financiers se sont taris et l'hôpital ne vit plus guère qu'avec quelques subventions et les crédits du Gabon et de la Coopération Française. Longtemps en déficit de plusieurs centaines de millions de francs, il fallut l'affectation, comme Directeur, d'un ancien officier d'Administration du Service de Santé des Armées Outre-Mer, pour qu'enfin l'hôpital connaisse une gestion saine. On ne rêva plus et son remplacement dans quelques mois inquiète d'ailleurs beaucoup.

Malgré son désir d'indépendance, l'Hôpital Schweitzer s'est intégré à reculons dans le système de santé du pays. La présence à Lambaréné ville de l'Hôpital Régional est enfin reconnue. Ce n'est

8. Id., p. 187.

pas en effet à l'Hôpital Schweitzer, avec ses états d'âme et son éthique, de déterminer la politique de santé du Gabon, mais bien aux gabonais qui, eux, se souviennent que ce sont les médecins militaires français du Corps de Santé Colonial qui par leur dévouement et leur clairvoyance montrèrent l'exemplarité.

Schweitzer s'était résolument opposé à la création d'un centre de recherches sur les maladies tropicales, comme le souhaitaient les Américains.

Il avait manifesté son hostilité au docteur Fergus Pope, le candidat à la succession. Dans un accès de colère qui l'avait mis hors de lui et rendu sourd à la raison, il s'était écrié : *Cela n'existera jamais.* [(9)]

Qu'en est-il aujourd'hui ?
Un laboratoire est installé à l'hôpital et participe à des programmes de recherches sur le paludisme devenu résistant aux antimalariques classiques. Il a lancé en 1995, avec le N.I.H. des USA, un projet afin de comprendre pourquoi certains malades atteints par le plasmodium falciparum faisaient des formes graves de paludisme et d'autres des formes plus légères. En 1970, à Madagascar, 25 ans auparavant, la santé publique et l'O.R.S.T.O.M. étaient très avancés dans cette recherche et les médecins coloniaux en connaissaient déjà les raisons essentielles. Le laboratoire est également rattaché à l'Institut Bernard Nocht de Hambourg et à l'Institut de Médecine Tropicale de Berlin, devenant ainsi un lieu pour la recherche en pathologie tropicale.

Schweitzer ne s'était jamais intéressé à la médecine préventive et à l'hygiène, se contentant de soins curatifs auprès des africains qu'il laissa vivre dans la malpropreté.

Qu'en est-il aujourd'hui ?
L'adaptation s'est faite. Les bâtiments du nouvel hôpital sont peints en clair et les alentours sont fleuris.

---

9. Ibid.

L'hygiène est au premier plan. La propreté est assurée par le Service Général qui fait le ramassage quotidien des poubelles et l'entretien de toute la concession.

La médecine préventive, ignorée par Schweitzer pendant 50 ans, est également une préoccupation première. Une équipe, constituée par un médecin et quatre infirmières, assure à l'hôpital et dans les villages les plus proches la protection maternelle et infantile. On pèse, on mesure, on parle hygiène et diététique, on explique aux mamans. Pour la photo, on prend les petits enfants gabonais dans les bras. Elle paraîtra dans « Les Nouvelles de Lambaréné », propagande oblige ! Du temps de Schweitzer, la photo, c'était avec Branca, la petite guenon que l'on venait d'opérer.

Existe aussi une unité mobile de soins dentaires, soutenue par le S.D.I., (Secours Dentaire International) et qui se déplace dans les écoles pour des campagnes de prophylaxie.

Schweitzer s'était toujours opposé à la modernité ; pas d'eau courante, pas d'électricité, pas de WC, préférant l'eau polluée de l'Ogooué et la lampe à pétrole. Surtout pas de climatisation, c'était dangereux !

Qu'en est-il aujourd'hui ?

La modernisation s'est faite. L'hôpital est raccordé à l'électricité de la ville depuis 1985 et en 1991 fut réalisé le projet allemand d'éclairage solaire pour le terrain de l'hôpital. Un service électricité est chargé des installations électriques.

La consultation se fait dans six chambres climatisées regroupées autour d'une grande salle d'attente. A la pharmacie existe une cave climatisée où sont stockés médicaments et matériels et une salle de préparation des perfusions.

Les malades sont logés dans des chambres à deux lits, avec au fond d'un corridor, dans chaque pavillon, toilettes et douches. Un service plomberie est chargé des installations sanitaires, des canalisations et de la station de pompage avec eau potable.

Les anciennes cases du bidonville ont trouvé une utilité. Y vivent une partie des 140 employés de l'hôpital et leurs familles. Eau courante, douches, électricité y ont été installés et si elles doivent être prochainement restaurées ce ne doit pas être pour le souvenir, mais bien pour le confort des africains. Eux doivent apprécier et ne guère subir le « choc de civilisation », car le confort matériel n'a jamais porté préjudice au confort psychologique et affectif.

J'aimerais rappeler que l'Hôpital Administratif que j'ai dirigé de 1963 à 1966 était équipé depuis 1953 de l'eau courante et de l'électricité, soit trente ans avant le nouvel Hôpital Schweitzer.

Schweitzer avait toujours refusé de faire de son personnel noir des infirmiers à part entière, prétextant que seuls les médecins et les infirmières blanches étaient capables de donner de bons soins.

Je trouve un peu trop facile aujourd'hui, pour les médecins blancs qui travaillaient auprès de Schweitzer, d'appeler collaborateurs ceux qui n'étaient en réalité que des serviteurs parce qu'ils étaient noirs. Ils étaient pourtant aussi indispensables, sinon plus, que les dames blanches, car ce sont eux qui faisaient le travail. Poungou faisait les pansements, Makaso préparait les malades avant les interventions, Kwamba stérilisait les instruments, N'Dong distribuait les médicaments, Evangéline travaillait à la maternité, Joseph s'occupait au laboratoire et Douviougou était au village des lépreux ..etc..etc... Ils voulaient apprendre, comprendre, et ne pas avoir simplement le droit de poser des questions : *Nous sommes ici comme des aveugles (...) nous ne savons rien sur l'ensemble du corps humain, comment il vit et comment il tombe malade et comment on le guérit. Là dessus on ne nous à rien appris.*[10]

Conscient en 1964 de ses droits et de ses pouvoirs, le représentant du groupe, N'Dolo, employé au laboratoire, obligea le Docteur Munz à en parler au Grand Docteur qui sembla accepter les changements. C'est sous la pression que Schweitzer allait consentir à donner une formation à ses employés. Encore un exemple où il fallut attendre sa disparition pour qu'en 1965 intervienne à l'intérieur de l'hôpital une véritable révolution ; la création d'une Ecole dont les meilleurs élèves pouvaient poursuivre leurs études à l'Ecole des Infirmiers de Libreville.

Qu'en est-il aujourd'hui ?

La gabonisation s'est faite. L'hôpital emploie 160 personnes dont

10. In Walter Munz, *ES n°5*, p. 96.

140 gabonais, encadrés par des expatriés chargés de leur formation.

- Pourquoi ne pouvait-on pas imaginer pareille situation en 1950 ou 1960 ? Tout simplement parce que Schweitzer, raciste, ne le voulait pas !
- Personnel paramédical : le chef du personnel et l'infirmier chef sont gabonais.
- Tous les infirmiers et infirmières gabonais sont, soit diplômés d'Etat après trois ans d'études à l'Ecole nationale de Libreville, soit infirmiers assistants après trois ans d'Ecole, soit infirmiers auxiliaires formés à l'Hôpital Schweitzer dont le diplôme est reconnu par le Ministère de la Santé.

La formation continue de tout ce personnel est devenue une priorité et un devoir pour tous les expatriés.

Si aujourd'hui existe une véritable collaboration entre noirs et blancs, avec égalité de droits, de devoirs, de salaires, il est regrettable, encore une fois, de constater qu'il aura fallu attendre la mort du « Grand Docteur » et même 1981, date de la mise en service du nouvel hôpital, pour que s'établisse enfin une confiance réciproque.

Schweitzer avait toujours refusé d'employer des médecins noirs et recrutait son personnel médecin, frais émoulu des Universités, sans grande connaissance de la pathologie tropicale, parmi des gens de nationalité américaine, suisse, ou allemande mais rarement française. Il recrutait parmi les siens !

Qu'en est-il aujourd'hui ?

- Il est précisé que l'hôpital est neutre politiquement et confessionnellement et ouvert à tous.
- Le recrutement se fait sur le plan international :
  - Le médecin chef est Zaïrois.
  - Les chirurgiens et les pédiatres sont Togolais.
  - Le dentiste est Camerounais.
- En 1993, quatre étudiants gabonais en fin de cursus furent envoyés à l'Université Harvard de Boston et à Berne. Pourquoi en Amérique et en Suisse ?
- Le Directeur est français et rémunéré par la mission d'Aide et de Coopération Française. Ancien officier du Service de Santé des Armées, sa présence à la tête de l'Hôpital Schweitzer

témoigne de la reconnaissance du savoir-faire des médecins coloniaux.

- Le secteur administratif est à majorité français.
- Une bonne maîtrise de la langue française est nécessaire car on a toujours au Gabon parlé le français et non l'allemand.
- Par-dessus tout, une bonne formation en médecine tropicale est exigée, ce qui me semble primordial. Ce qui n'était pas le cas du temps de Schweitzer.

Je constate donc avec satisfaction que le nouvel hôpital, avec ses objectifs, s'est mis au goût du jour et vit plus proche des besoins impérieux de l'Afrique qu'autrefois, et c'est heureux.

Que reste t-il de Schweitzer à Adolinanongo ?

Un immense panneau souhaitant la bienvenue à l'entrée de l'hôpital ; la curiosité de quelques visiteurs qui viennent voir la tombe de son fondateur ; et un fantôme errant sur les bords de l'Ogooué. On détruit les uns après les autres les plus vieux bâtiments et le verger a été abandonné. Les animaux ont disparu et je ne crois pas que la pensée de Schweitzer et le respect de la vie au sens où il l'entendait, trouvent un très large écho dans la forêt équatoriale. *L'âme de l'hôpital disparut avec son fondateur. Une autre génération prit son destin en charge* [(11)] comme l'a écrit Nies Berger, ami de Schweitzer.

Quant à l'hôpital de la forêt vierge, la lente érosion tropicale, le manque d'entretien, les termites, en auront rapidement raison si un financement extérieur ne vient pas au secours du vieux bidonville. Pourtant, de cette expérience architecturale, de ces bâtiments abandonnés et minés par la vermine, Albert Frey, neveu de Schweitzer, affirme qu'il s'agit de « symboles irremplaçables » et de « véritables joyaux de l'ère Schweitzerienne ». Comme si son concepteur avait été un bâtisseur visionnaire et qu'il fallait élever ce modèle de bâtiments au rang des beaux-arts. Des objets uniques et de grande importance pour les historiens : un conservatoire du passé ! Voilà qu'on découvre le nouveau Le Corbusier de la forêt vierge avec son hôpital, vraie cité radieuse ! Il y avait bien le « village de lumière » ! Pour les grands défenseurs de la pensée de Schweitzer, ils doivent donc être préservés. Comme doivent être également

11. Edouard Nies Berger, *AS m'a dit*, p. 187.

restaurées les quatre fosses à compost, parce que Schweitzer pensait que la civilisation avait commencé par un tas de fumier !

Personnellement, je crois que l'argent des généreux donateurs – 600 000 Fr. offerts par le Conseil général du Bas-Rhin en 2001 - devrait servir au bon fonctionnement du nouvel hôpital, plutôt qu'à l'entretien de souvenirs peu convaincants. Les lieux n'ont plus d'âme, alors pourquoi restaurer et essayer de retrouver l'esprit de Schweitzer ?

En 1913 et 1924 Schweitzer détourna son regard de la priorité des priorités, la maladie du sommeil. Qu'en 2002 et pour les années à venir, les Schweitzeriens et les associations qui récoltent de l'argent ne se trompent pas de cible et feignent de ne rien voir. La priorité des priorités n'est pas la restauration de pauvres bâtiments, mais la lutte contre le paludisme et la progression effrayante de l'épidémie du sida au Gabon. Le contraire serait choquant car les statistiques nous apprennent qu'à l'Hôpital Schweitzer, plus de 50% des malades hospitalisés sont séropositifs ou en phase de maladie ! Un vrai cataclysme se prépare et l'épidémie ne va cesser de progresser : *Dans les pays où l'infection est très haute, le virus du Sida tue les enseignants plus vite qu'ils ne peuvent être formés.* [12]

En effet, tout ne va pas pour le mieux dans ce nouvel Hôpital Schweitzer. Le rapport annuel 2001 du médecin chef fait état d'insuffisance et d'inadaptation des locaux actuels, du manque de personnel spécialisé et de l'absence d'une ambulance pourtant nécessaire. Il signale également l'impérieuse nécessité de la rénovation des structures médicales, du développement de la médecine préventive, des besoins d'investissement et de la réfection des chaussées. En somme beaucoup reste à faire pour cet hôpital, aujourd'hui intégré au projet communautaire, nouvelle politique du Gabon en matière de santé.

---

12. In Bernard Lugan, God Bless Africa, p. 25. XIVème conférence sur le SIDA, Barcelone, du 7 au 12 juillet 2002.

Conclusion

FAUT-IL DEBOULONNER LES IDOLES ?

La vérité n'a pas d'heure.
Elle est de tous les temps,
même et surtout
lorsqu'elle paraît inopportune.
Albert Schweitzer

Le Docteur Schweitzer, médecin à Lambaréné, est-il devenu maintenant plus facile à appréhender et de cet inventaire peut-être un peu réducteur mais auquel peut s'ajouter le constat, hélas décevant, de toutes les occasions manquées, que conclure ?

S'il peut être louangé pour son œuvre musicale, théologique ou philosophique, le médecin ne mérite pas la moindre indulgence. Il a été la plupart du temps jugé de l'intérieur par les siens, donc presque toujours apprécié et rarement critiqué face aux flots de louanges. Il est certain que jusqu'à présent le rôle du médecin de Lambaréné n'a été que peu analysé. Une approche plus satisfaisante de la vérité aurait été également de demander l'opinion des élites noires qui avaient bien leur mot à dire, puisque Schweitzer était chez eux.

*. In Gérald Mac Night, *Le Dr AS* p. 66.

Voilà ce qu'en pensait à l'époque, en Amérique, le journal Newsweek : *Schweitzer pourrait figurer sur presque toutes les listes des grands hommes, à condition qu'elles ne soient pas dressées par un noir africain...* *

Dès le début des années 50, Schweitzer bénéficia d'un état de grâce exceptionnel, perceptible dans le monde entier. Cette faveur des médias pour l'homme de Lambaréné ne dura que quelques années, puis à la suite de cette gloire bien éphémère et tout à fait inattendue, si ce n'est la disgrâce, ce fut l'oubli. Cela suffit pour sortir l'hôpital de son anonymat de quarante ans et voir arriver à Lambaréné toutes les passionnées en chaussettes blanches et casque colonial, les curieux, mais aussi tous ceux qui avaient des doutes sur ce trop plein d'invraisemblances, d'exagérations fantaisistes et finalement ce manque de vérité. Sauf à être d'une suprême niaiserie, rares étaient ceux qui repartaient satisfaits. Dans la pirogue ou la pinasse qui les ramenait à Lambaréné ou à l'aéroport, ils étaient muets, plongés dans une grande perplexité. Après avoir passé plusieurs heures dans le bidonville aux vieilles baraques en bois et aux toits de tôles rouillées, ils ne comprenaient pas. Schweitzer agitant sa main en signe d'au revoir les regardait s'éloigner, et eux, tournant le dos à l'hôpital, comme pour oublier ce qu'ils venaient de voir, n'avaient qu'une hâte : venir à l'hôpital administratif pour constater que la santé en Afrique dans les années 60 ne se réduisait pas à la piètre action de Schweitzer, et de ses principes pétris de conservatisme.

Est-ce parce que cela faisait style colonial ou reliquat du colonialisme, que Schweitzer était critiqué ? Pas spécialement. C'est tout simplement parce que c'était immonde et les conditions de vie qu'il offrait à ses malades étaient scandaleusement indécentes. Pourtant on disait que son modèle communautaire, que son action et sa conception de la santé devaient inspirer le reste du Gabon et de nombreux autres pays du Tiers-Monde. Hélas pour lui ! Ces derniers qui connaissaient les médecins coloniaux, à l'origine des très grands progrès de leur état sanitaire, ne voulaient pas des méthodes de ce vieux colonialiste qui se refusait à entendre parler de progrès, plus enclin à une radicalisation de sa politique qu'à un changement de cap.

Presque à son insu on en fit un Prix Nobel. L'avait-il souhaité ? Je n'en suis pas sûr, et sa célébrité lui parut bien souvent encombrante. Il ne faut cependant pas oublier que s'il n'y avait pas eu autour de sa personne un tel tapage, ce médecin atypique et son misérable hôpital seraient restés, je crois, totalement inconnus. Ce fut pourtant le grand tournant de sa vie. Il exploita largement cette situation, même si parfois, fatigué par les obligations de sa notoriété, il eût préféré rester dans son coin, faire son travail et qu'on lui fiche la paix. *J'en ai assez d'être un homme du monde. Cela me demande trop et me distrait de mon travail. Je veux m'appartenir de nouveau à moi et à mon œuvre personnelle pour le restant de mes jours. Puisse-je être en mesure de le faire* [1]. Ce qu'il oubliait de dire, c'est tout de même le bénéfice qu'il tira de cette situation qui lui permit de faire vivre et durer Lambaréné.

Lambaréné...Schweitzer....voilà un couple qui dans les années cinquante semblait promu à un bel avenir. Il n'en fût rien. L'usure du temps et le nouvel hôpital l'ont fait oublier, au point que dans les années quatre-vingt-dix, il n'était pratiquement plus connu de personne. Alors qu'il aurait du traverser la deuxième partie du XXème siècle, il ne dura pas plus de deux ou trois décennies.

Comment se fait-il qu'il ait pu quand même tant durer ?
Ce ne sont ni sa persévérance, ni ses qualités, ni ses cabanes en planches, ni aucuns de ses petits ouvrages sur Lambaréné qui peuvent l'expliquer. C'est d'abord l'argent. L'argent de ses amis, l'argent qu'il recevait des nombreuses associations, mais surtout l'argent d'Amérique, le « *pays du dollar* », comme il l'appelait. Pour les Unitariens il fallait ignorer les faits, nier la réalité, interdire toute discussion, continuer à déverser de l'argent, afin de soutenir celui que l'on avait fait couronner. Sans argent, ni le médecin, ni l'hôpital, ni Lambaréné n'auraient existé, car Schweitzer même avec de bons sentiments n'aurait pu mener à bien une telle entreprise. C'est pourquoi le mythe de Lambaréné fut le pur produit des associations le soutenant et de la toute puissante Amérique.

Les Unitariens, l'argent, les femmes et les médias bien sûr firent de lui un Grand Docteur. Cette vision idéalisée du personnage était la règle dans les années cinquante. C'était une référence et elle ne

1. AS, cité par Edouard Nies Berger, *AS m'a dit*, p. 133.

laissait aucune place au scepticisme. En 1953, le monde ne croyait pas au doute. Il aurait été même inconvenant de vouloir se montrer critique et de balayer d'un revers agacé de la main le moindre propos élogieux. Montrait-il le bout de son nez par quelques pensées sur la forêt vierge, ses souvenirs d'enfance ou son pélican, qu'aussitôt on rebondissait sur l'homme de Lambaréné, le « Grand Docteur » et son hôpital. Quelle mystification !

Bien d'autres raisons peuvent expliquer la durée de Schweitzer.

• Dans les années 50, les idées et les images circulaient encore peu et c'est ce qui permis à Schweitzer de se préserver. Le matraquage était tel que la propagande avait écarté tout concurrent. Lecteurs et auditeurs de l'époque qui croyaient en toute bonne foi être informés objectivement par des gens sérieux, étaient convaincus qu'à Lambaréné se trouvaient un grand docteur et un grand hôpital. Ainsi le Docteur Schweitzer, triomphait sans avoir accompli aucun exploit susceptible de marquer la santé en Afrique et arrivait sur le devant de la scène.

Pour témoins, il n'y avait que quelques journalistes et photographes, américains surtout, qui abreuvaient l'opinion d'affirmations que personne ne pouvait vérifier, usant de l'ignorance qui permettait une manipulation plus aisée de tous ceux qui s'intéressaient à Schweitzer. Pour cela, ils racontaient n'importe quoi, n'hésitant pas proférer des énormités, afin de donner une vision positive de Lambaréné. Ils voulaient ignorer tout ce qui pouvait en ternir l'image. Ils pratiquaient la désinformation et nous fabriquaient un faux Dieu.

• Autre raison : quand tout le monde parlait, lui se taisait. Pourtant, il savait bien que tout ce qui se disait et s'écrivait sur lui était en partie faux ! A ce titre, on peut lui en vouloir de ne jamais avoir rien fait pour corriger et rétablir la vérité. Alors, aurait-il organisé sa glorification ? Je ne le crois pas même s'il préférait sa légende à sa vie réelle, son image de « Grand Docteur » plutôt que celle de « pauvre petit médecin des noirs ». En ce sens, il a quand même largement contribué à la fabrication du mythe.

• Ensuite, et cela n'est pas le moins important, Schweitzer eut une extraordinaire longévité et beaucoup de chance. *J'ai été un chançard* disait-il dans une allocution prononcée à Lambaréné en avril 1963.

Doté d'un corps robuste et d'une insolente santé, il mourut à plus de 90 ans, ce qui fit de lui un personnage tout à fait anachronique. Son œuvre était à son image. A l'époque, la durée moyenne de vie ne devait guère dépasser 65-70 ans et Schweitzer reçut son prix Nobel en 1953. Il avait 78 ans. Découvert dans les années 50, c'était déjà un vieil homme et le monde ne le connut que très vieux : un vieillard respectable. Inconnu, il le serait resté à tout jamais si la bilieuse ou un paludisme malin l'avait emporté prématurément, comme il avait emporté la famille Lantz, ou si usé par le travail, il avait paisiblement fini sa vie dans les années 1945, retiré à Gunsbach et âgé de 70 ans. Il y avait à un moment songé comme il l'écrivit le 10 octobre 1950 au Pasteur Robert Hirt : *Longtemps, j'ai nourri l'espoir que, dans ma vieillesse, je pourrais quitter Lambaréné et finir ma vie comme pasteur dans une petite commune d'Alsace.*[2]

• En outre, pourquoi n'avoir jamais dit clairement et tout haut : non, Schweitzer ne fut ni le premier ni le seul à Lambaréné ! Cette responsabilité en incombe au Corps de Santé Colonial, à ses dirigeants parisiens et locaux du moment. Par leur silence sur la question, les autorités françaises se rendaient coupables et cette passivité ne pouvait qu'accréditer l'idée que Schweitzer était le principal acteur de santé à Lambaréné. Ce n'était sûrement pas la bonne méthode pour que cessent les mensonges.

L'époque du faire savoir n'existait pas, et pour s'exprimer publiquement ou écrire dans une revue, même médicale, il fallait une autorisation de la Direction Centrale à Paris. Même les médecins appartenaient à la « grande muette ». Pourtant, nous, médecins du Corps de Santé Colonial, étions partout en Afrique, riches d'un savoir et d'une expérience dont Schweitzer et les siens étaient dépourvus. Seulement voilà ! Au sein de ce corps il ne pouvait y avoir d'individualités, au risque d'en tirer vanité. D'ailleurs, comment fut traité, l'un des plus méritant d'entre nous, précurseur si l'en fut un et sauveur de l'Afrique, le docteur Jamot ?

• C'est également d'avoir laissé s'installer et se propager le mythe du «Grand Docteur », du « saint de la jungle », du « Médecin des lépreux», du « premier humanitaire » venu s'installer dans la région la plus inhospitalière du globe. Pourtant le

2. AS, cité in ES n°9, p. 135.

climat n'y était ni infernal ni insupportable et je ne pense pas que Schweitzer, même en 1913, se soit beaucoup plus exposé que les jeunes médecins coloniaux arrivés dans l'Ogooué vers 1900. En 1950, je pense qu'il était encore temps de dénoncer la supercherie.

Le mythe, une fois construit, n'était plus contrôlable, s'évadant et traversant les frontières, alimenté par tous les laudateurs.

• C'est enfin, que pendant plusieurs années la santé publique fut plus ou moins laissée entre les mains de médecins contractuels, pas toujours très compétents.

Le champ était libre pour Schweitzer. Le docteur Weissberg, que j'avais remplacé, « notre ami » comme disait les gens de l'hôpital Schweitzer, était un de ces médecins, nombreux au Gabon. Ces contractuels, parfois étrangers, sans formation au départ, ne représentaient pas un atout considérable pour la Santé Publique : souvent même moins performants que les médecins africains qui n'avaient fait que quatre années d'études, mais avaient été formés dans nos écoles de médecine de Dakar ou de Tananarive. Beaucoup de ces médecins contractuels démissionnaient au bout d'un séjour. Ceux qui avaient la foi et restaient, devenaient pour certains de bons éléments, car au bout de trois ou quatre séjours ils avaient acquis l'expérience des populations du territoire.

La réflexion concernant le docteur Schweitzer, quarante ans après sa mort, est entre les mains d'un petit groupe de personnes et d'associations qui n'ont ni la compétence ni la légitimité suffisante pour nous parler du praticien de Lambaréné. Ils ne connaissent pas grand chose à ce dont ils parlent, en dehors de ce qu'ils ont lu ou entendu. Ils n'ont jamais eu aucun contact physique avec l'Afrique. Ils n'ont jamais, avant la mort de Schweitzer, été confrontés à la réalité de Lambaréné. Et pourtant, ils prétendent savoir. C'est dire que leur opinion ne peut être qu'erronée. Irrationnelle également, car, pour préserver leur croyance, ils ont été capables d'avaler les mensonges les plus stupides sur l'hôpital et le docteur de Lambaréné.

Ce dernier n'aurait certainement pas manqué de les morigéner en leur répétant ce qu'il disait souvent : *Si vous voulez me connaître, il faut venir à Lambaréné.*

Il sous-entendait qu'un passage furtif était insignifiant. Il fallait y vivre. Alors qu'ils nous doivent l'absolue vérité, ils font semblant et ne cessent de se voiler la face pour ne pas ternir l'image de Lambaréné. Ils s'interdisent un examen vrai et déconditionné de la réalité. Comme s'ils ne savaient pas que le praticien de Lambaréné fut un médecin bien ordinaire, son « village où l'on soigne » un piètre hôpital, les conditions d'hébergement des africains malades intolérables et les noirs jugés indignes d'occuper des fonctions de responsabilités ! Comme s'ils n'avaient pas constaté que son action médicale, qui s'inspira plus de la maladie que de la santé, ne pouvait être à la hauteur des enjeux et des impératifs de santé publique qu'exigeait alors la situation sanitaire sinistrée de l'Afrique !

Pourquoi cet acharnement louangeux et cette incapacité à se montrer critique, alors que l'ampleur de son échec médical aurait du le mettre sur la sellette bien plus tôt ? Pourquoi cette cécité ? Ce n'est pas par manque d'analyse, mais ils font toujours référence à un seul texte, celui du « village où l'on soigne ». Ils nourrissent ainsi un discours d'autosatisfaction, toujours prêt à justifier l'absence de réformes dans l'hôpital, et gèlent la réflexion afin que le médecin de Lambaréné n'apparaisse pas sous son vrai jour. Pour les défenseurs passionnés de Schweitzer, cette idéalisation permettait de relativiser, assez subtilement d'ailleurs, l'aspect quasi pathologique de ses comportements envers les noirs, voire à dénier son racisme, considérant ses attitudes comme un mode de réaction banal aux défauts qu'il attribuait à ses « sauvages ». Et c'est ainsi que pendant plusieurs décennies il se trouva, à travers l'Europe et l'Amérique, des voix qui affirmaient, plutôt haut que bas, qu'à l'hôpital de Lambaréné il y avait un « Grand Docteur » et « le plus grand homme du monde ».

Alors qu'ils ne sont pour rien dans la construction du mythe, pourquoi n'ont-ils pas le courage de regarder le docteur Schweitzer tel qu'il était et de nous expliquer que l'on nous a cru bien candides ? Ils se réfugient derrière le mythe qui donnait vie à quelque chose qui n'existait pas. Certes, les lieux et le personnage ne sont pas fictifs. Mais le but est de faire du défunt hôpital, une sorte d'Eldorado où les Africains, les malades, les lépreux, pouvaient vivre heureux comme chez eux, permettant d'occulter ainsi la misérable réalité. Pour cela, ils n'hésitent pas à dénigrer les hôpitaux gouvernementaux et modernes. Pour Lambaréné : enthousiasme pour l'Hôpital Schweitzer, le bidonville ; méfiance envers l'Hôpital Administratif de style européen ! C'est vrai que l'hôpital administratif a été confié parfois à des médecins qui n'avaient rien à faire en Afrique. Mais chaque fois que les médecins coloniaux en ont eu la charge, il a réussi à privilégier la comparaison face à Schweitzer.

Ils n'hésitent pas non plus à manier la désinformation. C'est affligeant ! Exemple type, en citant le docteur Nessmann parlant de la maladie du sommeil : *Les médecins itinérants du gouvernement par contre créent le vide là où ils arrivent en imposant leurs soins par la force armée. Les habitants des villages fuient dans la brousse à leur approche.*[3]

C'est une caricature de l'action médicale menée par les médecins coloniaux. C'est trop ridicule pour être crédible et, si l'on s'en tient à ces propos, c'est évidemment très négatif et insultant pour eux. La vérité est tout autre et ce qu'ils oublient, c'est la suite du paragraphe : *Evidemment, comment faire autrement pour enrayer la maladie du sommeil que de procéder par des tournées prophylactiques et de traiter vigoureusement.*[4]

Ces campagnes, quelque peu coercitives, étaient parfaitement nécessaires et acceptées lorsque la maladie était un cauchemar quotidien, même si elles étaient rejetées lorsque l'affection semblait jugulée. C'était en 1924 et Schweitzer, trop occupé avec ses cabanes, ignorait la priorité que représentait la maladie du sommeil et les autres endémies. D'ailleurs, je ne vois pas en quoi les épigones des fabricants du mythe auraient des leçons de savoir-faire médical à donner aux médecins coloniaux qui servaient en Afrique. Je ne vois pas comment la légèreté du savoir médical de Schweitzer, avec sa pratique curative et individuelle importée d'Europe, aurait pu servir de modèle.

Par de semblables comportements, ils se déconsidèrent et ce discours ne fera sûrement pas date, car ils se trompent sur le praticien de Lambaréné et son œuvre. Encore une fois, leur aveuglement les porte à écarter la réalité et négliger la vérité, agitant toujours les mêmes fantasmes. Ils considèrent que la création et les débuts de l'œuvre étaient indissociables des conceptions philosophiques de l'homme de Lambaréné.

3. Victor Nesmann, ES n°6, p. 169. Lettre du 07-06-1925.
4. Id.

J'ai de la peine à l'admettre, mais pérenniser le raisonnement pour en faire accepter la médiocrité, cela ne passe pas. Voici la vérité : Schweitzer n'eut de cesse de faire la guerre à la modernité et à l'avenir. Comment, en effet, expliquer et accepter cet immobilisme de cinquante ans, pendant lequel conception de la médecine, de l'action médicale, des conditions d'hébergement des malades noirs, ne changèrent pas d'un iota ? C'est certain, il ne fut pas un penseur de la modernité. Une décennie après l'autre, il gardait le cap et d'évidence n'avait pas envie d'en changer. Schweitzer qui se moquait complètement du progrès technique, ne pouvait pas être un homme de son temps. Habitué à son porte-plume et à son vieil encrier du début du siècle, je ne l'ai jamais vu écrire autrement, car le cliquetis d'une machine à écrire l'incommodait. *Ma crampe d'écrivain ne me laisse pas en repos. Et pas question de me servir d'une machine à écrire, je n'en supporte pas le bruit, cela me fatigue.*[(5)]

Il n'écouta jamais la radio, il ne posséda jamais de voiture, ni ne passa le permis de conduire. Pour ses déplacements à Lambaréné, il ne connaissait que la pirogue et ses pagayeurs lépreux. Il avait même refusé le moteur que lui avait proposé Evinrude, alors que le fleuve était sillonné par les hors-bord et les pinasses des Africains. En 1915 il rêvait pourtant d'une telle embarcation : *Quand aurons-nous sur chaque station un bon bateau à moteur ?*[(6)] S'il voulait aller à Port-Gentil, il prenait toujours le vapeur, comme autrefois avec ses chaudières à bois. Il ne changea jamais rien à ses habitudes pour rentrer en Europe. Il refusait l'avion et ne voyageait qu'en bateau, perdant un temps fou, l'équivalent pour quatorze séjours en Europe, de deux années en mer.

Dans son hôpital, ses défenseurs s'enorgueillissaient de la détention d'un microscope électronique offert par le Japon et d'un bloc opératoire offert par le prince de Monaco. Le premier ne servait que rarement car il n'y avait pas d'électricité au laboratoire la plupart du temps et pas toujours de gens suffisamment compétents. Le second n'était rien d'autre qu'une table d'opération et un scialytique, comme il y en avait à l'hôpital administratif. A côté de cela, blancs et noirs vivaient dans un bidonville, avec des bâtiments crasseux, sans eau, sans électricité et sans sanitaires.

---

5. AS, cité in *ES n°3*, p. 112. Lettre du 02-01-1924 au Pr Oskar Kraus.
6. AS, A l'orée de la forêt vierge, p. 202.

Il n'avait pas compris également que tout ce que l'on créait était parfois vite dépassé, que l'avenir était toujours imprévisible et qu'il fallait s'adapter. Alors que tout changeait autour de lui, il devenait de plus en plus incompréhensible. Il était resté une mécanique figée et n'avoir jamais à reconsidérer le passé lui paraissait une évidence. Pas un seul moment de sa vie de médecin à Lambaréné, Schweitzer ne le vécut en harmonie avec son temps. Il appartenait effectivement à une époque irrémédiablement révolue, une époque où l'on se servait de la pagaie plutôt que du moteur, du porte-plume plutôt que de la machine à écrire, du vapeur à bois ou du bateau plutôt que de l'avion. Le téléphone, à Gunsbach, fut sa seule concession à la modernité. Alors, comment cet homme aurait-il pu inventer autre chose qu'un misérable hôpital ? N'éprouvait-il pas également, lui le têtu, un besoin impérieux de s'inscrire à contre courant de l'histoire en s'opposant à tout ? Je crois que c'était sa façon de provoquer.

Au contact de l'Afrique, Schweitzer aurait pu se « métisser » et « prendre le froc du pays où l'on va ». Même s'il avait toujours vu les choses d'une certaine manière, pourquoi à un moment ne lui seraient-elles pas apparues différemment ? Il n'en fut rien et il continua à avancer, cuirassé de certitudes, ignorant l'évolution de l'homme noir, les progrès de la médecine et des hommes comme Jamot ou le Père Goarnisson. Pourtant, voyageant beaucoup, il évaluait bien ce qui se passait ailleurs. Mais n'avait qu'une hâte : retourner dans son village, s'y enfermer, refusant de changer de style et de modifier les lieux. C'était un homme démodé et tout laisse à penser qu'il vivait encore au siècle dernier. *Il vit dans l'Afrique de 1913 et c'est à peine s'il sait qu'un continent et qu'un siècle l'ont dépassé, ou qu'il s'en soucie.* *

Tout ce qu'il fallait faire ne lui paraissait pas nécessaire ; mais avec de vieilles idées, il ne pouvait utiliser que de vieux outils !

Les WC ? Il y avait une seule latrine pour les blancs. Les Africains se contentaient des bords du fleuve.

L'électricité ? La lampe tempête suffisait bien, car même le groupe électrogène était une mécanique trop compliquée et une source de nuisances. Pas besoin de venir troubler le calme de l'hôpital.

---

*. In Gérald Mac Night, *Le Dr AS*, p. 280. Propos d'un écrivain de passage à Lambaréné.

L'eau courante ? Les Africains ne savaient pas utiliser un robinet qu'ils laissaient ouvert, et après tout l'eau du fleuve avait plus de goût.

La climatisation ? C'était dangereux.

Alors qu'il fallait faire de la médecine de masse, il faisait de la médecine individuelle et jamais n'adhéra à la défense de l'intérêt général.

Il privilégiait les pansements et les extractions dentaires au lieu de s'attaquer aux grandes endémies, comme la maladie du sommeil qui était à sa porte.

Il convenait de développer l'éducation sanitaire et la mise en place de mesures prophylactiques, il continuait à maintenir l'Africain malade dans un milieu malpropre, sous prétexte qu'il fallait le laisser vivre comme chez lui, afin de ne pas créer un « choc de civilisation ».

Dans un environnement particulier, il fallait user de thérapeutiques modernes. Il préconisait des remèdes naturels comme le lui avait enseigné le docteur Gerson, et se méfiait beaucoup de trop de nouveautés.

Alors qu'il aurait du utiliser les compétences des médecins africains et surtout des chirurgiens, il n'en prit jamais aucun à son service. Par son attitude, il favorisait la fuite des médecins noirs diplômés qui, plutôt que de servir l'Afrique, désertaient leur continent où ils étaient pourtant si indispensables.

Il fallait former des infirmiers et des infirmières africains. Il se contenta de donner des tâches subalternes à ses serviteurs, continuant à n'employer que des dames blanches pour les surveiller.

Il était nécessaire d'émanciper les Africains et de créer les conditions du développement, il leur refusait l'apprentissage de la lecture et de l'écriture.

Vision passéiste, ou absence de vision tout court ?

C'est son appréciation erronée de l'homme noir et de sa capacité à évoluer, qui l'empêcha de faire une bonne politique de santé, de se projeter dans l'avenir et de comprendre les problèmes sanitaires du développement. Persuadé de détenir les clés de la vérité, il n'eut en particulier ni vision sociale ni préventive de la médecine. Schweitzer n'était pas un moderne. Plus encore qu'en 1913, c'est surtout des années 50 jusqu'à sa mort qu'il se montra un homme du passé et si, à aucun moment de sa vie, il ne peut être accusé de faiblesse, il peut être à tout moment taxé de psychorigidité car il ne changea jamais de position.

Avec la malnutrition, les disettes, les épidémies de grippe et de rougeole, les endémies telles la maladie du sommeil, la lèpre, le paludisme et des mœurs primitives, les forces de mort étaient plus importantes que les forces de vie. Fallait-il faire comme le fit toujours Schweitzer, s'occuper de quelques pourcentages de malades et oublier tous les autres ? Tous malades en même temps, mais souffrant d'affections différentes, il fallait concevoir un système de soins qui avant de s'occuper des individus prenne en charge les populations et les maladies. C'était pourtant élémentaire ! Schweitzer ne sut ni le comprendre ni le faire ; aussi, le monde médical en Afrique ne le prit jamais très au sérieux. Si, pendant un demi-siècle, cette politique ne fit jamais scandale, c'est qu'elle était masquée par les habits flatteurs de la charité.

Il fallait s'inspirer de l'action menée par les médecins militaires de l'Assistance Médicale Indigène et du Service des Grandes Endémies. Ils portèrent secours au plus grand nombre, parce que, avant d'agir, ils s'étaient demandés de quelle médecine ces pays avaient besoin.

Au cours des cinquante années de présence de Schweitzer à Lambaréné les problèmes de santé avaient totalement changé. Il répugnait à l'admettre, pagayant à contre courant, dépensant toute son énergie à faire ce qu'il n'aurait pas du faire, la détournant ainsi de ce qu'il aurait du faire. Il préféra en rester à ses méthodes désuètes, plutôt que s'inspirer du génie et du courage d'un homme comme Jamot, contemporain de ses débuts. Le plus regrettable dans cette affaire c'est que le docteur Schweitzer n'ait pas été critiqué plus tôt pour son action médicale tout à fait inadaptée et peu efficace. Et si en partant à Lambaréné il fit don de sa présence aux noirs de l'Ogooué, il ne fit pas don de ses idées à l'Afrique, car en matière de santé, des idées nouvelles, il n'en avait pas ! Pire encore, c'est qu'il s'opposa en permanence à tous ceux qui en avaient, freinant ainsi l'évolution de son hôpital et la promotion de la Santé Publique.

Le silence de Schweitzer en médecine fut d'autant plus surprenant, choquant même, que la santé était un domaine participant plus que tout autre au développement d'un pays.

« Je ne sais pas être moderne » avoua-t-il à l'Abbé Pierre en visite à Lambaréné. N'était-ce pas là reconnaître sinon son échec, du moins son incapacité à s'adapter ?

Alors qu'il manifesta en tout une certaine ouverture d'esprit, on ne peut qu'être frappé par cette incapacité à remettre en question sa conception de l'action médicale à mener en Afrique et surtout sa conception de l'hébergement hospitalier de l'homme noir malade. Je dirais même que, dans ce domaine très précis, une telle sclérose de la pensée étonne, au point de se demander si Schweitzer fut, à un moment, conscient de l'absurdité de ses réalisations.

Alors coupable ? Oui, parce que responsable du blocage qu'il imposa toujours aux bonnes volontés réformatrices de son hôpital et à tous ceux qui, de par le monde, avec des moyens considérables, auraient voulu lui apporter la modernité, ce qu'il refusa toujours. Il ne traîna même pas les pieds, il ne se laissa jamais convaincre, privant ainsi le Gabon, pendant des décennies, d'un établissement hospitalier moderne. C'est incompréhensible, mais je pense que si Schweitzer refusa toujours pour son hôpital des changements de structures beaucoup mieux adaptés, c'est qu'il fut incapable d'inventer quelque chose de nouveau, d'aller de l'avant.

Pourquoi alors, face à tant d'inerties et d'archaïsmes, l'homme dont on disait qu'il était un « véritable titan de la pensée et de l'action », fut-il qualifié de « Grand Docteur » et du « Plus grand homme du monde » ? On peut être tenté d'imaginer ce qu'aurait pu être Lambaréné si le docteur Schweitzer avait vécu dix ans de plus. Il aurait fallu attendre dix ans de plus pour que commencent les transformations ! On peut imaginer ce qu'aurait pu être Lambaréné, si à un moment de sa vie, Schweitzer avait pris une toute autre direction. Ce moment c'était en 1953, année de son Prix Nobel, alors que l'Afrique et le Gabon connaissaient la paix. Il n'était peut être plus très jeune, mais les problèmes politiques liés à l'Indépendance du Gabon n'étaient pas d'actualité et il était encore relativement épargné par les critiques. Tout aurait pu changer, comme le souhaitaient les Unitariens d'Amérique. Le moment était propice, tout était possible. Les médecins et les infirmières étaient très nombreux, les associations étaient généreuses, le Prix Nobel rapporta 25 millions d'anciens francs. C'était une somme énorme en 1953 ! Et le monde était prêt à lui offrir un nouvel hôpital. Mais voilà ! Pensant que l'homme noir était incapable d'évoluer, il trouvait donc normal de le maintenir dans son milieu habituel, ce qui l'amena à toujours refuser l'argent qu'on lui offrait pour bâtir un hôpital moderne. Pourquoi une telle suspicion envers le modernisme ? L'hôpital d'aujourd'hui n'est pas un monstre ; ce n'est pas non plus un « village où l'on soigne ». Il correspond pourtant exactement aux besoins de l'Afrique, avec des constructions basses et de petites dimensions, capable d'accueillir les malades et leurs accompagnants. C'est invraisemblable ! Il refusait cette offre parce qu'il était persuadé qu'un « village nègre », qu'un « village où l'on soigne », était plus humain qu'un hôpital moderne. *Si j'avais cédé, j'aurais été doublement cruel.* (7)

Schweitzer n'avait rien à faire des élites, des évolués, du progrès et du développement. Sa référence c'était l'homme de la forêt et ce qu'il redoutait le plus pour ses patients, c'était qu'ils subissent un « choc de civilisation. » Toujours la même antienne lassante du « choc de civilisation » ! Il ne fallait donc rien changer pour ne pas « plonger le malade qui arrive dans des commodités qui lui sont inconnues ».

Quelles commodités ? Il couchait sur des planches avec de la paille, il n'avait pas de WC, pas d'électricité, pas d'eau courante et buvait l'eau polluée du fleuve. Cruel Schweitzer qui se refusa toute sa vie à donner à l'homme noir malade un minimum de confort !

Que son hôpital ne soit pas moderne et déplaise à tout le monde, il s'en moquait complètement. Ce qu'il ne voulait pas, c'était « de rendre le malade une fois guéri, à sa forêt, privé de ce à quoi il aurait commencé peut-être de prendre goût ».

Prendre goût à quoi ? Ainsi l'hôpital continua, jusqu'en 1981, de faire étalage de sa misère et de sa pauvreté, afin de préserver l'humanisme médical que pratiquait Schweitzer. Voilà quelle était sa propre philosophie du développement. Elle montre, on ne peut mieux, la vacuité et l'illusion d'une telle argumentation.

Il aurait pu porter une contribution décisive à l'édification d'un système de santé local, montrant la voie en oeuvrant étroitement avec l'hôpital administratif. Il en avait les moyens matériels et humains. J'avais souhaité cette collaboration, déjà comme un système de santé communautaire. C'est ce qui se fait aujourd'hui au Gabon et à Lambaréné, mais Schweitzer n'en voulut pas. Le

---

7. AS, cité in *ES n°7*, p. 14. Conversation avec l'Abbé Pierre. Dans l'Abbé Pierre, l'Insurgé de Dieu. Pierre Lunel.

conservateur de 1913 ne manifesta jamais aucune capacité de transformation et refusa en permanence de préparer l'avenir. C'est bien lui, qui cinquante ans durant empêcha son hôpital d'évoluer et l'avenir de Lambaréné ne commença qu'après sa disparition.

Si l'on se réfère à sa mort en 1965, on peut affirmer qu'il y eut bien un avant et un après, le second hôpital essayant tant bien que mal de faire oublier le premier. C'est nous égarer que de vanter les mérites du nouvel hôpital, effectivement un des plus modernes du Gabon. Renvoyer le présent vers le passé c'est essayer de dissimuler la réalité de ce que fut le Lambaréné de 1913 à 1965, un misérable hôpital dirigé par un médecin ordinaire.

Heureusement que le nouvel hôpital de Lambaréné a littéralement gommé Schweitzer et inversé ce déficit de la pensée. Pour ne pas avoir su s'adapter au moment où il le fallait, Schweitzer entraîna dans sa mort toute son œuvre de Lambaréné, ce qu'il avait bâti de ses propres mains.

On ne peut pas non plus ne pas se poser la question de la finalité de l'action médicale et du service rendu aux populations. Si elle ne peut pas être totalement contestée, néanmoins, qu'en a t-il été chez Schweitzer de la lutte contre la maladie du sommeil quand elle constituait la plus grande des priorités. Qu'a-t-il fait dans les domaines de l'éducation à la santé, l'hygiène, l'alimentation, la protection maternelle et infantile, la médecine de masse, la lutte contre les grandes endémies ? Et pourquoi Schweitzer se refusa t-il à utiliser la médecine dans ce qu'elle avait de meilleur, la prévention ?

Si, après sa mort, les généreux bailleurs de fonds, les Unitariens d'Amérique en particulier, et certaines autres associations cessèrent leurs apports, c'est qu'ils avaient peut-être des doutes sur le rapport coût-efficacité de leur engagement financier dans cet asile de miséricorde! Ils se rendaient bien compte que les subsides et les dons ne contribuaient pas à la modernisation des structures, mais bien à entretenir le conservatisme et la sclérose du système.

Alors, quel fut l'impact sanitaire de l'Hôpital Schweitzer au Gabon ? A la fois significatif et assez mince. Il participa certes à la satisfaction des besoins de santé des populations de Lambaréné et des alentours, mais ne compta pour rien dans la maîtrise des endémies qui sévissaient au Gabon et la promotion de la santé publique. De ce dernier point de vue, je pense que les médecins coloniaux pourraient démontrer la presque inutilité de l'action humanitaire de Schweitzer, car ce sont bien eux, et non lui, qui firent rayonner la médecine dans les territoires d'outre-mer, l'adaptant en permanence selon les évolutions de la connaissance.

Pour les thuriféraires anachroniques de Schweitzer, il n'y a pas de trêve ; colloques, articles etc… ils se sont fait feuilletonistes et propagandistes professionnels. Mais ce n'est pas en nous abreuvant de sa pensée, en nous expliquant qu'il fut un héros bien incompris dans sa marche vers son destin, en affirmant que son hôpital n'était pas un hôpital comme les autres et qu'il ne pouvait en être autrement, que l'on fera progresser la vérité.

Plusieurs publications sont censées nous éclairer :

Les « Etudes Schweitzeriennes », publication alsacienne, est la revue annuelle de l'Association française des Amis de Schweitzer. Elle traite essentiellement de philosophie, de théologie, très peu du médecin et de son hôpital et ceux qui témoignent ont quelques trous de mémoire ou méconnaissent totalement la réalité d'alors. Elles sont le plus souvent hermétiques, sauf pour quelques initiés. Pourtant la majorité des lecteurs, attendent qu'on leur parle, de façon simple et vraie, de Lambaréné, du docteur et de l'hôpital. Ce n'est pas le cas puisque sur les dix volumes parus à ce jour, trois seulement sont consacrés au docteur Schweitzer, médecin à Lambaréné, fondateur d'un hôpital qui porte son nom. Comme je m'étonnais, récemment, que rien ne soit paru sur le médecin de Lambaréné depuis plus de quatre ans, le Centre Albert Schweitzer de Gunsbach me fit savoir que « l'on n'avait rien trouvé de nouveau à dire. » Bizarre, si l'on veut bien se souvenir que c'est pour cette activité et cette œuvre là qu'il reçu le prix Nobel de la Paix.

Les « Nouvelles de Lambaréné », journal de l'Association Suisse Albert Schweitzer, comme le « Courrier de Gunsbach » ou les « Cahiers Albert Schweitzer » sont des revues dont les écrits, plus affirmatifs que démonstratifs, continuent de tisser des couronnes au docteur Schweitzer et ont de forts relents de propagande.

Pour les premiers, il s'agit de mieux faire connaître le philosophe et le théologien, tout en essayant de nous donner le goût de la lecture de Schweitzer. Pour les seconds, il s'agit essentiellement de récolter des fonds pour une œuvre tombée dans l'oubli.

Le problème, aujourd'hui, c'est qu'on veut oublier le médecin pour ne parler que du philosophe et du théologien.

D'ailleurs, en 1991, une enquête montra que si Schweitzer était très connu en Alsace, il était pratiquement ignoré au-delà de la ligne des Vosges où seuls quelques protestants initiés savaient encore qui il était. La propagande a atteint ses limites et ce n'est pas seulement un phénomène français. Cette désaffection serait même en train de gagner des pays comme l'Angleterre, la Suisse et même les Etats-Unis qui pourtant en firent un saint. En 1999, le magazine « Time », dans son édition du 27 décembre, désigna Albert Einstein et non Albert Schweitzer comme étant « l'Homme du siècle », « le plus grand homme du monde », « le plus connu du XXème siècle ». Schweitzer, création médiatique, n'a pas résisté à l'usure du temps.

Le 24 septembre 2001, dans la matinée, lorsque je voulus visiter à Gunsbach la maison musée Schweitzer, la porte me fut interdite. Un groupe de touristes allemands occupait les lieux. Si les Français y sont rares, nos voisins d'Outre Rhin y viennent fréquemment. Schweitzer était un des leurs, et l'après midi la guide me précisa : Ils connaissent Schweitzer, ils savent tout de lui.
J'étais venu chercher des renseignements. Est-ce que vous lisez l'allemand ? me demanda la guide.

Non ! Alors je repartis bredouille.
Personnellement, j'attendais de ces publications, un diagnostic, un peu de modestie, une certaine conformité avec ce que fut Lambaréné, car le Docteur Schweitzer, qui provoqua intérêt et enthousiasme, ne connaît pas une destinée posthume exceptionnelle.

Je me rends compte, cependant, que la propagande initiée par les adulateurs des années cinquante est reprise aujourd'hui par leurs épigones. Tous ces idolâtres répètent les mêmes mots sacrés : Schweitzer fut le meilleur des médecins, un parangon de la médecine coloniale, et son hôpital de Lambaréné un modèle en Afrique.

Qu'est-ce qu'on apprend, ou plutôt qu'est-ce qu'on nous répète, dans ces publications ? Que Schweitzer aurait été un pionnier ! Je n'en crois pas un mot et vous livre pèle mêle ce que j'ai lu : une vérité assenée, tissée de supercheries.

• Qu'on aurait pratiqué à Lambaréné une médecine scientifique. Je ne l'ai pas jugée très différente de celle pratiquée dans les autres hôpitaux du Gabon. Peut être se voulait-elle plus scientifique qu'ailleurs parce qu'à l'Hôpital Schweitzer on pratiquait des autopsies. Pourquoi faire des autopsies dans un « village où l'on soigne », un taudis, sans matériel de pointe et avec des médecins souvent inexpérimentés ? Faire progresser la médecine tropicale ? C'est grotesque et ces autopsies ne servaient qu'à satisfaire la curiosité des intervenants. Je ne l'ai jamais fait car il s'agissait d'une pratique extrêmement difficile à faire admettre aux africains. Vu les croyances et les tabous, elles ne pouvaient être admises par les parents des défunts qu'après des palabres, des pressions, et même des menaces. Schweitzer pouvait sans doute le faire car il estimait avoir les reins solides.

• Que la mortalité des cas opérés à Lambaréné était inférieure à la norme européenne. Il y a même des statistiques : 1.29 % en 1961 - 1.17 % en 1962 - On rêve de n'avoir pu aller se faire opérer à Lambaréné !

• Qu'il fut le premier à utiliser un médicament merveilleux contre la maladie du sommeil. C'est faux. C'est le médecin colonel Jamot, qui dès les années 20, alors que Schweitzer était encore en Europe, fut le premier à s'en servir au Cameroun. Les Américains, découvreurs du tryparsamide ne s'y étaient pas trompés. C'est bien à Jamot, homme d'expérience, et non à Schweitzer qu'ils confièrent le médicament.

• Qu'il aurait été un spécialiste en urologie. *Mon domaine spécial est l'urologie* écrivait-il à Einstein en 1948.

Non, Schweitzer n'était pas un spécialiste en urologie et il n'y avait pas de service d'urologie dans son hôpital. Son seul savoir-faire consistait à dilater des urètres masculins rétrécis par des blennorragies chroniques. C'était un mal extrêmement fréquent en Afrique et tous les dispensaires, petits hôpitaux de brousse ou hôpitaux urbains, disposaient du matériel nécessaire : les boites de béniqués. Les infirmiers africains et particulièrement ceux des blocs opératoires, savaient, avec une dextérité très remarquable, pratiquer ce genre de manœuvre.

• Qu'il aurait inventé des formules galéniques, pommades et potions, pour traiter les ulcères. Les médecins militaires, bien avant lui, en avaient plein leurs cantines et tous connaissaient le Stovarsol et le goutte à goutte pour venir à bout de la pourriture et de la puanteur des ulcères phagédéniques. Si les essais thérapeutiques du

Docteur Schweitzer avaient été reconnus, ils auraient dû déboucher sur la fabrication de nombreuses spécialités pharmaceutiques. Etait-ce le cas ? Non. Le docteur Schweitzer n'avait pas une seule potion à nous proposer. En 1965, je n'ai jamais trouvé dans mon dictionnaire Vidal, de pommades ou d'onguents du Docteur Schweitzer, alors que je pouvais prescrire de la pommade de Reclus, du plasma de Quinton, du calcium Lavoisier ou de la potion Leurquin. En 1957, Schweitzer pensait détenir un remède miracle contre les refroidissements. C'était sans doute une de ses découvertes. Ayant vu sur une photo le président des Etats-Unis tenir un mouchoir à la main, il lui fit parvenir en mai 1957 une lettre intitulée « Cher Président » et quatre tubes de poudre d'acide lactique, avec les indications thérapeutiques (1), la posologie (2), et le mode d'emploi (3).

(1) Cette poudre désinfectera vos muqueuses nasales et empêchera ainsi votre rhume de se développer en grippe.

(2) ...à prendre de la même manière qu'on prise le tabac. Quelques pincées de cette poudre dans vos narines, chaque demi-heure, au moins une douzaine de fois, et même plus souvent.

(3) Pour recueillir, sans vous salir, un peu de poudre dans votre main, il vous suffira de pousser le couvercle finement percé en O jusqu'à ce que son orifice se superpose à celui de même dimension du tube. La poudre sortira, lorsque de votre doigt, vous taperez légèrement dessus. Après quoi vous refermerez le couvercle. !!!! [8]

Signé : « *Votre dévoué Albert Schweitzer* ».

• Qu'il aurait dirigé en 1926 des recherches sur les dysenteries bilharziennes. C'est faux ! Il n'en avait pas le temps car en 1926 il n'avait que deux médecins et lui ne faisait rien d'autre que de construire son hôpital. C'est le Docteur Bourrel, médecin lieutenant des troupes coloniales, qui fut le premier à s'intéresser à la schistosomose intestinale à intercalatum. En 1954, vingt cinq cas furent dépistés et la cystoscopie était toujours négative. Après deux ans de recherches, Bourrel identifia aux Chutes de la N'Gounie à Samba, le gastéropode. Hôte intermédiaire de la schistosome à intercalatum il fut envoyé à Libreville pour identification. Bourrel fut un pionnier, car ce n'est qu'en 1956 que Lalouel publia les premiers cas au Gabon.

8. AS, cité in ES n°8, p. 28. Lettre du 17 mai 1957, adressée au Président Eisenhover. Il conseillait également à son amis, le journaliste Norman Cousins, d'utiliser ce remède.

• Qu'il aurait été un précurseur dans le traitement de l'éléphantiasis du scrotum. C'est faux et c'est choquant ! Schweitzer ne pratiqua jamais une telle intervention chirurgicale. Il ne savait pas la faire : ses assistants oui, mais bien plus tard. La technique avait été mise au point en 1908-1909 dans le bassin de l'Ogooué, bien avant Schweitzer, par deux médecins militaires, les docteurs Ouzilleau et Jaureguiber. C'est la technique de la « planchette d'Ouzilleau » et elle est décrite dans tous les traités anciens de pathologie chirurgicale.

En 1960, l'Hôpital Schweitzer avait la prétention d'être en Afrique, sinon le premier, du moins le second dans le traitement de cette affection. *En ce qui concerne les éléphantiasis, l'Hôpital Schweitzer devenait alors le second dans toute l'Afrique – avec celui de Nairobi au Kenya – à pratiquer cette intervention lourde.*(9) J'ai des doutes, mais ne peux le vérifier.

• Qu'en 1926, il utilisa le premier de la tôle ondulée, s'essaya à la fabrication de briques et construisit des WC. Oui… mais un seul, une latrine pestilentielle que seuls les blancs pouvaient utiliser. Pourtant dans une lettre adressée à sa mère la même année, il avait affiché une toute autre détermination : *Tout un village de WC, malades européens, serviteurs, dames blanches, femmes noires, hommes noirs, malades infectieux, dysentériques, pour chaque groupe un WC particulier.*(10)

• Qu'en 1927, il introduisit dans ses constructions le plancher et la dalle de béton. Quelle magnifique innovation pour la guérison des malades !

• Qu'en 1954, il installa l'électricité - groupe électrogène - au bloc opératoire et qu'il fit l'acquisition « après mûre réflexion », d'un appareil de radiologie.

Il y en avait également un à l'hôpital administratif.

• Qu'en 1966, alors que Rhéna était directrice de l'hôpital :

Nous nous sommes efforcés d'améliorer les soins aux malades et leurs conditions de vie, en construisant des latrines, des toilettes et des douches.(11)

Enfin ! mais proposer, en 1966, l'aménagement de latrines dans hôpital, n'était-ce pas honteux ? Depuis 1931, dans le premier

---

9. In ES n°7, p. 172. Témoignage d'un chirurgien.
10. AS,cité in *ES n°7*, p. 199. Lettre à ma mère (1926).
11. Rhena Schweitzer, cité in ES n°7, p. 199.

bâtiment de l'hôpital administratif, l'évacuation des eaux des cabinets de toilette était assurée. Il fallait également *s'efforcer d'améliorer les soins aux malades.*

Enfin ! Mais quelle gêne devait éprouver Rhéna pour annoncer pareille nouvelle. C'était pour la première fois reconnaître les thérapeutiques désuètes que Schweitzer imposait à ses malades ; c'était également reconnaître que l'hôpital avait besoin d'infirmiers et d'infirmières, des vrais et pas seulement des dames blanches. C'était enfin admettre que le moment était venu de faire confiance aux infirmiers, infirmières, sages femmes africaines, dont la compétence était indéniable.

• Qu'en janvier 1970, on inaugurait le cercle culturel !

• Qu'en 1973, on se félicitait car l'électricité était installée partout et on construisait un château d'eau. Cela existait depuis plus de vingt ans à l'hôpital administratif. Encore une fois, on croit rêver !

Cet assemblage exceptionnel de qualités, jamais démenti, n'est là que pour continuer à nous faire croire qu'il fut un pionnier. De son vivant Schweitzer fut une catastrophe pour son hôpital. En refusant l'installation d'un laboratoire de recherches et la construction d'un hôpital moderne, il priva Lambaréné, le Gabon et l'Afrique, de structures médicales dont ils avaient pourtant grand besoin. C'est sa croyance en son infaillibilité qui allait le perdre. En s'opposant à tout il ne s'attira que des critiques de la part du monde médical et n'avait sûrement pas imaginé, même une seconde, qu'il pourrait être aussi violemment attaqué, tant son action et ses réalisations lui semblaient justes. Par aveuglement, il finit par se mettre à dos tous ceux qui étaient capables de juger son action médicale en Afrique. Et même s'il faisait erreur, à la fin de sa vie il ne voulut rien renier de son passé. Quelques jours avant sa mort, quand pour la dernière fois il fit le tour de son hôpital en jeep, il dit au docteur Munz : *Il est quand même bien cet hôpital.*

Encore aujourd'hui, quarante ans après sa mort, le mythe continue de causer un préjudice considérable à ses défenseurs, qui de

---

12. *Histoire des médecins.* Albert Schweitzer.
Internet : http//perso.clubinternet.fr/jgourdot/medein/schweitzer.html 18-08-2001

chantres ne peuvent se faire d'un seul coup détracteurs. Conscients que son hôpital fut une honte, ne pouvant pas ne pas se rendre compte de la supercherie dont ils ont été les victimes, cette faillite sûrement les indispose, même si elle appartient au passé. *Que ce vieil alsacien hautain et têtu ait été dépassé par un siècle qui n'était plus le sien, qu'il ait fini par appartenir plus à ses admirateurs qu'à lui-même, on ne doit pas cependant oublier l'effort et le courage de ses débuts et aussi cinquante années de vie pénible et solitaire.* (12)

Je suis tout à fait d'accord. Mais si toutes celles et ceux qui ont œuvré à Lambaréné peuvent se féliciter individuellement d'avoir beaucoup donné à leurs malades, je pense qu'ils devraient être collectivement capables de faire leur autocritique, pour s'être associés, sans se révolter, à la conception inacceptable, indigne et inhumaine qu'avait le docteur Schweitzer de l'hébergement de l'homme noir malade.

Pour trancher aujourd'hui, il faut se replonger dans l'histoire de Lambaréné, se reporter plus de cinquante ans en arrière et admettre ce qu'était Schweitzer : un homme en marge de notre civilisation, dépassé par le progrès, enfermé dans une conception archaïque de la médecine en Afrique. Les faits sont là et les opinions n'ont que peu de valeur si elles ne sont justifiées que par la simple affirmation qu'il y avait à Lambaréné « Le Plus Grand Homme du Monde. »

C'est pourquoi le docteur Schweitzer et son œuvre à Lambaréné devaient être réévalués.

Portrait de Jean Jaureguiber. Entré à l'École de Santé Navale de Bordeaux en 1901. Sorti en 1905 comme médecin aide-major de 1ère classe, il fut affecté au Gabon de 1909 à 1911, à Lambaréné et dans le bassin de l'Ogooué. Bien avant l'arrivée de Schweitzer, il avait mis en place une pratique de soins et de consultations. Il fut le premier à pratiquer des interventions chirurgicales à Lambaréné.

Premier bâtiment de l'Hôpital public de Lambaréné, construit en 1928-1929 et contemporain des baraquements que construisait Schweitzer. A cette époque, il portait le nom d'Ambulance européenne de Lambaréné. Au rez-de-chaussée : bureaux et consultations ; à l'étage : chambres d'hospitalisation et en 1932, logement pour un médecin. L'écoulement des eaux des cabinets de toilette par canalisations était déjà assuré en 1930. Ce bâtiment a été modifié en 1950 avec adjonction d'un laboratoire et d'une nouvelle salle d'opérations. Devant : ambulance et land-rover du médecin-chef. Cl. A. Audoynaud.

Hôpital administratif de Lambaréné en 1965. Au premier plan, la maternité. Construite en 1945, avec une capacité d'hospitalisation de 12 lits, elle remplaçait la vieille maternité. Il y avait bien entendu des toilettes et les chambres possédaient lavabos et eau courante. Au deuxième plan, dispensaire avec bureau de l'infirmier-chef et salles de soins. A l'arrière-plan, bâtiment de consultation et dépistage de la lèpre, pour les lépreux de Lambaréné. Cl. A. Audoynaud.

Hôpital administratif de Lambaréné en 1965. Bâtiments d'hospitalisation des opérés. Construits en 1945, ils remplaçaient les cases en pisé servant jusque-là à l'hospitalisation des indigènes. La capacité d'hospitalisation était de 50 lits. Cl. A. Audoynaud.

Hôpital administratif de Lambaréné en 1965. Bâtiments d'hospitalisation construits en 1946 et 1950. Ils étaient destinés aux contagieux (lépreux en phase de blanchiment, tuberculeux, sommeilleux). Cl. A udoynaud.

Débarcadère et entrée de l'Hôpital Schweitzer, vus depuis le fleuve Ogooué en 1965. Là arrivaient les pinasses et les pirogues transportant les malades, les consultants et les visiteurs : c'était la place du village-hôpital et le lieu de rassemblement. Cl. A. Audoynaud.

Rue principale de bâtiments d'hospitalisation de l'Hôpital Schweitzer en 1965. Dans cette ruelle, on faisait les feux au bois pour la cuisine, la vaisselle, etc. Il n'y avait pas d'écoulement des eaux usées. A l'intérieur, bas flancs en planches et herbe sèche pour les malades. Cl. A. Audoynaud.

Baraques d'hospitalisation des malades à l'Hôpital Schweitzer en 1965. Construites entre 1924 et 1928, elles ne furent jamais modifiées. Cl. A. Audoynaud.

Baraquement de l'Hôpital Schweitzer en 1965. On mettait le linge à sécher sur les toits rouillés, sur l'herbe ou à même le sol. Cl. A. Audoynaud.

Autre baraquement de l'Hôpital Schweitzer en 1965. Cl. A. Audoynaud.

Baraquements de l'Hôpital Schweitzer en 1965.

Remerciements

A tous ceux qui m'ont aidé, j'exprime ici ma gratitude.

Bibliographie sommaire

Ma vie et ma pensée. Albert Schweitzer.
A l'orée de la forêt vierge. Albert Schweitzer.
Histoires de la forêt vierge. Albert Schweitzer.
Souvenirs de mon enfance. Albert Schweitzer.
Vivre. Albert Schweitzer.
Albert Schweitzer. Laurent Gagnebin.
Albert Schweitzer m'a dit. Edouard Nies Berger.
Le Docteur Albert Schweitzer. Gerald Mac Night.
Albert Schweitzer ou le démon du bien. Marco Koskas.
Albert Schweitzer. Pierre Lassus.
La mémoire du fleuve. Christian Dedet.
Te souviens-tu de Brazaville ? Fernand Merle.
Sillages et feux de brousse. Ouvrage collectif.
Mémoires d'un médecin de la marine et des colonies.
(Albert Clarac 1854 – 1934).
Etudes Schweitzeriennes. Du n° 1 au n° 10.
(Revue de l'Association Française des Amis de Schweitzer).
Cahiers Albert Schweitzer. n° 122, 123, 124.
Nouvelles de Lambaréné. n° 83, 84, 85, 86.
(Journal de l'Association Suisse Albert Schweitzer).
Etudes Schweitzeriennes n° 5.
Albert Schweitzer dans la mémoire des africains. Walter Munz.
Etudes Schweitzeriennes n° 6.
Avec Albert Schweitzer. Lettres de Lambaréné. Victor Nessmann
Afrique Noire. Catherine Coquery Vidrovitch.
Annales d'hygiène et de médecine coloniales.
Trois siècles de médecine coloniale. Docteur Paul Brau.
La Honte Noire. Yves Le Naour.
God Bless Africa. Bernard Lugan.

TABLE DES MATIERES

641597 - Février 2016
Achevé d'imprimer par